»Verstehen und Sprechen
sind nur verschiedenartige Wirkungen
der nämlichen Sprachkraft.«

Wilhelm von Humboldt (1827)

*Auf gute, konstruktive
Zusammenarbeit!*

Annette Lepschy

Sprechen und Verstehen.
Schriften zur Kommunikationstheorie
und Kommunikationspädagogik

Band 30

Herausgegeben von Hellmut K. Geißner (†)
vormals Universität Koblenz-Landau

Thomas Grießbach / Annette Lepschy

Rhetorik der Rede

Ein Lehr- und Arbeitsbuch

Röhrig Universitätsverlag
St. Ingbert 2015

Bibliografische Information der Deutschen Nationalbibliothek

Die Deutsche Nationalbibliothek verzeichnet diese Publikation in der Deutschen Nationalbibliografie; detaillierte bibliografische Daten sind im Internet über http://dnb.d-nb.de abrufbar.

© 2015 by Röhrig Universitätsverlag GmbH
Postfach 1806, D-66368 St. Ingbert
www.roehrig-verlag.de

Alle Urheber- und Verlagsrechte vorbehalten!
Dies gilt insbesondere für Vervielfältigung, Mikroverfilmung, Einspeicherung in und Verarbeitung durch elektronische Systeme.

Umschlag: Jürgen Kreher
Druck: Strauss GmbH, Mörlenbach
Printed in Germany 2015

ISBN 978-3-86110-573-2

Unseren Lehrern

Elmar Bartsch (†)
Hellmut Geißner (†)
Rudolf Rösener (†)

in dankbarer Erinnerung
gewidmet

Vorwort

„Das Herz nämlich ist's, das beredt macht." (Quintilian)

Das vorliegende Buch wäre nicht entstanden, hätten wir nicht Lehrer gehabt, die uns nicht nur rhetorische und sprechkünstlerische Inhalte vermittelt haben, sondern die uns vielmehr durch ihre Persönlichkeit, ihre fachliche Kompetenz und ihre je eigene Herzlichkeit wesentlich geprägt haben. Insoweit können wir mit Überzeugung sagen, dass unsere Lehrer Elmar Bartsch, Hellmut Geißner und Rudolf Rösener ein Fundament gelegt haben, auf dem wir dankbar weiterbauen dürfen. Faszinierend wirkten auf uns ihre Klarheit im Denken und ihre Fähigkeit, präzise Stellung zu beziehen. Inhaltlich und persönlich waren sie uns ein prägendes Vorbild, da sie ihre Lehre und rhetorische Praxis in Beziehung sowohl zur Antiken Rhetorik als auch zu Sozialwissenschaft und Philosophie gesetzt haben.

Unser Anliegen ist es, die spezifischen rhetorischen und sprecherzieherischen Ansätze dieser einmaligen Persönlichkeiten in diesem Lehrbuch zu vereinen, ohne ihre Eigenarten überdecken zu wollen.

Dieses Buch bietet eine systematische Darstellung des Lehr-/Lernfeldes ‚Rederhetorik', die es (angehenden) Sprecherziehern, Rhetoriktrainern und Lehrern ermöglicht, rederhetorische Inhalte auf dem Hintergrund einer reflektierten Didaktik und Methodik zu vermitteln.

Zugrunde liegen diesem Lehrbuch die Erfahrungen von zwei Jahrzehnten rederhetorischer Vermittlungspraxis in den Bereichen Hochschule, Schule, Wirtschaft und Verwaltung.

Im Sommer 2013 wurde der Grundstein für die Konzeption dieses Buches in Fenigli (Italien) im Rahmen eines Kooperationsseminares mit Studierenden aus Stuttgart und Münster und Kollegen aus Essen und Berlin gelegt. Ihnen gilt unser besonderer Dank für die Vorbereitung und die Ideen, das Ausprobieren, gemeinsame Entwickeln, Streiten und Mitgestalten: Dirk Prawdzik (Folkwang Universität der Künste, Essen); Margret Wübbolt (Hochschule für Schauspielkunst Ernst-Busch, Berlin), Sebastian Fuchs (ehemals Hochschule für Schauspielkunst Ernst-Busch, Berlin); den Studierenden der Sprechwissenschaft u. Sprecherziehung (DGSS) des Centrums für Rhetorik, Universität Münster: Thomas Pries, Thiemo Epping, Daniela Eschkotte, Paula Berdrow, Steffi Morenz, Inga Rottinghaus, Marie Becker-Hardt, Michael Holz; den Studierenden des Studiengangs Sprechkunst und Sprecherziehung der Hochschule für Musik und Darstellende Kunst, Stuttgart: Aylin Bergemann, Christoph Walesch, Henrike Eichhorn, Juliane Tenzinger, Lena Försch, Markus Feuß, Melanie Hanselmann, Regina Spindler.

Für die Vorbereitung und Mitarbeit an der DVD danken wir den Stuttgarter Studierenden: Christoph Walesch, Lena Försch, Melanie Hanselmann, Juliane Tenzinger, Valerie Unser, Lena Conrads, Delia Olivi, Roya Aßbichler und den Münsteraner Studierenden: Dr. Daniela Twilfer, Benedikt Kaiser, Thiemo Epping.

Für das geduldige und konstruktive Korrekturlesen danken wir Sr. Daniela Meyer SDS, P. Michael M. Dillmann OP, Lena Försch, Paul Haase, Melanie Hanselmann, Dr. Daniela Twilfer und Christoph Walesch. Anna Fankhauser danken wir für das sorgfältige Layout und die Erstellung der Verlagsfassung. Für die konzentrierte Arbeit am ‚Set' und die Erstellung der DVD danken wir Oliver Berg. Den Kapuzinern in Münster danken wir, dass sie uns einen Raum für die Filmaufnahmen zur Verfügung gestellt haben.

Und letztendlich danken wir Wolfgang Lepschy, der in Fenigli die Kreativität wesentlich unterstützt hat durch seine vielfältigen kulinarischen Angebote, aber auch durch sein wohlwollend-kritisches Flankieren des vorliegenden Buches.

Ein Hinweis zum Schluss: Zur besseren Lesbarkeit beschränken wir uns in diesem Buch auf die männliche Form.

Thomas Grießbach und Annette Lepschy

Inhaltsverzeichnis

1 **EINLEITUNG** 15
  Aufbau des Buches 16
  Aufbau der Kapitel 17
  Exploration der Lern- und Lehrvoraussetzungen 19
  Definition ‚Rede' und Globalziel der Rederhetorik 21
  Selbstverständnis: Kooperation versus Manipulation 21
  Rhetorische Kompetenz 24

2 **DIDAKTISCHE PERSPEKTIVE AUF DEN LEHRGEGENSTAND ‚REDE'** 27
  Die Rede als ‚kommunizierte Zeichen' 28
  Die Rede als ‚kommunizierter Text' 32
  Oberflächen- und Tiefenstruktur als systematisches Beschreibungsinventar 35
  Rhetorische Oberflächen- und Tiefenstruktur im Überblick 36

3 **EXPLORATION UND ANALYSE DER SPRECHSITUATION ALS BASIS RHETORISCHEN REDEHANDELNS** 37
  Inhaltliche Hinführung 37
  Die Faktoren der Sprechsituation 38
  Didaktisch-methodische Hinweise 40
  Übungsteil 40
  Transfer 42

4 **RHETORISCHE OBERFLÄCHENSTRUKTUR** 43

4.1 Optik 43
  4.1.1 Körperhaltung 44
    Inhaltliche Hinführung 44
    Didaktisch-methodische Hinweise 44
    Übungsteil 45
    Transfer 47
  4.1.2 Atmung und Intention 47
    Inhaltliche Hinführung 47

Didaktisch-methodische Hinweise	47
Übungsteil	48
Transfer	50
Vertiefende Hinweise	51
4.1.3 Blickkontakt und Hörerbezug	51
Inhaltliche Hinführung	51
Didaktisch-methodische Hinweise	51
Übungsteil	52
4.1.4 Mimik und Gestik	56
Inhaltliche Hinführung	56
Didaktisch-methodische Hinweise	57
Übungsteil	58
Transfer	60
Vertiefende Hinweise	60
4.2 Akustik	**60**
4.2.1 Sprechfluss, Tempo und Artikulation	61
Inhaltliche Hinführung	61
Didaktisch-methodische Hinweise	62
Übungsteil	63
Vertiefende Hinweise	67
4.2.2 Lautstärke, Dynamik und Melodieführung	67
Inhaltliche Hinführung	67
Didaktisch-methodische Hinweise	70
Übungsteil	71
Transfer	75
4.3 Sprache	**76**
4.3.1 Zielgruppenbezogenes Sprachniveau (Einfachheit)	78
Inhaltliche Hinführung	78
Didaktisch-methodische Hinweise	79
Übungsteil	81
4.3.2 Prägnanz	81
Inhaltliche Hinführung	81
Didaktisch-methodische Hinweise	82
Übungsteil	82
4.3.3 Struktur	83
Inhaltliche Hinführung	83

Didaktisch-methodische Hinweise	85
Übungsteil	91
4.3.4 Anschaulichkeit	92
4.3.4.1 Anschaulichkeit durch Wortsprache	93
Inhaltliche Hinführung	93
Didaktisch-methodische Hinweise	95
Übungsteil	96
4.3.4.2 Anschaulichkeit durch Visualisierung	96
Inhaltliche Hinführung	96
Didaktisch-methodische Hinweise	100
Übungsteil	107
Transfer	110
Vertiefende Hinweise	110

5 RHETORISCHE TIEFENSTRUKTUR 111

5.1 Inhaltliche Durchdringung (Logos) 111
Anlass, Ziel und Thema 111
Problemdimensionierung und zielgruppenorientierte
Materialsammlung 113
Logische Stringenz 114

5.2 Hörerorientierung (Pathos) 114
Perspektivenübernahme und Partnerbezug 114

5.3 Glaubwürdigkeit (Ethos) 118

5.4 Rhetorische Tiefenstruktur im Überblick 120

6 GESELLSCHAFTSREDE 121
Tiefenstrukturelle Merkmale und Besonderheiten 121
Inhaltliche Durchdringung (Logos) 121
Hörerorientierung (Pathos) 122
Glaubwürdigkeit (Ethos) 123
Didaktisch-methodische Besonderheiten der
Gesellschaftsrede 123
Topoi-Systematik 123

6.1 Basic (personenbezogene Gesellschaftsrede) — 128
Didaktisch-methodische Hinweise — 128
Strukturmodell im Überblick — 129
Übungsteil I: Vorbereitung — 130
Übungsteil II: Erarbeitung der Redebausteine — 131
Transfer: Erarbeitung einer individuellen
Gesellschaftsrede — 134
Vertiefende Hinweise — 134

6.2 Advanced (sachbezogene Gesellschaftsrede) — 134
Didaktisch-methodische Hinweise — 134
Erweitertes Strukturmodell: „Anlass – Rückblick/
Relevanz – Ausblick" — 136
Erweitertes Strukturmodell im Überblick — 137
Übungsteil — 138
Transfer — 143

6.3 Experienced (Metaphern, Bilder) — 143
Übungsteil — 145

7 INFORMATIONSREDE — 147
Tiefenstrukturelle Merkmale und Besonderheiten — 147
Berichtend-darstellende Informationsrede — 147
Inhaltliche Durchdringung (Logos) — 147
Hörerorientierung (Pathos) — 148
Glaubwürdigkeit (Ethos) — 149
Vermittelnd-instruktive Informationsrede — 149
Inhaltliche Durchdringung (Logos) — 149
Hörerorientierung (Pathos) — 152
Glaubwürdigkeit (Ethos) — 153
Didaktisch-methodische Besonderheiten der
Informationsrede — 153
Strukturmodelle der Informationsrede im Überblick — 154

7.1 Basic (berichtend-darstellende Informationsrede) — 155
Didaktisch-methodische Hinweise — 155
Übungsteil I: Vorbereitung — 156

Übungsteil II: Erarbeitung der Redebausteine des
Sachstandsberichts 160

7.2 Advanced (vermittelnd-instruktive Informationsrede) 164
    Didaktisch-methodische Hinweise 164
    Übungsteil I: Vorbereitung 166
    Übungsteil II: Erabeitung der Redebausteine für die
    vermittelnd-instruktive Informationsrede 170

7.3 Experienced (Concept Map) 177
    Didaktisch-methodische Hinweise 177
    Übungsteil 181

8 ÜBERZEUGUNGSREDE 187
    Tiefenstrukturelle Merkmale und Besonderheiten 187
    Überzeugung – Die rednerzentrierte Überzeugungsrede 187
        Inhaltliche Durchdringung (Logos) 187
        Hörerorientierung (Pathos) 190
        Glaubwürdigkeit (Ethos) 190
    Überzeugen – Die hörerzentrierte Überzeugungsrede 191
        Inhaltliche Durchdringung (Logos) 191
        Hörerorientierung (Pathos) 193
        Glaubwürdigkeit (Ethos) 194
    Didaktisch-methodische Besonderheiten der
    Überzeugungsrede 194
    Strukturmodelle der Überzeugungsrede im Überblick 195

8.1 Basic (rednerzentriert-handlungsorientierte Überzeugungsrede) 198
    Didaktisch-methodische Hinweise 198
    Übungsteil 199
    Transfer 203

8.2 Advanced (hörerzentriert - handlungsorientierte Überzeugungsrede) 203
    Didaktisch-methodische Hinweise 203
    Übungsteil I: Erarbeitung eines hörerzentrierten
    Überzeugungssatzes (Vorbereitung) 206

Übungsteil II: Erarbeitung der Bausteine der
Überzeugungsrede 213
Varianten und Erweiterungen 229
Baustein-Varianten/Erweiterungen 230
Argumentative Struktur-Varianten/Erweiterungen 231

8.3 Experienced (erkenntnisorientierte Überzeugungsreden) **236**
Didaktisch-methodische Hinweise 238
Übungsteil 241

9 FEEDBACK **247**
Wertung vs. Wirkung 247
Aspekte des Feedbacks 249
Wunsch vs. Handlungsalternativen 253
Videofeedback 253
Bewertung rhetorischer Leistungen 254

10 ARBEITEN MIT DER DVD **257**

11 ARBEITSBLÄTTER **263**

12 SEMINARKONZEPTE **291**

13 LITERATURVERZEICHNIS **295**

1 Einleitung

„Reden lernt man nur durch reden."(Cicero)

Lehrende im Bereich der Sprecherziehung, Lehrer, Trainer, Atem-, Sprech- und Stimmlehrer... wer ein Rederhetorik-Seminar durchführen möchte, sucht in der Regel in der vielfältig angebotenen Literatur nach Kurskonzepten, einzelnen Übungen und Hinweisen zur didaktisch-methodischen Gestaltung solcher Seminare. Das Buch richtet sich deshalb primär an Personen, die Rhetorik in den unterschiedlichsten gesellschaftlichen Feldern lehren und unterrichten.

Es stellt ein Lehr-/Lernprogramm vor, das es Lehrenden ermöglicht, in überschaubaren Schritten die notwendigen rhetorischen Kenntnisse, Fähigkeiten und Fertigkeiten zu vermitteln und durch angemessene Übungen anzuleiten.

Das Buch ermöglicht einen systematischen Überblick über alle Bereiche, die im Rahmen rederhetorischer Seminare von Bedeutung sind. Dies umfasst sowohl notwendige fachwissenschaftliche als auch didaktisch-methodische Aspekte. Das vorliegende Lehr- und Arbeitsbuch ist sprechwissenschaftlich fundiert, das bedeutet: Lehr-Praxis ist immer fachlich begründete Praxis. Mit der didaktischen Perspektive auf den Gegenstand ‚Rede' ist im Sinne eines axiomatischen Theorie-Praxis-Verständnisses gemeint, diesen im Hinblick auf seine Lehr- und Lernbarkeit zu reflektieren (vgl. Lepschy 1995, 40ff.). Die notwendigen theoretisch-analytischen Kategorien zur Beschreibung des Gegenstands dienen ausschließlich dazu, daraus didaktisch-methodische Konsequenzen zu generieren. Die methodischen Aspekte umfassen sämtliche Übungs- und Erarbeitungsanteile, die zum Erwerb rederhetorischer Kompetenz sinnvoll und notwendig sind. Die hier vorgestellten Methoden und Übungen sind dabei gleichzeitig als Anregung zur Entwicklung eigener Übungen und Methoden zu verstehen.

Aufbau des Buches

Zunächst wird das Selbstverständnis des Lehrenden im Hinblick auf seine Rolle, seine pädagogisch-ethische Grundhaltung und die Lehr- und Lernvoraussetzungen der Lernenden thematisiert und reflektiert. Darüber hinaus werden hier Gegenstand und Globalziel einer sprechwissenschaftlichen Rederhetorik definiert.

Im anschließenden Kapitel 2 wird der zu vermittelnde Lehr-/Lerngegenstand ‚Rede' unter einer didaktischen Perspektive näher bestimmt.

Im Mittelpunkt der folgenden Kapitel steht übergreifend die zentrale Frage der Lernenden: Was kann ich tun, um eine überzeugende situationsangemessene Rede/Präsentation zu halten?

Deshalb beschäftigt sich das Kapitel 3 zunächst mit der Sprechsituation als Basis rhetorischen Redehandelns.

Da eine Rede nicht allein eine intellektuelle Leistung ist, sondern die ganze Person beansprucht, werden in Kapitel 4 zunächst die relevanten Aspekte der Oberflächenstruktur (optisch, akustisch, sprachlich) vorgestellt und erarbeitet.

Die Oberflächenstruktur wird dann in den Kapiteln 5 bis 8 um die rhetorische Tiefenstruktur (Logos, Ethos, Pathos) erweitert. Die Reihenfolge der erläuterten Redegattungen von der Gesellschaftsrede (Kapitel 6) über die Informationsrede (Kapitel 7) zur Überzeugungsrede (Kapitel 8) hat sich vor allem aus Gründen des Zeitaufwandes und der unterschiedlichen Komplexität der Redegattungen in der Praxis bewährt.

Zentrale Aspekte des Feedbacks für den rederhetorischen Lehr-/Lernprozess werden im Kapitel 9 besprochen. Die Einsatzmöglichkeiten der dem Buch beiliegenden DVD werden im Kapitel 10 erläutert. Das Kapitel 11 enthält zahlreiche Arbeitsblätter für die Seminarpraxis. Im Kapitel 12 werden exemplarisch verschiedene Seminarkonzepte vorgestellt. Im Kapitel 13 findet sich das Literaturverzeichnis.

Aufbau der Kapitel

Die Kapitel für die Lehrpraxis (ab Kapitel 3) sind in der Regel folgendermaßen aufgebaut:

- Inhaltliche Hinführung
- Didaktisch-methodische Hinweise
- Übungsteil
- Transfer
- Vertiefende Hinweise

Inhaltliche Hinführung

Mit der inhaltlichen Hinführung werden die jeweiligen thematischen Teilaspekte theoretisch erläutert und damit die Relevanz für den Lernenden aufgezeigt. Diese thematische Hinführung ist dezidiert ausgerichtet auf die rhetorische Praxis. Es wird keine Theorie um der Theorie willen erläutert, sondern alle theoretischen Ausführungen unterliegen der Fragestellung: Inwieweit hilft die Theorie, die Praxis zu erklären und zu verbessern? Gleichzeitig kann diese thematische Hinführung vom Lehrenden im Seminar auch z.b. für einführende Trainerinputs genutzt werden, um damit rederhetorische Übungen einzuleiten bzw. zu erklären und zu begründen.

Zu jeder Lehr-/Lerneinheit gibt es Hinweise auf Beispiele aus dem DVD-Material. Dieses Material kann z.B. zu Beginn einer jeweiligen Einheit als Einstieg in die Thematik und zur Sensibilisierung der Teilnehmer für bestimmte rederhetorische Aspekte eingesetzt werden. Weitere Einsatzmöglichkeiten für das DVD-Material, z.B. als Grundlage zur Erarbeitung des Feedbacks, finden sich in Kapitel 10.

Didaktisch-methodische Hinweise

Die didaktisch-methodischen Hinweise erläutern, welche Aspekte für den Lehr-/Lernprozess besonders relevant sind. Hier finden sich auch Hinweise zur Anleitung der Übungen.

Übungsteil

Daran anschließend folgt der Übungsteil, mit dem die jeweiligen rhetorischen Teilaspekte erarbeitet werden können. Zum Teil erscheinen die Übungen sehr kleinschrittig. Dieser bewusst ‚kleinteilige' methodische Zugang zu den Bereichen der rhetorischen Oberflächen- und Tiefenstruktur kann natürlich auch – vor allem im Bereich der Oberflächenstruktur – in entsprechenden Übungen zusammengefasst werden. Dies ist vor allem davon abhängig, wie viel Zeit zur Verfügung steht.

Transfer

An den Übungsteil kann sich, dort wo es sinnvoll und notwendig erscheint, ein Transfer-Teil anschließen. Hier werden Übungen vorgestellt, mit denen die erarbeiteten Inhalte noch einmal in einen größeren rhetorischen Kontext gestellt oder auf spezielle berufliche Redesituationen angewendet werden.

Vertiefende Hinweise

Hier werden weiterführende Hinweise gegeben, um ein Thema oder einen Aspekt durch ergänzende Theorien, Modelle oder Übungen zu vertiefen.

‚basic – advanced – experienced'

Für die Redegattungen in den Kapiteln 6 bis 8 wird eine zusätzliche Differenzierung in ‚basic', ‚advanced' und ‚experienced' vorgenommen. Eine solche Differenzierung ist sinnvoll, da die Tiefenstruktur nicht in allen Seminarkontexten mit der gleichen Tiefenschärfe bearbeitet werden kann. Dies gilt vor allem dann, wenn die Gruppen zu groß sind, die zur Verfügung stehende Zeit nicht ausreicht oder die Bedürfnisse und Lernvoraussetzungen der Gruppe unterschiedlich sind.

basic: Die hier vorgestellten Aspekte und Übungen bilden die Grundlage zum Erwerb rhetorischer Kompetenz.

advanced: Die hier vorgestellten Aspekte und Übungen vertiefen bzw. ergänzen die basic-Übungen, sind aber abhängig von der Gruppengröße, vom zur Verfügung stehenden Zeitkontingent und/oder den Bedürfnissen bzw. dem Lernniveau der Teilnehmer.

experienced: In dieser Stufe werden einerseits spezielle Methoden zur Erarbeitung von Redeinhalten, andererseits weitere Redevarianten vorgestellt. Diese Stufe orientiert sich vorrangig an speziellen Situationsanforderungen. Zu beachten ist bei den Übungen dieser Stufe der verhältnismäßig hohe Zeitaufwand.

Exploration der Lern- und Lehrvoraussetzungen

Wer sprechwissenschaftlich fundierte Rederhetorik-Seminare durchführt, für den ist – vor jeder rederhetorischen Seminarpraxis – die Exploration eine unabdingbare Voraussetzung zur Planung eines Seminars oder Coachings. Exploration bedeutet, sich im Vorfeld mit der Zielgruppe und deren Voraussetzungen, den Rahmenbedingungen (u.a. zeitlicher Rahmen, Gruppengröße) und dem Erwartungshorizont des Auftraggebers bzw. der Teilnehmenden zu beschäftigen.

Dabei kann die Exploration eine inhaltliche Schwerpunktsetzung ergeben, die dazu führen kann, einzelne Inhalte und Übungen auszulassen, zu verkürzen oder intensiver zu bearbeiten. So können die Erarbeitungsstufen ‚basic-advanced-experienced' als aufeinander aufbauende Stufen verstanden werden, die jedoch nicht zwangsläufig vollständig durchlaufen werden müssen und häufig auch nicht können.

Da es sowohl homogene als auch heterogene Teilnehmergruppen in Seminaren gibt, die jeweils unterschiedliche berufliche Redeanforderungen, Wissens- und Kompetenzvoraussetzungen haben, wird der Lehrende immer eine teilnehmerorientierte Auswahl treffen müssen (Beispiele: Mitarbeiter, die sicherer im freien Reden werden möchten; Nachwuchsführungskräfte, die Präsentationen halten; Mitarbeiter, die in Ausschüssen Sachverhalte darstellen; Studierende, die sich auf das Lehramt vorbereiten; Vorstände von Vereinen, Unternehmen; Doktoranden, die sich auf ihr Kolloquium vorbereiten).

Der Umfang des in diesem Lehr- und Arbeitsbuches vorgestellten Rhetorik-Programms nimmt – würde man sämtliche Inhalte und

Übungen komplett in Theorie und Praxis durchlaufen - mehrere Wochen in Anspruch. Dies ist in der Realität nur ausgesprochen selten zu realisieren. In der Regel umfassen rederhetorische Seminare 1-5 Tage (jeweils 6 Zeitstunden). Dabei spiegeln die Seminarausschreibungen bereits wider, welche Schwerpunkte in den jeweiligen Seminaren gesetzt werden (Beispiele: Einführung in die Rederhetorik; Einführung in das freie Sprechen vor Gruppen; Überzeugen und argumentieren in Ausschüssen und Versammlungen; Sicher und souverän die eigene Meinung vertreten; Wissenschaftliche Fachvorträge vorbereiten und präsentieren; Verständlich informieren und erklären; Visualisierung in der Präsentation; Theorie und Praxis der Rederhetorik; Grundkurs Rhetorik für Bachelor-Studierende; Aufbaukurs Rhetorik für Masterstudierende; Juristische Sachverhalte verständlich erklären).

Bei allen denkbaren Kombinationen aus Seminarthema, Zielgruppe, Gruppengröße und Zeitkontingent besteht für den Lehrenden die didaktisch-methodische Anforderung und Herausforderung, ein adäquates und realistisch durchführbares Lehr-/Lernprogramm zusammenzustellen. Wenn z.B. für ein Seminarthema „Einführung in das freie Sprechen vor Gruppen" nur ein Tag (mit 8 Unterrichtsstunden) zur Verfügung steht, werden möglicherweise nur die jeweiligen basic-Stufen der verschiedenen Redegattungen bearbeitet werden können. Je nach Gruppengröße wird man hier auch nur exemplarische Vorträge hören können. Zur Veranschaulichung werden im Kapitel 12 exemplarisch Seminarkonzepte für verschiedene Zielgruppen mit unterschiedlichen Schwerpunkten vorgestellt.

Trotz solcher Modifikationen bietet die Struktur des Buches bei der Planung eines Seminars eine Orientierungshilfe, auch dann, wenn bestimmte Lehr-/Lerneinheiten isoliert herausgegriffen werden sollten. Die jederzeitige Zuordnung von Inhalten und Übungen zu den einzelnen Aspekten der Oberflächen- und Tiefenstruktur schafft Orientierung und Klarheit und verhilft dazu, sich nicht in Details zu verfangen. So wird sichergestellt, dass der jeweils vermittelte Inhalt immer im Gesamtkontext der Rederhetorik verortet werden kann.

Definition ‚Rede' und Globalziel der Rederhetorik

In Abgrenzung zum Gespräch verstehen wir unter ‚Rede' eine unterschiedlich komplex strukturierte, thematisch und konzeptionell zusammenhängende sprachliche und sprecherische Einheit, mit der ein Sprecher/Redner eine kommunikative Wirkungsabsicht in Bezug auf einen oder mehrere Hörer verfolgt. In der Rede bilden Redner, Gegenstand und Hörer ein unauflösbares Beziehungsgeflecht:

> „Es basiert nämlich die Rede auf dreierlei: dem Redner, dem Gegenstand, über den er redet, sowie jemandem, zu dem er redet und seine Absicht zielt auf diesen – ich meine den Zuhörer." (Aristoteles 1989, 20f., 1358b)

Die Wirkungsabsichten betreffen die Einstellungsveränderung, den Erkenntnis- bzw. Wissenszuwachs, die emotionale Betroffenheit und die Handlungsauslösung. Damit bewegt sich die Rede immer im Spannungsfeld von emotio und ratio, von Gefühl und Verstand.

Die ‚Rede' wird von der Kommunikationsform ‚Gespräch' unterschieden. Betont wird jedoch ihr ausdrücklich dialogischer Charakter. Die Dialogizität von Rede wird dort relevant, sichtbar und hörbar, wo der Redner die Hörerschaft sowohl in seiner Redevorbereitung durch Perspektivenübernahme einbezieht als auch im aktuellen Redevollzug konkret anspricht.

Daraus ergibt sich das rederhetorische Globalziel:

Der Redner erlangt die Fähigkeit, seine Inhalte so zu kommunizieren,

- dass der Hörer sie identifiziert und akzeptiert
- und sie bei ihm zu einer emotionalen Betroffenheit, einem Erkenntniszuwachs, einer Einstellungsveränderung bzw. Handlungsauslösung führen können.

Selbstverständnis: Kooperation versus Manipulation

Rhetorik, wie sie in diesem Lehrbuch verstanden wird, setzt sich bewusst von manipulativen Techniken ab und setzt den Fokus auf das antike Ideal des ‚vir bonus', des guten Menschen, der sich aufgrund seiner Bildung nicht nur bestimmter Techniken bedient, sondern sie auch ethisch vertreten kann. Aus diesem Grund steht die Glaubwürdigkeit des Redners im Vordergrund aller zu vermittelnden Inhalte.

Die Vermittlung rhetorischer Inhalte und Kompetenzen orientiert sich am aristotelischen Rednerideal, das drei zentrale Aspekte der Überzeugung umfasst (vgl. ausführlich auch Gil 2013, 15ff.; Meyer 2007):

Logos

Der Redner bedarf der Fähigkeit, seine Überzeugung argumentativ schlüssig und sachlich darzustellen und zu beweisen.

Pathos

Der Redner bedarf der Fähigkeit, sich nicht nur in die Verstandeswelt, sondern auch in die Gefühlswelt der Hörer versetzen zu können.

Ethos

Dem Redner wird abverlangt, glaubwürdig zu sein und sich tugendhaft und wohlwollend zu verhalten.

Reden lernen bedeutet daher auch, die eigene Persönlichkeit weiterzubilden und zu entwickeln. Dieses Anliegen ist eng verbunden mit dem, was seit der Antike mit tugendhaftem Handeln in Beziehung gesetzt wurde. Tugendhaftes Handeln zielt letztendlich darauf, glücklich zu sein, und dies ist zu erreichen, wenn der Mensch in all seinem Tun versucht gut zu handeln (vgl. Pieper 2006, 1ff.). Die Verwirklichung des Guten ist nicht abstrakt, sondern lässt sich am Umgang mit dem anderen Menschen messen. Der mit der Tugend der Klugheit verbundene Anspruch, gut zu sein, steht daher stets in Beziehung mit der Tugend der Gerechtigkeit, die den anderen Menschen und das Gemeinwohl in den Blick nimmt. Insoweit liegt der ethische Anspruch der Rhetorik darin, gut zu sein, gerecht zu handeln und bei allen Bestrebungen besonnen zu bleiben.

Für den Redner bedeutet dies, stets in Beziehung zur Hörerschaft zu stehen und kooperativ zu handeln (vgl. Bartsch 1990, 37ff.). Der Begriff Kooperation meint in diesem Zusammenhang, den Anderen in seiner Andersartigkeit nicht nur wahrzunehmen, sondern ihn ernst zu nehmen und ihn im eigenen Redehandeln stets als konstitutive Bezugsgröße und Maßstab mitzudenken. Wer einen anderen Menschen überzeugen (kooperativ) und nicht überreden (manipulativ) möchte, bedarf der Fähigkeit, den anderen so zu verstehen, dass dieser sich verstanden fühlt. Dies fällt besonders dann schwer, wenn Sichtweisen dargelegt werden, die zur persönlichen Überzeugung im Widerspruch stehen.

> „Beim Überreden wird das Bezugssystem des Hörers kurzgeschlossen, meist mit emotionalem Überdruck und der Suggestion... er wird zum Handeln im Reflex gebracht; zum Handeln mit Reflexion dagegen im Zusammenwirken seiner kognitiven (Verstand), emotionalen (Gefühl) und voluntativen (Wille) Kräfte beim Überzeugen." (Geißner 1969, 54f.)

Reden mit der Absicht zu überzeugen bedeutet also, den Hörer ernst zu nehmen, indem seine „Urteilsfähigkeit die entscheidende Instanz für logisches und/oder praktisches Schließen" erhalten bleibt (vgl. Geißner 1988, 154). Dagegen entmündigt die Überredungsrede den Hörer, indem der Redner dem Hörer die Denk- und Urteilsfähigkeit abspricht (vgl. ebd.). Aus diesem Grund wird innerhalb dieses Lehrbuches immer wieder der Begriff des ‚Perspektivenwechsels' verwendet. Beim Perspektivenwechsel geht es im Sinne Watzlawicks darum, den anderen nicht abzuqualifizieren, weil er anders denkt und fühlt, sondern die Perspektive als Wirklichkeitssicht des Gegenübers wahrzunehmen, sich in sie hinein zu versetzen, sie anzuerkennen, sich aber auch kritisch mit ihr auseinanderzusetzen (vgl. u.a. 1995).

Dort, wo ein Mensch sich verstanden und ernst genommen fühlt, kann Vertrauen entstehen. ‚Den Menschen dort abholen, wo er steht' ist das Eine, das Andere ist, ihn zum ‚Weitergehen' mit dem Redner zu motivieren. Das aber ist in der Regel nur möglich, wenn eine vertrauensvolle Beziehung zwischen Redner und Hörer besteht. Insoweit verzichtet dieses Lehrbuch auf jegliche taktische bzw. manipulative Rhetorik, weil die Erfahrung zeigt: Der Überzeugende besteht – der Überredende vergeht.

Rhetorische Kompetenz

Rhetorische Kompetenz bedeutet, die eigene Überzeugung in der Öffentlichkeit glaubwürdig und situationsangemessen darzulegen. Sie umfasst deshalb zwei Aspekte: Einerseits die Fähigkeit zur Reflexion und Auseinandersetzung mit der eigenen inneren Haltung und Einstellung zum Thema, zur Hörerschaft und zur Situation; andererseits sprachliche, sprecherische, konzeptionelle Fertigkeiten, die notwendig sind, um Kommunikationsabsichten ausdrücken zu können.

Der Lern- und Entwicklungsprozess in Bezug auf die Reflexion und Auseinandersetzung mit eigenen inneren Haltungen zum Thema und zur Hörerschaft bedeutet, dass rhetorische Ausbildung immer auch Entwicklung von rhetorischem Denken erfordert. Rhetorisches Denken heißt kritisches Auseinandersetzen mit der Welt, mit gesellschaftlichen Prozessen, Problemen und Anforderungen, die in der Rede thematisiert werden. Rhetorische Kompetenz ist somit die Grundlage für ein gelungenes Miteinander in Rede und Gespräch, wo immer es gilt Entscheidungen zu treffen, Probleme zu lösen oder Veränderungsprozesse in Gang zu setzen. Immer wieder gilt es, die eigenen Positionen neu zu überdenken, zu prüfen und gegebenenfalls auch zu verändern, um so dem Ideal, in allen Situationen klug zu handeln, gerecht zu werden.

Der ideale Redner ist somit kein Produkt aus der Retorte, sondern eine eigenständige Persönlichkeit, die ihre Überzeugung in der Auseinandersetzung mit anderen stets kritisch reflektiert. Natürlich benötigt der Redner gleich dem Maler oder Tänzer eine grundlegende Begabung, die jedoch nicht der Abschluss, sondern der Beginn eines rhetorischen Prozesses ist, der lebenslang weiterentwickelt und -entfaltet werden kann.

Der Lern- und Entwicklungsprozess in Bezug auf die ‚handwerklichen' rhetorischen Fertigkeiten lässt sich analog zum Tanzunterricht veranschaulichen: Der Tanzlehrer hat die Aufgabe, den Lernenden die Komplexität des Tanzes in didaktisch aufbereiteten Schritten beizubringen. Insoweit richtet sich das vorliegende Lehrbuch an den ‚rhetorischen Tanzlehrer'. Dabei erscheinen den Tanzschülern die vom Lehrer vorgestellten Tanzschritte nach dem Motto: „vorwärts-vorwärts-Seite-schließen" zunächst einmal sehr technisch. Individualität scheint zu Beginn nicht vorzukommen. Doch je länger sie sich mit den Grundschritten auseinandersetzen, werden sie zusehends fähiger, sich von den Bewegungsmustern zu lösen. Ähnlich steht es um die Vermittlung rhetorischer Kompetenzen: Je länger und intensiver ein Lernender rhetorisch voranschreitet, umso mehr treten die Strukturen in den Hintergrund und die individuelle rhetorische Kompetenz gelangt in den Vordergrund.

2 Didaktische Perspektive auf den Lehrgegenstand ‚Rede'

„Ehe man beginnt, bedarf es der Überlegung." *(Sallust)*

Um die Komplexität einer Rede und gleichzeitig auch das Globalziel der Rederhetorik didaktisch-methodisch aufzubereiten und damit lehr- und lernbar zu machen, bedarf es

- der Beschreibung und Durchdringung des Lehr-/Lerngegenstands ‚Rede',
- einer Systematik von Lehr-/Lerneinheiten, die sich aus dem Gegenstand ergeben,
- Methoden und Übungen, die zur Aneignung und Erarbeitung rederhetorischer Lernziele und Kompetenzen führen.

Aus der bereits oben vorgestellten Rede-Definition: (‚Rede': eine unterschiedlich komplex strukturierte, thematisch und konzeptionell zusammenhängende sprachliche und sprecherische Einheit, mit der ein Sprecher/Redner eine kommunikative Wirkungsabsicht in Bezug auf einen oder mehrere Hörer verfolgt) ergeben sich vier zentrale Aspekte:

- sprecherische
- sprachliche
- strukturell-konzeptionelle
- thematische

Die didaktisch-methodische Vermittlung dieser Aspekte macht in der Praxis ein unterschiedliches Vorgehen notwendig. So kann beispielsweise die Erarbeitung des Hörerbezugs sowohl die sprecherische als auch die thematische Seite der Rede betreffen.

Zur Differenzierung von Teillernzielen bedarf es deshalb einer Systematik, die es möglich macht, die Rede sowohl mikrostrukturell als auch makrostrukturell zu betrachten. Dieser Differenzierung liegt die Annahme zu Grunde, dass die Komplexität einer Rede immer auf zwei Ebenen (der mikrostrukturellen und der makrostrukturellen) vom Sprecher gestaltet und vom Hörer erfasst wird. Ein Redner äußert sich in einer bestimmten Sprache und mit bestimmten sprecherischen Mitteln, über die sich bereits ein Teil der Redeinformation erschließen lässt. Dies wird als zeitliches Nacheinander, also linear wahrgenommen. Gleichzeitig erschließt sich aber der Gesamtsinn der Rede nur als Einheit. Eine Rede ist immer eine komplexe Verknüpfung von Informations- und/oder Argumentationseinheiten, die auf eine bestimmte Hörerschaft ausgerichtet ist. Die Inhalte einer Rede sind kognitiv und emotional komplex verknüpft, so dass dies auf Seiten des Hörers einen komplexen Verstehens- und Entschlüsselungsprozess notwendig macht, damit er die Kommunikationsabsicht des Redners identifizieren und verstehen kann.

Benötigt werden demnach eine Betrachtungsweise und ein Analyseinventar, die es ermöglichen, sowohl die mikrostrukturellen Einheiten als auch komplexe Verknüpfungsstrukturen der Rede zu erfassen, um daraus Lehr-/Lerneinheiten generieren zu können.

Deshalb wird im Folgenden die Rede auf der mikrostrukturellen Ebene als ‚kommunizierte Zeichen', auf der makrostrukturellen Ebene als ‚kommunizierter Text' betrachtet. Grundlage für diese Unterscheidung sind sowohl zeichentheoretische als auch textlinguistische Überlegungen, die aber nur insoweit erläutert werden, wie sie für den rhetorischen Kontext von Bedeutung sind.

Die Rede als ‚kommunizierte Zeichen'

„Jede Rede besteht aus dem, was bezeichnet wird, und aus dem, was bezeichnet."
(Quintilian III,5,1; zitiert nach: Eggs 2005, 1213)

Aus dieser antiken ‚zeichentheoretischen' Betrachtung einer Rede lassen sich zur Beschreibung und Analyse folgende Fragestellungen ableiten:

Pragmatische Perspektive

Welche Zeichen verwendet ein Redner in verschiedenen Sprechsituationen, um seine Kommunikationsabsichten zu realisieren? Aus rederhetorischer Perspektive ist hier z.B. bedeutsam, inwieweit die Wortwahl die Verständlichkeit einer Rede unterstützt oder behindert.

Grammatisch/syntaktische Perspektive

Wie sind die Zeichen im Satz bzw. in einer Sprecheräußerung organisiert? Hier spielen z.b. Aspekte eine Rolle wie die Verwendung von Füllwörtern oder Floskeln, die den Redefluss unterbrechen und zur Ablenkung der Zuhörer führen können, aber auch die Satzlänge oder Satzkonstruktion, die ein Verstehen erschweren.

Semantische Perspektive

Welche Bedeutung haben die Zeichen bzw. wie können sie interpretiert werden? Hier wird aus rhetorischer Perspektive z.b. zu fragen sein, ob die Rede verständlich ist, ob sie den Zuhörer erreicht oder inhaltsleer bleibt.

Wird die Rede zunächst als ‚kommunizierte Zeichen' betrachtet, ist es notwendig, sich dieses ‚Zeichenkonstrukt' als Konglomerat sämtlicher sprecherischer und sprachlicher Formen in Bezug auf die Zeichenqualität und -funktionalität hin näher anzuschauen.

In der Rede werden sowohl ikonische, symbolische als auch indexikalische Zeichen verwendet (vgl. zum Folgenden auch Linke/Nussbaumer/Portmann 2004, 19ff.).

Ikonische Zeichen

Hier handelt es sich um Zeichen, die eine bildhafte Ähnlichkeit zum bezeichneten Gegenstand oder Sachverhalt aufweisen. Die Ähnlichkeiten können optischer Natur sein, aber auch lautmalerisch (Onomatopoetika: „miau, muh...") vorhanden sein. Sie spielen in der Rede z.B. dort eine Rolle, wo begleitende Visualisierungen (vgl. Kapitel 4.3.4.2) eingesetzt werden. Aber auch in der Körpersprache existieren ikonische Zeichen, wie z.B. gestisches Zeigen (Beispiel: „So ist eine Wendeltreppe gebaut.").

Symbolische Zeichen

Dies sind Zeichen, in denen die Bedeutung bzw. Zuschreibung zu einem Gegenstand oder Sachverhalt konventionell festgelegt ist. Hierzu gehört der überwiegende Teil der Wortsprache einer Rede. Der Zusammenhang zwischen Zeichen und Bedeutung ist willkürlich. Der Gegenstand ‚Tisch' wird mit dem Symbol ‚Tisch' bezeichnet. Um das Symbol zu verstehen, muss jedoch die konventionelle Festlegung bekannt sein. Dieser Aspekt wird z.B. dort interessant, wo fachsprachliche Begriffe in der Rede verwendet werden, deren konventionell festgelegte Bedeutung den Hörern nicht bekannt ist (vgl. Kapitel 4.3.4.1). Ein klassisches Beispiel aus der Verwaltungssprache ist hier der Begriff der ‚Rechtsbehelfsbelehrung', der ‚übersetzt' bedeutet: „Ihre Rechte als Bürger". Im Bereich der Visualisierung spielen symbolische Zeichen dort eine Rolle, wo innere Strukturen und Zusammenhänge mittels symbolischer Zeichen (z.B. Pfeile, Kreuze) vom Redner aufgezeigt werden. Auch ihre Bedeutung wird vom Redner situativ festgelegt (vgl. 4.3.4.2).

Indexikalische Zeichen

Darunter sind solche Zeichen zu verstehen, bei denen von etwas sinnlich Wahrnehmbarem auf einen Grund geschlossen wird. Jemand sieht Rauch (Folge) und schließt daraus, dass dort ein Feuer (Grund) brennen muss. Aus dem Wahrnehmen der Folge werden Rückschlüsse auf den in der Regel nicht unmittelbar erkennbaren Grund gezogen. Bei indexikalischen Zeichen handelt es sich um eine ‚Kann-Beziehung'. Da ein indexikalisches Zeichen seinen Zeichencharakter erst durch die Zuschreibung bzw. Interpretation bekommt, kann die ‚Richtigkeitsbreite' der Interpretation unterschiedlich stark ausgeprägt sein: Eine Person weint und es wird daraus geschlossen, dass sie unglücklich ist. Sie könnte aber auch vor Glück weinen. Aus diesem Grund werden indexikalische Zeichen auch als Symptome (Indices) bezeichnet, da sie verweisenden bzw. hinweisenden Charakter haben und die Erschließung ihrer Bedeutung immer einer Interpretation gleichkommt.

Die Differenzierung in ikonische, symbolische und indexikalische Zeichen hat für rhetorische Lehr-/Lernkontexte Auswirkungen:

Während sowohl ikonische Zeichen als auch symbolische Zeichen im Sinne der intendierten Kommunikationsabsicht bewusst verändert werden können (z.b. andere Wortwahl in der Rede, weniger komplexe Satzstruktur, veränderte Bildsprache usw.), ist dies im Bereich der indexikalischen Zeichen nicht möglich und auch nicht sinnvoll. Dies gilt vor allem für alle körperlichen Ausdrucksphänomene, die beim Redner wahrnehmbar werden. Im Unterschied zur verbalen Sprache ist der körperliche Ausdruck nur in einem sehr kleinen Umfang ikonisch bzw. symbolisch. Ihre Zeichen haben überwiegend keine festgelegte konventionelle Bedeutung wie symbolische Zeichen der Wortsprache, sondern sie können lediglich auf etwas hinweisen, wobei der Interpretationsspielraum hier sehr groß sein kann. Um es am Beispiel des ‚sich an der Nase reibens' zu verdeutlichen: Dieses indexikalische Zeichen hat keine konventionell festgelegte Bedeutung, sondern es kann auf vielerlei verweisen: Heuschnupfen, Juckreiz, Unsicherheit des Redners, aber es bleibt in jedem Fall eine vage und unsichere Interpretation.

Insofern wird im Folgenden für alle sprecherischen und sprachlichen Phänomene, die indexikalischen Charakter besitzen, denen also keine eindeutige Bedeutung zugeschrieben werden kann, der Begriff ‚Körperausdruck' verwendet. Nur diejenigen körperlichen Phänomene, deren Bedeutung eindeutig definiert ist - vergleichbar der Wortsprache - werden als Körpersprache bezeichnet (vgl. Heilmann 2009, 19ff.).

Aus der Differenzierung ergeben sich folgende Konsequenzen für die rhetorische Lehrpraxis:

Körperausdruck wird nicht gelehrt, sondern bewusstgemacht und entwickelt. Dies geschieht im Lehr-Lernkontext durch Aufmerksamkeitssteuerung und durch die konkrete Beschreibung und das Rückmelden von ausgelösten Wirkungen im Feedback (vgl. Kapitel 10). Wenn z.B. durch die Rückmeldung der Hörer im Feedback deutlich wird, dass bestimmte nonverbale Verhaltensweisen in der Rede beim Hörer zu Fehlinterpretationen geführt haben, wäre die sich daraus ergebende

Schlussfolgerung: „Wenn du als Redner verhindern willst, dass du missverstanden wirst oder dein Redehandeln missinterpretiert wird, dann verändere dein Redehandeln so, dass es so zielführend wie möglich ist und du alles vermeidest, was zu Fehlinterpretationen führen könnte und vom Ziel ablenkt."

Die Leitfragen für die Betrachtung der Rede als kommunizierte Zeichen lauten:

- Hat das, was ein Redner sprecherisch und sprachlich realisiert, eine kommunikative Funktion?
- Was fördert bzw. was behindert die kommunikativen Absichten des Redners?
- Was fördert bzw. was behindert das Verstehen der Rede aus sprecherischer bzw. sprachlicher Sicht?
- Welchen Interpretationsspielraum eröffnet der Redner dem Hörer durch die verwendeten Zeichen?
- Welche Fehlinterpretationen sind möglich und wodurch werden sie verursacht?

Die Rede als ‚kommunizierter Text'

Die makrostrukturelle Betrachtungsweise fokussiert die Rede als kommunizierten Text im Sinne einer zusammenhängenden Einheit von Sprecheräußerungen, die kognitiv und emotiv verknüpft sind. In ihr werden Inhalte und Emotionen kommuniziert, die – auf einen Hörer ausgerichtet – immer mit einem bestimmten Einwirkungswillen auf diesen verbunden sind. Die Bezeichnung ‚Text' wird im rederhetorischen Zusammenhang vor allem für die in der Situation sprechdenkend erzeugte Rede verwendet.

Die Rede als kommunizierten Text zu betrachten, impliziert die Merkmale: Kohäsion, Kohärenz, Funktionalität, Sortenhaftigkeit und Zielgruppenbezug (vgl. Busch/Stenschke 2008, 231ff.).

Die rhetorische Perspektive ist keine ausschließlich deskriptive (wie z.B. die Textlinguistik), sondern als synthesierende Perspektive ist sie auf Veränderung ausgerichtet. Damit können die textkonstituierenden Merkmale der Rede gleichzeitig als Anforderungen an eine gelungene Rede formuliert werden.

Kohäsion

Um einer Rede folgen und sie verstehen zu können, bedarf es einer erkennbaren syntaktischen und semantischen Struktur. Die Art und Weise dieser syntaktischen und semantischen Verknüpfungen orientiert sich am Verstehens- und Wissenshorizont der Hörer.

Kohärenz

Reden entfalten einen inhaltlich-thematischen Zusammenhang. Diese Entfaltung kann deskriptiv (beschreibend), explikativ (erklärend), argumentativ (begründend) und narrativ (erzählend) sein.

Funktion (Redeabsicht/Redeziel)

Reden erfüllen kommunikative Funktionen.

Grundsätzliche Redefunktionen lassen sich bereits aus dem Organon-Modell von Karl Bühler ermitteln:

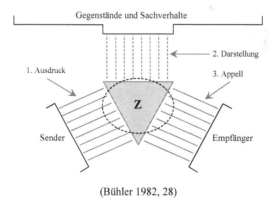

(Bühler 1982, 28)

Im Organon-Modell werden folgende Sprachzeichenfunktionen beschrieben: In Bezug auf die Gegenstände hat die Sprache Darstellungsfunktion. Sie hat Appellfunktion, da sie auf ein Gegenüber ausgerichtet bzw. gerichtet ist und sie hat Kundgabe-/Ausdrucksfunktion, da Sprache immer an den Sprecher bzw. Redner gebunden ist, der gleichzeitig auch etwas über sich aussagt, wenn er spricht. Anhand der Sprachzeichenfunktionen lassen sich folgende Grundfunktionen von Reden ableiten: Die Kommunikationsabsicht eines Redners kann darin bestehen zu informieren, zu überzeugen, seine Meinung kundzutun oder emotional zu bewegen.

Sortenhaftigkeit

Jede Redegattung zeichnet sich durch eigene Anforderungen in Bezug auf Sprache (z.B. Verständlichkeit, Argumentation, Visualisierung usw.) und Struktur aus und verfolgt verschiedene kommunikative Ziele:

- In der Informationsrede: Wissens- und Erkenntniszuwachs
- In der Überzeugungsrede: Handlungsauslösung/Initiierung von Veränderungsprozessen bzw. Einstellungsveränderung
- In der Gesellschaftsrede: Stärkung und Stabilisierung von Beziehungen.

Zielgruppenorientierung

Das bindende Merkmal für die bisher genannten Kriterien ist der Zielgruppenbezug. Redeabsichten und −ziele sind immer auf eine Zuhörerschaft ausgerichtet.

Aus der Betrachtung der Rede als kommunizierter Text ergeben sich folgende Leitfragen:

- Ist das Redeziel für den Hörer erkennbar?
- Entspricht der Aufbau/die Struktur der Rede der Redeabsicht und dem Hörerinteresse?
- Inwieweit berücksichtigt die Rede die Perspektive des Hörers?
- Sind die Inhalte, Informationen, Argumente so verknüpft, dass ein logischer Zusammenhang erkennbar ist?

- Was fördert bzw. was behindert die Realisierung der kommunikativen Absichten des Redners?

Oberflächen- und Tiefenstruktur als systematisches Beschreibungsinventar

Die erläuterten Betrachtungsweisen (Rede als kommunizierte Zeichen/als kommunizierter Text) münden in ein systematisches Beschreibungsinventar für Reden, das im Folgenden als Oberflächen- und Tiefenstruktur der Rede bezeichnet wird (vgl. Bartsch 1991, 21ff.).

Oberflächenstruktur

Wenn Reden unter dem Aspekt ‚kommunizierter Zeichen' betrachtet werden, wird die Oberflächenstruktur der Rede fokussiert. Dazu gehören alle Zeichen, die optisch, akustisch und sprachlich wahrnehmbar sind. Die didaktisch-methodische Besonderheit der Oberflächenstruktur besteht darin, dass die optischen, akustischen und sprachlichen Aspekte der Rede in differenzierten, kleineren Lehr-/Lerneinheiten fokussiert werden können, zum Teil auch unabhängig von der Redesituation bzw. der Redesorte. So können sowohl optische als auch akustische Aspekte (z.B. Blickkontakt; Hörerbezug etc.) beispielsweise an Gedichten erarbeitet werden. Auch kann die Erarbeitung von Methoden zur Visualisierung in einer speziellen Lehr-/Lerneinheit erfolgen.

Tiefenstruktur

Wenn Reden unter dem Aspekt ‚kommunizierter Text' betrachtet werden, wird die Tiefenstruktur der Rede fokussiert. Dazu gehören alle strukturell-konzeptionellen, thematischen und Einwirkungsaspekte, somit alles, was nur als komplexe Einheit verstanden werden kann. Die didaktisch-methodische Besonderheit der Tiefenstruktur besteht darin, dass diese Aspekte nur im Zusammenhang mit konkreten Redesituationen erarbeitet werden können. Redeziele, -inhalte, Perspektivenübernahme und Einwirkungswille stehen immer in Bezug zu einer konkret vorliegenden Anlass- oder Problemsituation. Eine differenzierte didaktisch-methodische Bearbeitung der Tiefenstruktur erfolgt deshalb in der jeweiligen Redegattung Gesellschaftsrede, Informationsrede und Überzeugungsrede.

Rhetorische Oberflächen- und Tiefenstruktur im Überblick

Betrachtungsweise: Rede als kommunizierte Zeichen	Betrachtungsweise: Rede als kommunizierter Text
Oberflächenstruktur	Tiefenstruktur
Optik • Körperhaltung • Atmung und Intention • Blickkontakt und Hörerbezug • Mimik, Gestik • Umgang mit Medien/Hilfsmitteln (z.B. Karteikarten, Flipchart, Laptop, Beamer)	**Logos (Inhaltliche Durchdringung)** • Themenbezug/Inhaltliche Erfassung • Zielklärung und Zielformulierung • Problemdimensionierung • Zielgruppenorientierte Materialsammlung
Akustik • Sprechfluss/Tempo/Artikulation • Lautstärke/Dynamik • Melodieführung	**Pathos (Hörerorientierung)** • Perspektivenübernahme • Signale für Partnerbezug
Sprache • Zielgruppenspezifisches Sprachniveau (Syntax, Wortwahl) • Prägnanz • Struktur • Anschaulichkeit (Wortsprache, Visualisierung)	**Ethos (Glaubwürdigkeit)** • Einwirkung auf den Hörer • Authentizität

3 Exploration und Analyse der Sprechsituation als Basis rhetorischen Redehandelns

"Was und worüber du zu wem sprichst, das überlege dir reiflich."
(Platon)

Inhaltliche Hinführung

Reden sind immer in eine spezifische Sprechsituation eingebettet. Die Sprechsituation ist das Gefüge aus gesellschaftlichen, organisatorischen und individuellen Voraussetzungen und Bedingungen, innerhalb derer kommunikatives Handeln stattfindet.

Zwei Beispiele:

> In einem Rhetorik-Seminar sitzt ein Lehrer, der auf der nächsten Lehrerkonferenz eine kurze Einführung über die „Anschaffung digitaler Wandtafeln" geben soll.
>
> Eine Verwaltungsmitarbeiterin des Tiefbauamtes soll in einer Bürgerversammlung die geplanten Kanalbauarbeiten und deren Auswirkungen auf das Wohngebiet erläutern.

Die zentrale Frage, die sowohl der Lehrer als auch die Verwaltungsmitarbeiterin zu beantworten hat, lautet: „Wie sieht die Situation aus, in der ich sprechen werde, und welche Konsequenzen ergeben sich daraus für meinen Vortrag?" Ohne diese Analyse besteht die Gefahr, dass am Thema vorbei geredet wird, das Publikum sich nicht eingebunden fühlt, der Vortrag zu lang oder zu kurz wird, die Zuhörer dem Vortrag nur schwer folgen können.

Ziel dieses Lernschrittes ist die Exploration und Analyse der Sprechsituation, um der inneren und äußeren Angemessenheit einer Rede gerecht zu werden (vgl. auch Lepschy/Lepschy 2011, 12ff.).

Die Sprechsituation zu explorieren bedeutet, sie so genau wie möglich zu beschreiben und herauszuarbeiten, welche Konsequenzen sich daraus für die Konzeption und den Vortrag ergeben. Zur Exploration wird das folgende Sprechsituationsmodell eingesetzt.

Die Faktoren der Sprechsituation

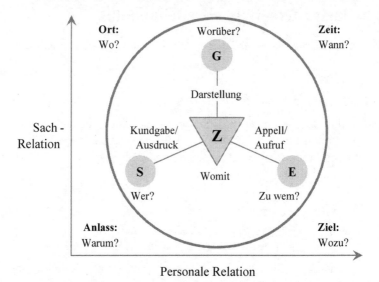

(nach: Geißner 1982, 38 und Bartsch 2004, 43)

Leitfragen zur Sprechsituationsanalyse (vgl. Geißner 1982, 39)

Wer:

- In welcher Rolle spreche ich als Redner?
- Wie stehe ich zum Thema/zum Publikum?
- Welche Haltung habe ich?
- Welche fachlichen Voraussetzungen bringe ich mit?

Zu wem:

- Zu wem spreche ich? Wer ist meine Zielgruppe?
- Welche kognitiven Voraussetzungen, welches Vorwissen bringen meine Zuhörer mit?
- Wie sind sie mir und dem Thema gegenüber emotional eingestellt?

- Welche Erwartungen, Vorbehalte, Befürchtungen, Einwände bringen die Zuhörer mit?
- Was interessiert die Zuhörer am Thema?

Wer zu Wem:

- In welcher Beziehung stehe ich zum Publikum? (z.B. symmetrisch/komplementär; vertraut/fremd; angespannt/entspannt)

Worüber:

- Was sind die Inhalte meines Vortrags?
- Hat der Inhalt eine besondere Brisanz/Relevanz/Aktualität?

Warum:

- Was ist der Anlass für meinen Vortrag?
- Welche Motivation habe ich?
- Warum ist das Thema für meine Zuhörer relevant?

Wozu:

- Was ist mein Redeziel, mein handlungsleitendes Interesse? Was will ich mit meinem Vortrag bewirken bzw. auslösen?
- Will ich überzeugen, informieren, meine Meinung kundtun, unterhalten oder eine bestimmte Stimmung erzeugen?

Was:

- Welche Auswahl muss ich bezüglich des Redematerials treffen? Was genau sage ich zum Thema, auf was kann/sollte ich verzichten?

Wie:

- Welche sprachliche Ebene wird erwartet? (z.B. fachsprachlich/alltagssprachlich)
- Welche sprecherischen Aspekte sind angemessen? (z.B. Lautstärke, Sprechtempo, Sprechmelodie)

Wo:

- Welche räumlichen Bedingungen bestimmen die Sprechsituation? (z.B. Raumgröße, mediale Ausstattung, Lichtverhältnisse...)

Wann:

- Welche zeitlichen Bedingungen bestimmen die Sprechsituation (z.B. Uhrzeit, Länge/Zeitlimit des Vortrags, Besonderheiten des Tages, der Uhrzeit, des Jahres)?

Didaktisch-methodische Hinweise

Die Vermittlung der Sprechsituationsfaktoren steht am Anfang der Redevorbereitung. Das Sprechsituationsmodell lässt sich innerhalb eines Trainings in Form eines Trainerinputs und einer Visualisierung – in der Regel am Flipchart – darstellen. Zur Veranschaulichung der Situationsfaktoren kann parallel immer eine Beispielsituation vorgestellt werden.

Daran schließt sich eine Übung zur Exploration an. Übungsgegenstände können hier entweder eigene Redesituationen der Teilnehmer, oder aber auch durch den Lehrenden vorgegebene Situationen sein. Damit der Nutzen deutlich wird, eignen sich zur Übung zwei verschiedene Sprechsituationen. Je nach Zusammensetzung der Seminargruppe (z.B. eine homogene Berufsgruppe oder eine gemischte Gruppe) können im Vorfeld des Seminars solche Aufgabenstellungen gezielt für die jeweiligen Teilnehmer ausgewählt werden. Die folgende Übung kann sowohl in Einzelarbeit als auch in Kleingruppenarbeit durchgeführt werden. Im Anschluss daran werden die Ergebnisse noch einmal im Plenum besprochen.

Übungsteil

Im Folgenden werden einige Beispielsituationen aus unterschiedlichen Berufsfeldern aufgeführt, die sich für Übungen zur Situationsanalyse eignen:

Arbeitsauftrag: Explorieren Sie die Sprechsituation mit dem Situationsmodell (Arbeitsblatt 2). Welche Anforderungen für eine Rede ergeben sich aus der Analyse?

1. Situation

Ihr Schulleiter hat Sie als Vertrauenslehrer gebeten, zum Tag der Offenen Tür, an dem sich Ihre Schule den Eltern präsentieren soll, „ein paar Worte" zur Schule zu sagen.

Sein Auftrag lautet: „Also, ich stelle mir vor, dass Sie natürlich die Leistungen unserer Schule aufzeigen, vielleicht wäre es auch ganz schön, wenn Sie ein bisschen Werbung machen könnten für unsere Schule. Sie wissen ja, wir stehen unter Konkurrenzdruck. Sie machen das schon irgendwie."

2. Situation

In der Neustadt ist die Anzahl der Schulschwänzer/Schulverweigerer in den letzten Jahren drastisch angestiegen. Besonders betroffen ist die Herold-Gesamtschule mit insgesamt 1200 Schülern. Die Lehrerschaft fühlt sich hier mit der rechtlichen Situation zu dieser Problematik unsicher. Der Direktor der Schule hat Sie als Mitarbeiter des Ordnungsamtes nun gebeten, die Lehrerschaft über die rechtliche Lage aufzuklären.

3. Situation

Es hat in Ihrem Unternehmen in einer Abteilung einen Diebstahl gegeben. Ein Auszubildender ist dabei beobachtet worden, wie er zwei Pakete Kopierpapier mitgenommen hat. Sie sollen als Personalchef in der Abteilungsleiterbesprechung die Möglichkeiten aufzeigen, wie man jetzt vorgehen kann und welche Möglichkeiten es geben könnte, mit der Situation umzugehen.

4. Situation

Sie sind Vorsitzender eines Sportvereins und möchten auf der nächsten Mitgliederversammlung anregen, die Sport- und Übungsräume zukünftig auch an externe Interessenten zu vermieten.

5. Situation

Ihr Chef feiert demnächst seinen 50. Geburtstag. Sie als seine Vertreterin möchten auf der offiziellen Geburtstagsfeier eine Rede halten.

Transfer

An diese Übung kann sich die Exploration und Analyse einer Sprechsituation aus den konkreten Handlungsfeldern der Teilnehmer anschließen. Je nach Zeitkontingent und Gruppenzusammensetzung kann mit dieser Explorationsübung auch begonnen werden. Auch hier könnte die Auswertungsfrage lauten: Welche Besonderheiten weist die Sprechsituation auf und welche Konsequenzen ergeben sich daraus für die Rede (z.B. in Bezug auf die Länge, die inhaltliche Auswahl, die besondere Ansprache der Zielgruppe)? Die Ergebnisse dieser Exploration können dann auch für die weitere Vorbereitung einer individuellen Rede verwendet werden.

4 Rhetorische Oberflächenstruktur

„Präsenz bedeutet, wahrgenommen zu werden." (Seneca)

Wer wahrgenommen werden will, wer etwas bei anderen auslösen möchte, muss zunächst sich selbst wahrnehmen und reflektieren können. Konkret bedeutet dies, sich der eigenen Haltung, Körperspannung, Stimme und Atmung und deren Wirkungen bewusst zu werden. Es geht darum, nicht ‚zufällig', sondern aus einer bewusst präsenten Haltung heraus zu sprechen. Die Arbeit an der Oberflächenstruktur der Rede zielt auf die Fähigkeit des Redners, Inhalt und Form durch die eigene Person glaubwürdig zum Ausdruck zu bringen.

4.1 Optik

„Der äußere Vortrag soll die Seele ausdrücken." (Cicero)

Zunächst werden alle optisch wahrnehmbaren Aspekte einer Sprechhandlung betrachtet und bewusstgemacht (Körperhaltung, Atmung, Blickkontakt und Hörerbezug, Mimik und Gestik). Dabei geht es darum, den einzelnen Aspekt ins Bewusstsein zu holen, ihn aber stets in seiner Wechselwirkung zu den anderen Faktoren der Rede zu sehen.

Wie bereits in Kapitel 2 erläutert, sind körperliche Ausdrucksformen überwiegend indexikalischer Art. Aus diesem Verständnis heraus ist Körperausdruck auch nicht lernbar, so wie man z.B. eine Sprache erlernen kann, sondern die zentrale Frage lautet: Wie kann jemand seinen Körperausdruck so entwickeln, dass er damit seinen Vortrag unterstützen kann?

Auf ablenkende, für die Rede dysfunktionale ‚Angewohnheiten', die auch als Ableitungsverhalten bezeichnet werden, wird durch persönliches Feedback oder Video-Feedback aufmerksam gemacht.

4.1.1 Körperhaltung

Inhaltliche Hinführung

So wie der Redner inhaltlich immer wieder aufgefordert ist, einen Standpunkt einzunehmen, für etwas einzustehen und Stellung zu beziehen, wird ihm dies auch körperlich abverlangt. In dieser Lehr-/Lerneinheit geht es um die Fähigkeit, die eigene Körperspannung wahrnehmen und kontrollieren zu können mit dem Ziel, eine adäquate Stabilität, Sicherheit und Präsenz zu gewinnen. Stabilität meint zunächst, nicht schon auf dem Weg zum Publikum mit der Redehandlung zu beginnen, nicht zufällig zu sprechen, sondern selbstbewusst die jeweilige Sprechhandlung zu initiieren und zu realisieren. Dazu gehört auch, mit Lampenfieber und inneren Spannungen umgehen zu können. Innere Spannungen führen häufig zu sogenannten ‚Ableitungsbewegungen' wie zum Beispiel unbewusstes Hin- und Herlaufen beim Reden oder ständiges Wechseln von Spielbein und Standbein. Derartige Fehlspannungen können zu Rückkopplungen beim Publikum führen (Publikum wird unruhig) und vom Inhalt ablenken.
(DVD: Oberflächenstruktur Nr. 8, 9)

Didaktisch-methodische Hinweise

In den folgenden Übungen geht es darum, einen sicheren Stand durch bewussten Bodenkontakt zu finden, eine aufrechte Körperhaltung einnehmen zu können, die eigene Körperspannung wahrzunehmen und zu verändern und Fehlspannungen lösen zu können. Aus den folgenden Übungen kann der Lehrende die Übungen auswählen, die ihm im Blick auf seine Zielgruppe angemessen erscheinen.

Zu Beginn wird die Relevanz der Übung im Blick auf die Körperhaltung erklärt. Die Teilnehmer erhalten im Anschluss die Möglichkeit zur Eigenreflexion. Bei der Auswahl der Übungen geht es stets darum, sie in eine Transferleistung münden zu lassen.

(Material: Tennisbälle, Korken, Steine, Kirschkernkissen, Socken, Therapiekreisel, Deuserband, Sand-/Reissäckchen, ca.15x15cm, ca. 250g schwer)

Übungsteil

Übung 1: „Füße abrollen"

Die Teilnehmer erhalten unterschiedliche Materialien (z.b. Tennisball, Steine, Korken, Kirschkernkissen) zur Auswahl. Jeder Teilnehmer wählt einen Gegenstand aus. Zunächst nehmen die Teilnehmer ihren Stand wahr (Wie ist der Kontakt der Füße zum Boden?). Anschließend rollen die Teilnehmer zunächst einen Fuß auf dem ausgewählten Gegenstand ca. 1-2-Minuten ab. Dann vergleichen sie wieder im Stehen auf beiden Füßen den ‚bearbeiteten' Fuß mit dem anderen Fuß (Nehme ich Unterschiede wahr? Was hat sich verändert?). Anschließend erfolgt die gleiche Übung mit dem anderen Fuß. Die Materialien können auch gewechselt werden.

In der Regel nehmen die Teilnehmer wahr, dass sie mit den ‚bearbeiteten Füßen' deutlich mehr Bodenkontakt haben, da die Fußsohle breiter, flacher und fester auf dem Boden aufliegt. Damit dient die Übung zur Sensibilisierung für einen sicheren und soliden Stand.

Übung 2: „Marionette"

Die Teilnehmer stellen sich vor, dass ihr Körper an verschiedenen Stellen (z.B. Kopf, Arme, Hände) von Fäden gehalten wird. Diese Fäden werden nun gelockert, so dass sie zunächst im Stehen nach vorne ‚abrollen'. Der Kopf fällt Richtung Brust, der Rücken wird gerundet, die Schultern sinken ebenfalls leicht nach vorne. Die Teilnehmer stellen sich nun vor, dass auf ihrem Kopf ein Faden bis zur Decke reicht, der nun gespannt wird und sie sich langsam Wirbel für Wirbel wieder aufrichten. Der Faden wird wieder gelockert und die zusammengesunkene Position wird wieder eingenommen. Dieses Aufrichten und ‚Einrollen' wird einige Male wiederholt. Ergänzt werden kann die Übung dadurch, dass die Teilnehmer die Schultern etwas nach hinten nehmen, so dass sich der Brustkorb etwas weitet. Hilfreich ist hier die Vorstellung, dass die Teilnehmer zwischen ihren Schulterblättern ein ‚Geheimnis' verstecken (also ein minimales Annähern der Schulterblätter). Hier hilft auch die Vorstellung, ein Blatt Papier zwischen den Schulterblättern festzuhalten. Die Bewegung sollte minimal sein. Die Schulterblätter werden nicht gewaltsam zusammengedrückt. Gleichzeitig „geht vorne die Sonne auf". Als Vorstellungshilfe kann eine Brosche oder eine Krawatte dienen, die „mit Stolz gezeigt" wird.

Diese Übung macht deutlich, dass durch das Aufrichten und die Weitung des Brustkorbs ein Einatemimpuls erfolgt.

Übung 3: „Sandsäckchen"

Die Teilnehmer legen sich ein Sandsäckchen auf den Kopf und gehen mit aufrechter Haltung durch den Raum. Das Sandsäckchen sollte nicht herunterfallen. Der Atem wird dabei nicht angehalten, sondern geschieht fließend und regelmäßig.

Diese Übung schafft Bewusstsein für eine aufrechte Körperhaltung.

Übung 4: „Verkleinern und Vergrößern"

Die Übung erfolgt als Paar-Übung. Die Teilnehmer versuchen, sich zu ‚verkleinern' bzw. zu ‚vergrößern'. Dabei probieren sie aus, wie sie sich mehr Raum nehmen bzw. weniger Raum einnehmen können (z.B. Arme in die Hüften stemmen/eng an den Körper legen; Beine weiter auseinander stellen, ‚Ballerina-Stellung-Überkreuz'; Kopf heben/ senken; Arme eng an den Körper drücken/‚Achseln belüften' durch Lösen der Arme). In den verschiedenen Haltungen werden nun einzelne Sätze zum Partner gesprochen. Alternativ können die beiden Teilnehmer auch ein Gespräch miteinander führen.

Bei dieser Übung erfahren die Teilnehmer, welche Auswirkungen eine verkleinerte bzw. vergrößerte äußere Körperhaltung auf die innere Haltung haben kann und wie eng äußere Haltung und Sprechabsicht zusammen gehören. Besonders deutlich wird dieser Zusammenhang erfahren, wenn eine äußere verkleinerte Haltung und ein sehr bestimmtes Sprechen (z.B. als Lehrer zu einem Schüler: „Du setzt dich jetzt sofort auf deinen Platz.") eine Inkongruenz erzeugen.

Transfer

Die Gruppe sitzt im Stuhlkreis. Jeweils ein Teilnehmer tritt vor die Gruppe, stellt sich kurz vor und achtet dabei bewusst auf seine innere und äußere Haltung. Anschließend erhält der Redner ein Feedback.

4.1.2 Atmung und Intention

Inhaltliche Hinführung

In diesem Abschnitt wird der Fokus auf die Wechselwirkung von Atmung und Beziehung gelegt. Wo der Redner nicht in Beziehung zum Zuhörer tritt, er also mehr bei sich bleibt, ist häufig eine Hochatmung zu beobachten, die zu einem schnelleren Redefluss führt und damit zugleich die Verständlichkeit der Rede mindert. Insofern sind die meisten Redehemmungen, die in der Regel mit Atemnot verbunden sind, Beziehungshemmungen. (DVD: Oberflächenstruktur Nr. 8)

Rein ‚technische' Atemübungen oder Hinweise wie „Atmen Sie mal tief ein und aus!", helfen dem Redner nicht weiter. Vielmehr bewirken die Sprechabsicht des Redners und sein Kontaktwille zum Hörer einen angemessenen Zuwendungs- und damit Einatemimpuls. Ziel der vorliegenden Übungen ist daher das Bewusstmachen und Fördern von Zuwendung, um damit auch Redehemmungen zu überwinden.

Didaktisch-methodische Hinweise

In den folgenden Übungen geht es darum, die eigene Atmung wahrnehmen zu können und die Verbindung von Atmung, Intention und Beziehung bewusst zu erleben und verstärken zu können.

Jeder Übungsteil beginnt ohne inhaltliche Einführung. Die Teilnehmer erhalten nach jeder Übung die Möglichkeit zur Eigenreflexion.

Die folgenden Übungen 1 bis 4 sind sinnvoller Weise hintereinander durchzuführen, um am Ende die gewonnenen Einzelerfahrungen zu einer ganzheitlichen Erfahrung werden zu lassen.
(Material: Holzstöcke, ca. 60 cm lang, Wurfball/Gymnastikball)

Übungsteil

Übung 1: „Stockübung"

Jeder Teilnehmer erhält einen Stock von ca. 60 cm Länge. Rechtshänder balancieren diesen Stock vertikal auf ihrer rechten Handfläche und stabilisieren ihn in der Mitte mit der linken Hand. Für den Linkshänder gilt es in umgekehrter Art und Weise.

Jeder Teilnehmer richtet nun den Blick auf das untere Ende des Stockes und wandert mit seinem Blick langsam zum oberen Teil des Stockes. Dabei beobachtet der Teilnehmer seine Atmung, ohne diese jedoch zu verändern. Der Lehrende fragt während dieses Prozesses die Teilnehmer: „Was passiert beim Aufschauen mit der Atmung? Atmen Sie ein, oder ein und aus, halten Sie die Luft an? Was passiert mit der Atmung beim Aufwärtsschauen?"

Sehr häufig ist bei den Teilnehmern festzustellen, dass sie nichts wahrnehmen („Ich habe nichts Besonderes gespürt."). Der Grund hierfür liegt meist darin, dass sie im Alltag nur selten bis überhaupt nicht ihre Aufmerksamkeit auf die eigene Atmung richten. Deshalb bietet es sich an, diese Übung mehrere Male zu wiederholen. Nach mehrmaliger Wiederholung wird den meisten Teilnehmern bewusst, dass sie während des Aufwärtsschauens einatmen. Wird nach der Intensität des Einatmens gefragt, beschreiben die Teilnehmer, dass die Einatmung kaum spürbar, sehr ruhig geschah und Aufwärtsschauen und Einatmung synchron verlaufen.

Im Anschluss erfolgt ein weiterer Übungsschritt.

Der Stock wird wie zu Beginn der Übung 1 gehalten und nun schräg nach oben/vorne geworfen und sofort wieder gefangen. Der Rechtshänder wirft den Stock mit rechts und fängt ihn mit rechts, der Linkshänder vollzieht beides mit der linken Hand.

Bei diesem Übungsschritt stehen folgende Fragen im Fokus: „Was passiert mit der Atmung während der Wurfbewegung? Was geschieht mit der Atmung, wenn der Stock gefangen wurde?" Hier stellen die Teilnehmer in der Regel schnell fest, dass es beim Werfen zu einer schnellen Einatmung kommt, die im Moment des Fangens stoppt. Auch hier korrelieren also wieder Atmung und Intention/Beziehung.

Übung 2: „Dirigieren"

Jeweils zwei Teilnehmer stehen sich im Abstand von ca. 2 Metern gegenüber. Jeweils einer der Teilnehmer übernimmt die Rolle des Dirigenten. Der Andere steht ihm gegenüber und blickt ihn an. Der Dirigent hat nun die Aufgabe, seinem Gegenüber einen Einsatz zu geben, wobei er die Hände in Brusthöhe vor dem Körper hält und einen Einsatzakzent gibt, indem er die Hände entschieden nach oben bewegt.

Die Leitfrage für diese Übung lautet: „Was geschieht mit der Atmung im Moment des Einsatzgebens? Wie ist die Spannung in den Armen? Gibt es ein gefühltes Mehr an Zuwendung zum Gegenüber?" In einem weiteren Schritt wird nun eine gegenteilige Variante der Übung erprobt. Der Dirigent gibt nun den Einsatz bewusst mit einem Ausatmungsimpuls.

Dabei werden die Teilnehmer erkennen, dass dies nicht ganz einfach ist. Häufig wird gesagt: „Das geht ja gar nicht. Das ist ja unnatürlich." Über diese gegensätzliche Erfahrung wird bereits erkennbar, dass Einatmung und Beziehung sich bedingen und damit auch eine Veränderung der Körperspannung einhergeht.

Übung 3: „Hallo"

Ähnlich wie beim Dirigieren ist diese Übung auf ein Gegenüber ausgerichtet. Die Teilnehmer stehen im Kreis. Jeder Teilnehmer hebt eine Hand und vollzieht mit ihr eine Winkbewegung, ohne eine direkte Beziehung zu seinem Gegenüber aufzunehmen. Im Anschluss daran sucht sich jeder einen Teilnehmer aus dem Kreis aus, den er gerne begrüßen möchte. Aus der automatischen Winkbewegung wird nun eine gerichtete Winkbewegung, die mit einem Einatemimpuls begleitet wird und die wiederum ein Mehr an gerichteter Körperspannung entstehen lässt. Der Ablauf der Übung sieht daher folgendermaßen aus: zuerst unmotiviertes Winken, dann gerichtetes Winken auf eine konkrete Person hin, verbunden mit einem Mehr an Körperspannung und damit verbundenem Einatemimpuls, darauf das Wort: ‚Hallo'.

Übung 4: „Häschen in der Grube"

Die Teilnehmer stehen im Raum und führen einige Rumpfbeugen aus. Dabei richten sie wieder den Fokus auf ihre Atmung. In der Regel erfahren die Teilnehmer, dass beim Aufrichten eingeatmet und beim Senken ausgeatmet wird.

Darauf wird nun die Übung variiert. Jeder Teilnehmer legt einen Gegenstand vor sich auf den Boden. Der jeweilige Gegenstand steht für einen kleinen Hasen. Ihn betrachten die Teilnehmer und wenden sich ihm zu, um ihn zu streicheln. Bei der Zuwendung zum Hasen wird erneut gefragt, was mit der Atmung geschieht.

Die Erfahrung, dass nun bei der Bewegung nach unten wieder eingeatmet wird, entgegen der vorherigen Übung mit den Rumpfbeugen, verdeutlicht, dass wiederum die Atmung durch Intention und Beziehung geleitet wird.

Erst an dieser Stelle werden die verschiedenen Übungen reflektiert. Die Erkenntnis liegt darin, dass die Einatmung und ihre Intensität, wie auch die damit verbundene Körperspannung immer der Intention und der Beziehung folgen.

Transfer

Die Gruppe sitzt im Stuhlhalbkreis. Jeweils ein Teilnehmer tritt vor die Gruppe und stellt sich kurz mit seinem Namen vor. Entscheidend ist, dass er bewusst vor die Gruppe tritt, einen stabilen Stand einnimmt, durch Blickkontakt eine Beziehung zur Gruppe aufbaut und erst danach zu sprechen beginnt.

Vertiefende Hinweise

Um diesen Themenbereich zu vertiefen, empfiehlt sich der Besuch eines Atem- und Stimmseminar (z.b. Schlaffhorst-Andersen, Middendorf, Coblenzer).

4.1.3 Blickkontakt und Hörerbezug

Inhaltliche Hinführung

Der Blickkontakt dient der Herstellung von Beziehung und wurde unter diesem Aspekt bereits in den vorausgehenden Übungen angesprochen. Daneben hat der Blickkontakt eine aufmerksamkeitssteuernde Funktion. Dies wird z.b. bei Powerpoint-Präsentationen deutlich, wo durch mangelnden Blickkontakt seitens des Redners die Zielgruppe ihre Aufmerksamkeit verstärkt auf die Visualisierung und nicht auf den Vortragenden richtet. Dadurch steht der Redner in Konkurrenz zum Medium. Erst durch ein gerichtetes Sprechen kann es dem Redner gelingen, diese Konkurrenz für sich zu entscheiden. Denn da, wo Menschen persönlich angesprochen werden, wird erst eine wirkliche Beziehung hergestellt.

Ob in der Politik, in Unternehmen oder an Hochschulen, Menschen möchten nie nur ‚etwas', sondern auch ‚jemanden' hören. Der Inhalt ist nie von der Person zu lösen, und so lässt sich an dieser Stelle festhalten: Blickkontakt heißt „jemandem etwas zusprechen."
(DVD: Oberflächenstruktur Nr. 5, 6, 7, 8, 9, 11)

Didaktisch-methodische Hinweise

In den folgenden Übungen geht es darum, dass der Redner einen Sprechimpuls in Richtung Hörer bewusst realisieren kann, den Inhalt mit dem Blick in Beziehung setzt und damit eine Grundspannung zwischen Sprecher und Hörer erzeugen kann.

Aus den folgenden Übungen kann der Lehrende die Übungen auswählen, die ihm im Blick auf seine Zielgruppe angemessen erscheinen. Jeder Übungsteil beginnt ohne inhaltliche Einführung. Die Teilnehmer erhalten nach jeder Übung die Möglichkeit zur Eigenreflexion.

(Material: Vorbereitete Texte in Kopie, Wurfball)

Übungsteil

Übung 1: „Visuelle Ignoranz"

Die Teilnehmer bilden 2er-Gruppen. Einer der beiden erzählt dem Gegenüber nun ca. 2 Minuten z.B. ein Erlebnis aus der letzten Woche (worüber er sich geärgert hat, was ihn zurzeit bewegt o.ä.).

Das Gegenüber bekommt die Anweisung zuzuhören, allerdings ohne Blickkontakt zum Sprecher aufzunehmen. Der Zuhörende darf Hörersignale („mmh, aha, ach so, interessant" o.ä.) geben, beschäftigt sich aber zusätzlich nonverbal noch mit anderen Dingen (auf die Uhr schauen, mit dem Handy spielen, Fusseln vom Pullover zupfen o.ä.). Wichtig ist, dass der Zuhörer komplett auf den Blickkontakt verzichtet.

Nach 2 Minuten wird kommentarlos ohne Auswertung gewechselt. Anschließend tauschen die Partner ihre Erfahrungen aus.

Im Folgenden wird die Übung variiert:

Derjenige, der spricht, vermeidet konsequent Blickkontakt und beschäftigt sich zusätzlich noch mit anderen Dingen (s.o.). Der Zuhörer schaut den Redenden während des Sprechens an. Auch hier wird nach 2 Minuten gewechselt und im Anschluss tauschen die Partner wieder ihre Erfahrungen aus.

Diese Übungen verdeutlichen in kurzer Zeit sehr eindrucksvoll, welche Auswirkungen das Vermeiden des Blickkontaktes sowohl auf den Sprecher als auch auf den Zuhörer hat.

Übung 2: „Blicke sammeln"

Die Teilnehmer stellen sich einzeln vor die Gruppe und nehmen – ohne zu sprechen – zunächst zu jedem anderen Teilnehmer in der Gruppe Blickkontakt auf.

Anschließend begrüßen sie die Teilnehmer mit 1 bis 2 Sätzen (z.B. „Ich wünsche Ihnen einen schönen guten Morgen und freue mich, dass wir heute hier zu einem spannenden Thema zusammen arbeiten werden.").

Die Übung soll darauf vorbereiten, dass es zunächst einmal wichtig ist, als Redner ‚anzukommen', und nicht bereits auf dem Weg nach vorne mit dem Sprechen zu beginnen.

Übung 3: „Jemandem etwas zusprechen"

Bei dieser Übung stehen die Teilnehmer im Kreis, sodass jeder jeden anschauen kann. Der Lehrende hat einen Text vorbereitet, den er zeilenweise vorspricht. Eine Person, die im Besitz des Balles ist, spricht den gehörten Text jemandem in der Gruppe zu. Dabei ist zu beachten, dass der Ball beim ersten gesprochenen Wort einem Teilnehmer im Kreis zugeworfen wird. Der Bewegungsablauf sieht wie folgt aus:

Zuerst wird Kontakt mit einem der Teilnehmer gesucht, dann wird der Ball von unten her dem Gegenüber zugeworfen, verbunden mit einer Vorwärtsbewegung des linken oder rechten Beines. Dabei wird gleichzeitig auch das Gewicht auf das linke bzw. rechte Bein verlagert, sodass eine gerichtete Sprechspannung zum Gegenüber entsteht. Während dieser Bewegung wird der vorgegebene Text gesprochen. Der Sprecher bleibt in der Vorwärtsbewegung und geht erst dann in die Ausgangsposition zurück, wenn der Text zu Ende gesprochen wurde.

Auf zwei Fehlerquellen ist bei dieser Übung zu achten: Häufig wird der Ball erst während des Sprechens und nicht zu Beginn geworfen, weil eventuell noch eine Textunsicherheit besteht, der Redner noch bei sich ist – und damit auch der Ball. Zum Zweiten wird ein Zurück zur Ausgangsposition oft noch während des Sprechvorgangs vollzogen und damit die Spannung zum Gegenüber aufgelöst. Deswegen ist es sinnvoll, dass der Lehrende sofort korrigierend eingreift, wenn einer dieser Fehler sichtbar wird. Ziel ist es, ein Gefühl dafür zu bekommen, vom ersten Wort an bei der Ansprechperson zu sein und sich körperlich erst aus der Beziehung herauszunehmen, wenn der gesprochene Text abgeschlossen ist. Diese eher motorisch ausgerichtete Übung macht deutlich, dass der Hörerbezug und die Beziehungsintensität durch Blickkontakt und körperliche Zuwendung im Raum gesteuert und beeinflusst wird. Das folgende Gedicht von Kurt Tucholsky kann als ein möglicher Text bei dieser Übung dienen.

Der Pfau (Kurt Tucholsky)
Ich bin ein Pfau.
In meinen weißen Schwingen
Fängt sich das Schleierlicht der Sonne ein.
Und alle Frauen, die vorübergingen,
liebkosten mit dem Blick den Silberschein.

Ich weiß, dass ich sehr schön bin.
Meine Federn auf meinem Kopf stell ich oft kapriziös...
Ich hab das weißeste von allen Pfauenrädern;
Ich bin sehr teuer, selten und nervös.

Ich habe leider ziemlich große Krallen,
und wenn ich fliege, sieht es kläglich aus.
Doch wer mich liebt, dem werde ich gefallen,
und alle Welt steht vor dem Vogelhaus.

Klug bin ich nicht.
Klugheit ist nicht bei allen,
viel liegt nicht hinter meiner Vogelstirn.
Ich will gefallen – immer nur gefallen –
Ich bin ein schöner Pfau. Ich brauche kein Gehirn.

Nur singen darf ich nicht.
Das ordinäre Gekrächz ist nicht zu sehen –
Wie mein Bildnis zeigt.
Ich bin ein Pfau.
Und eine schöne Lehre:
Wer dumm und schön ist, setzt sich. Siegt. Und schweigt.

(Aus: Tucholsky 1993, 262)

Übung 4: „Schnipsel-Texte" sprechen

Die Teilnehmer erhalten jeweils einen kleinen Text auf einer Karteikarte, den sie versuchen, auswendig zu lernen. Dabei geht es nicht um die Fähigkeit, etwas auswendig ‚aufsagen' zu können, sondern darum, den jeweiligen Inhalt in sich aufzunehmen. Die Kurztexte werden nach einer ca. 10-minütigen Vorbereitungszeit von den Teilnehmern vorgetragen. Dabei gilt es nun, jeweils eine Zeile einer Person aus der Gruppe zuzusprechen. Insgesamt sind also bei drei Zeilen drei Blickwechsel zu realisieren.

> Um sich auf einen Menschen zu verlassen, tut man gut, sich auf ihn zu setzen;
> Man ist dann wenigstens für diese Zeit sicher, dass er nicht davonläuft.
> Manche verlassen sich auch auf den Charakter. (Tucholsky 1973, 20)
>
> Einen Titel muss der Mensch haben.
> Ohne Titel ist er nackt
> Und ein gar grauslicher Anblick. (ebd.)
>
> Weil sich jeder eine Welt macht, in deren Mittelpunkt er selber steht,
> so verneint er die der anderen,
> deren Weltbild ihn etwa an die Wand klemmen könnte. (ebd., 22)
>
> Es gibt Leute, die wollen lieber einen Stehplatz in der ersten Klasse
> Als einen Sitzplatz in der dritten.
> Es sind keine sympathischen Leute. (ebd., 22)
>
> Wenn wir einmal nicht grausam sind,
> dann glauben wir gleich,
> wir seien gut. (ebd., 25)
>
> Nähme man den Zeitungen den Fettdruck -:
> Um wieviel stiller
> Wäre es in dieser Welt-! (ebd., 36)
>
> Das Merkwürdigste an einem Loch ist der Rand.
> Er gehört noch zum Etwas, sieht aber beständig ins Nichts,
> eine Grenzwache der Materie. (ebd., 56)
>
> Das Loch ist ein ewiger Kompagnon des Nicht-Lochs:
> Loch allein kommt nicht vor,
> so leid es mir tut. (ebd., 56)

> Wir möchten so viel:
> Haben. Sein. Und gelten.
> Daß einer alles hat: das ist selten. (ebd., 57)
>
> Wer viel von dieser Welt gesehn hat –
> Der lächelt,
> legt die Hände auf den Bauch
> und schweigt. (ebd., 69)
>
> Jede Wirtschaft beruht auf dem Kreditsystem,
> das heißt auf der irrtümlichen Annahme,
> der andere werde gepumptes Geld zurückzahlen. (ebd., 86)
>
> Er war eitel wie ein Chirurg,
> rechthaberisch wie ein Jurist
> und gutmütig wie ein Scharfrichter nach der Hinrichtung. (ebd., 94)

Diese Übung fördert die bewusste Herstellung von Blickkontakt und damit verbunden einen intensiveren Hörerbezug. Zusätzlich kann innerhalb dieser Übung auf die Vorteile gegliederten Sprechens, das Hervorheben von Teilaussagen und das Realisieren von Spannungsbögen eingegangen werden.

4.1.4 Mimik und Gestik

Inhaltliche Hinführung

Glaubwürdige Mimik und Gestik entstehen dort, wo der Redner während seiner Sprechhandlung das Gesagte bewusst nachvollzieht und miterlebt. Dies wird umso schwerer, je situationsloser, kontextloser die Rede verfasst ist bzw. je mehr er eine statisch-abstrakte Sprache verwendet (z.B. Genitivkonstruktionen, Schachtelsätze, Substantivierungen). Wenn der Redner während des Sprechens selbst etwas erlebt, entfaltet sich ohne bewusstes Gestalten eine natürliche Gestik und Mimik. Hingegen wird in einer Rede, die stark durch Abstraktion geprägt ist, häufig eine bewusste, intellektuell gestaltete Gestik eingesetzt, die vom Hörer eher als ‚gekünstelt' wahrgenommen wird. In vielen Fällen hat dieser Sprachstil auch zur Folge, dass der Sprecher durch dieses enge ‚Sprachkorsett' körperlich wie eingeschnürt wirkt.

Wenn in der Rede weniger förmlich, sondern alltagssprachlicher, sprich: mit mehr Verben, konkreter, bildhafter, szenischer und syntaktisch einfacher gesprochen wird, hat dies auf Gestik und Mimik eine befreiende Wirkung.

Damit eine individuelle Gestik und Mimik entstehen kann, muss der Redner seine kommunikative Absicht nicht nur intellektuell (ratio), sondern auch sinnlich-emotional (emotio) nachvollziehen, erleben und sprecherisch realisieren. Nur dort, wo sich Inhalt und äußere Form im Einklang befinden, kann ein Redner als glaubwürdig wahrgenommen werden.

(DVD: Oberflächenstruktur Nr. 3, 4, 7, 10)

Didaktisch-methodische Hinweise

Als Einstieg in diese Thematik eignen sich besonders gut Gedichte, da sie sehr bildreich sind und häufig wörtliche Rede enthalten. Sie besitzen außerdem den Vorteil, dass die Inhalte vorgegeben sind und der Sprecher in besonderer Weise gefordert ist, die im Text vorhandene Emotionalität der dargelegten Erlebnisse und Inhalte zu realisieren (vgl. Rösener 1990, 65).

Der Lernende spürt zunächst dieser dem Text innewohnenden Emotionalität nach. Anschließend sucht er nach einem persönlichen Erlebnis, das er mit diesem Gefühl verbinden kann. („Wie fühlt sich das bei mir an, wenn ich Freude/Überraschung/Trauer/Ärger etc. empfinde?"). Aus diesem Gefühlserleben heraus versucht der Teilnehmer, den Text sprecherisch umzusetzen. Im Moment des Nachempfindens und Erlebens wird der Lernende feststellen, dass hieraus Gestik und Mimik ohne bewusstes Hinzutun entsteht.

Die folgenden Übungen dienen dazu, Gestik und Mimik als Ausdruck eigenen Erlebens zu erfahren sowie eigene Gefühle wahrnehmen und ausdrücken zu können.

(Material: Vorbereitete Texte in Kopie)

Übungsteil

Übung 1: Die „Zirkuskünstlerin"

„Die Zirkuskünstlerin" ist eine kleine einführende Sensibilisierungsübung um aufzuzeigen, wie eng Mimik und Gestik zusammenhängen. Die Teilnehmer stellen sich Folgendes vor:

> Sie sind Zirkuskünstlerin und haben gerade mit Bravour einen gefährlichen Hochseilauftritt beendet. Das Publikum spendet tosenden Applaus. Sie treten vor das Publikum, reißen die Arme siegesbewusst nach oben (Spannung bis in die Fingerspitzen!) und lachen strahlend aus ganzem Herzen über ihren erfolgreichen Auftritt.

Jetzt wird der Auftritt wiederholt, die Arme werden wieder mit einem strahlenden Lachen nach oben gestreckt, und dann werden die Handgelenke abrupt abgeknickt, so dass die Spannung aus den Händen geht. Das strahlende Lachen soll währenddessen aufrechterhalten werden.

Im Anschluss wird mit den Teilnehmern besprochen, welche Auswirkung das Abknicken der Hände auf die Mimik hatte. Hier entsteht in der Regel der Effekt, dass mit dem Abknicken der Hände das Lachen als unnatürliche, fast fratzenhafte Mimik empfunden wird. Gleichzeitig wird deutlich, dass das bewusste, isolierte Verändern von Gestik oder Mimik häufig zu inkongruenten Phänomenen führt.

Übung 2: „Ein Spiel erklären"

Die Teilnehmer stehen oder sitzen zu zweit voreinander. Aufgabe ist es, dass einer dem anderen ein Spiel oder eine Sportart (o.ä.) erklärt. Die Arme und Hände sind dabei auf dem Rücken verschränkt. Nach ca. 3 Minuten können die Hände zum Erklären des Spiels hinzugenommen werden. Der Zuhörer gibt im Anschluss daran ein Feedback, wie er die beiden unterschiedlichen Varianten wahrgenommen hat. Anschließend wird gewechselt.

Jeweils nach einer Runde tauschen sich die Teilnehmer über die entstandenen Wirkungen aus. Hier stellen die Teilnehmer in der Regel fest, dass das Erklären auf Sprecherseite wesentlich leichter fällt, wenn es gestisch unterstützt wird. Auf Hörerseite wird die Erfahrung gemacht, dass die Erklärung mit einer gestischen Unterstützung besser verstanden wird.

Übung 3: „Partnerbezug herstellen"

Diese Übung wird als Partnerübung durchgeführt. In einer ersten Sprechfassung geht es darum, dem Gegenüber jede Zeile einzeln zuzusprechen, verbunden mit einer Geste oder auch einer direkten Berührung des Gegenübers. Dadurch wird das Gesprochene stärker durchdrungen und das körperliche Erlebnis während des sprecherischen Vollzugs intensiver nachempfunden. In einer zweiten Sprechfassung wird der direkte Bezug zum Gegenüber gelöst. Der Sprecher versucht nun, das innerlich Erlebte ohne ein direktes Gegenüber zu sprechen. Im Anschluss daran können die Teilnehmer den Text noch einmal vor der Gruppe sprechen.

> Ideal und Wirklichkeit (K. Tucholsky)
>
> In stiller Nacht und monogamen Betten
> Denkst du dir aus, was dir am Leben fehlt.
> Die Nerven knistern. Wenn wir das doch hätten,
> was uns, weil es nicht da ist, leise quält.
> Du präparierst dir im Gedankengange
> Das, was du willst – und nachher kriegst dus nie …
> Man möchte immer eine große Lange,
> und dann bekommt man eine kleine Dicke –
> C'est la vie -!
>
> Sie muß sich wie in einem Kugellager
> In ihren Hüften biegen, groß und blond.
> Ein Pfund zu wenig – und sie wäre mager,
> wer je in diesen Haaren sich gesonnt...
> Nachher erliegst du dem verfluchten Hange,
> der Eile und der Phantasie.
> Man möchte immer eine große Lange,
> und dann bekommt man eine kleine Dicke.
> Ssälawih –!
>
> Man möchte eine helle Pfeife kaufen
> und kauft die dunkle – andere sind nicht da.
> Man möchte jeden Morgen dauerlaufen

> Und tut es nicht. Beinah... beinah...
> Wir dachten unter kaiserlichem Zwange
> an eine Republik... und nun ists die!
> Man möchte immer eine große Lange,
> und dann bekommt man eine kleine Dicke –
> Ssälawih –!
>
> (Tucholsky 1991, 30f.)
>
> (auch gut geeignet für diese Übung: B. Brecht „Plattkopf", 1988, 283ff.)

Transfer

Die Gruppe sitzt im Stuhlkreis. Jeweils ein Teilnehmer tritt vor die Gruppe und versucht seinen Arbeitsplatz und seine Kollegen so zu beschreiben, dass die Anderen sich ein nachvollziehbares und nachempfindbares Bild davon machen können.

Vertiefende Hinweise

Um die Unterschiedlichkeit zwischen intellektuell gestalteter Gestik und glaubwürdiger Gestik vertieft bewusst zu machen, eignet sich auch die Betrachtung und Analyse verschiedener Redner im Deutschen Bundestag.

4.2 Akustik

„Denn jede Gemütsbewegung hat von Natur ihre eigentümlichen Töne" (Cicero)

Person-sein steht in Beziehung zum Glaubwürdig-sein. Das lateinische Wort per-sonare (durchtönen) ist ein Anhaltspunkt dafür, dass der stimmliche und sprecherische Ausdruck des Redners immer auch Einblicke in seine Gefühlswelt gibt. Wie im vorherigen Kapitel geht es auch hier um den Einklang von emotio und ratio, im akustischen Bereich also um die ‚Stimmigkeit' des Redners.

Aus diesem Grund stehen in dieser Lehr-/Lerneinheit die Aspekte Sprechfluss/Tempo, Artikulation, Lautstärke/Dynamik und Melodieführung im Mittelpunkt. Auch wenn die sprecherischen und stimmlichen Aspekte im Folgenden gesondert betrachtet werden, bilden sie in der gesprochenen Rede immer eine Einheit. Die vorgenommene Trennung ist jedoch sinnvoll, um den Blick dafür zu schärfen, dass der sprecherische und stimmliche Gesamteindruck in einer Rede und die dadurch ausgelösten Wirkungen sich immer anhand konkreter Einzelaspekte erklären lassen. Für die rhetorische Praxis ist dies dort von Bedeutung, wo der Lehrende einem Lernenden nachvollziehbar erklären können muss, warum sein Sprechen bzw. seine Stimme während der Rede bestimmte Wirkungen beim Zuhörer ausgelöst haben.

4.2.1 Sprechfluss, Tempo und Artikulation

Inhaltliche Hinführung

Ein akustisches Problem in der Rede besteht häufig darin, dass Reden in einem solchen Tempo gehalten werden, dass inhaltlich zwar alles gesagt wird, die Zuhörenden dem Inhalt aber entweder nur noch gestresst folgen können oder nach einiger Zeit abschalten.

Aber auch für den Redner hat ein erhöhtes Sprechtempo Konsequenzen: Folge eines erhöhten Sprechtempos sind häufig zu wenige oder zu kurze Sprechpausen. Dies wiederum hat Auswirkungen auf die Atmung, da dem Redner im wahrsten Sinne des Wortes ‚die Luft wegbleibt'.

Die Gründe für zu schnelles Reden können unterschiedlich sein:

Der Redner hat eine zu geringe Artikulationsspannung, d.h. er ‚nuschelt'. Dieses Phänomen – zu schnelles Sprechen in Kombination mit undeutlicher Artikulation – findet sich sehr häufig. Hier liegt die Ursache also eher im sprecherischen Bereich.

Weitere Gründe können auch ein mangelndes Mitteilungsbedürfnis oder Lampenfieber sein, die dazu führen, dass der Redner schnell ‚fertig' werden möchte. Die Panik vor und in der Sprechsituation treibt den Redner regelrecht an, so dass er in seiner Aufregung kein Gefühl mehr für seine Sprechgeschwindigkeit hat.

Und schließlich kann ein erhöhtes Sprechtempo auch darin begründet sein, dass der Redner sich dem Hörer nicht zuwendet, sondern mit seiner Konzentration stärker bei sich und dem Redeinhalt bleibt. Dies ist vor allem dann der Fall, wenn die Rede von einem Manuskript abgelesen oder auswendig vorgetragen wird.

Das Sprechtempo und der Sprechfluss werden vor allem durch den Sprechdenkprozess gelenkt. Es handelt sich hierbei um den koordinierten gleichzeitigen Ablauf von Sprechen und Denken (vgl. ausführlich Pabst-Weinschenk 2004, 64ff.). Der Sprechdenkprozess strukturiert den eigenen Sprechfluss, indem z.b. Pausen gesetzt werden. Hierbei beeinflusst das innere Erleben von Inhalten wesentlich den Sprechfluss und das Tempo und damit auch die Verständlichkeit. Da das Sprechtempo letztlich immer das hörbare Resultat eines mehr oder weniger gelungenen Sprechdenkprozesses ist, gilt es, den Formungs- und Mitteilungswillen in gleicher Weise einzuüben (vgl. Aderhold/ Wolf 1989, 14).

(DVD: Oberflächenstruktur Nr. 2, 3, 4, 5, 6, 8, 10)

Didaktisch-methodische Hinweise

Die Übungen 1 bis 4 sensibilisieren die Teilnehmer in besonderer Weise für das Zusammenspiel von Artikulation und Sprechtempo. Aus diesen Übungen kann der Lehrende diejenigen auswählen, die ihm im Blick auf seine Zielgruppe angemessen erscheinen.

Bei den Übungen 5 und 6 handelt es sich um komplexere Erzähl-Übungen, bei denen die Aspekte Sprechfluss, Tempo, Artikulation und Erlebnis gleichermaßen mitberücksichtigt werden. Diese Übungen verhelfen dem Lernenden zu der Einsicht, dass Sprechdenken in der Rede nicht gleichzusetzen ist mit unvorbereitetem, spontanem Sprechen. Es braucht auf Rednerseite also eine inhaltliche Sicherheit, die durch die Vorbereitung hergestellt wird. Dadurch erreicht der Redner die Souveränität, dem Hörer zugewandter zu begegnen und erlebnisnaher zu sprechen (z.B. durch die anschauliche, szenische Darstellung von Inhalten oder die Verwendung von wörtlicher Rede).

(Material: Luftballons, Prosatexte zur Auswahl, Flipchart, Stifte)

Übungsteil

Übung 1: „Lockerung der Mund- und Zungenmuskulatur"

Diese Übung ist als kleine einführende Sensibilisierungsübung geeignet, um ein Bewusstsein für den ‚Artikulationsraum' zu schaffen, z.B. durch:

- Grimassen schneiden
- große Kaubewegungen machen mit der Vorstellung, man kaue ein großes Kaugummi
- Zunge weit herausstrecken
- Mund mit der Zunge ‚auswaschen'

Übung 2: „Zungenspitze an die Zähne"

Zunächst lesen die Teilnehmer einem anderen Teilnehmer einen kleinen Text vor. Anschließend wird die Zungenspitze hinter die oberen Schneidezähne gelegt und die Teilnehmer lesen den Text erneut.

Durch die Zungenlage ist ein größerer Artikulationsaufwand nötig und der Kiefer muss weiter geöffnet werden, um trotzdem noch verständlich zu bleiben.

Anschließend lesen die Teilnehmer den Text noch einmal so wie im ersten Durchgang. Abschließend beschreiben die Teilnehmer, ob bzw. welche Unterschiede sie beim Sprechen wahrgenommen haben.

Vor allem nach der 3. Leseeinheit empfinden die Teilnehmer in der Regel ihre Artikulationsräume als weiter und das Artikulieren selbst als leichter und präziser. Auch das Sprechtempo ist in der 3. Leseeinheit in der Regel reduzierter.

Übung 3: „Sprechen auf dem Seil"

Zwei Teilnehmer stehen oder sitzen sich gegenüber und führen ein Gespräch. Beide stellen sich vor, zwischen ihren Mündern sei eine Leine gespannt und jedes ihrer Worte wird auf diese Leine ‚gesetzt', so dass die Äußerung bis zum Ende der Leine reicht.

Dies fördert vor allem die Vorverlagerung der Artikulationsbewegungen und macht deutlich, dass Sprechen nach vorne gerichtet ist (auf einen Partner hin) und nicht nach innen.

Übung 4: „Luftballon"

Der Luftballon muss während des Sprechens mit einem Finger oder mit mehreren Fingerspitzen in der Luft gehalten werden, wobei bei jedem Wort der Luftballon einmal angetippt wird.

Durch das Antippen des Luftballons und das gleichzeitige Sprechen ergeben sich zwei Effekte: Zum einen öffnen die Sprecher nach jedem Wort fast automatisch wieder den Mund, so dass ein natürliches Abspannen des Zwerchfells erreicht wird. Zum anderen überträgt sich die feinmotorische Tippbewegung auf die Artikulationsbewegung, die dadurch ebenfalls präziser und feiner wird.

Übung 5: Vorgegebene Inhalte frei vortragen

Bei dieser Übung wird anhand eines fiktionalen Textes deutlich, wie sich Sprechfluss und Sprechtempo beim Lesen bzw. Nacherzählen verändern.

Die Übung wird in Kleingruppen durchgeführt (3-4 Teilnehmer). Jeder Teilnehmer erhält einen Text und liest ihn der Gruppe vor. Anschließend legt er den Text beiseite und gibt ihn mit eigenen Worten wieder, indem er mit den Worten „Es war einmal" bzw. „Stellt euch mal vor" die freie Rede beginnt. Beim Vergleich beider Sprechfassungen (Lesen und Nacherzählen) gilt es im Besonderen, die Aufmerksamkeit auf den Sprechfluss und die Pausensetzung zu lenken, die bei der zweiten Sprechfassung klarer hervortreten.

Für diese Übung eignen sich insbesondere leicht ‚antiquierte' Texte, um bei der Nacherzählung schneller feststellen zu können, ob Begriffe auswendig gelernt wurden oder der eigene Wortschatz benutzt wurde.

In der Regel werden die Nacherzählungen in indirekter Rede wiedergegeben. Dies reduziert zwar zunächst einmal den Sprechfluss, aber es fehlt häufig die Lebendigkeit, weil die wörtliche Rede, die im Originaltext vorkommt, in der Nacherzählung selten realisiert wird. Deshalb kann die Übung noch einmal wiederholt werden, indem die Teilnehmer (oder zumindest einige) den gleichen Text jetzt noch einmal mit eigenen Worten und dem Einsatz wörtlicher Rede wiederzugeben versuchen. Dadurch können sie erleben, wie einerseits ihr eigenes Sprechen lebendiger wird und andererseits die Zuhörer ihnen besser folgen können.

> Text 1: Die drei Räuber
>
> Drei Räuber ermordeten und plünderten einen Kaufmann, der mit einer Menge Gold und Kostbarkeiten durch einen Wald reiste. Sie brachten die geraubten Schätze in ihre Höhle und schickten den jüngsten von ihnen in die Stadt, Lebensmittel einzukaufen.
>
> Als er fort war, sprachen beide zueinander: „Was sollen wir diese großen Reichtümer mit diesem Burschen teilen? Wenn er zurückkommt, wollen wir ihn erstechen, so fällt sein Anteil uns zu." Der junge Räuber aber dachte unterwegs: „Wie glücklich wäre ich, wenn alle diese Schätze mein wären! Ich will meine zwei Gefährten vergiften, so bleibt der Reichtum mir allein." Er kaufte in der Stadt Lebensmittel ein, tat Gift in den Wein und kehrte damit zurück.
>
> Als er in die Höhle trat, sprangen die anderen auf ihn zu und stießen ihm ihre Dolche ins Herz, dass er tot zu Boden fiel. Hierauf setzten sie sich hin, aßen, tranken den vergifteten Wein und starben unter den schrecklichsten Schmerzen. Rings von angehäuften Schätzen umgeben, fand man sie tot.
>
> (Christoph von Schmid)
>
> Text 2: Die beiden Ziegen
>
> Zwei Ziegen begegneten sich auf einem schmalen Stege, der über einen tiefen, reißenden Waldstrom führte; die eine wollte herüber, die andere hinüber. „Geh mir aus dem Weg!" sagte die eine. „Das wäre mir schön!" rief die andere. „Geh du zurück und laß mich hinüber, ich war zuerst auf der Brücke!" „Was fällt dir ein?" versetzte die erste, „ich bin so viel älter als du und sollte dir weichen? Nimmermehr!"
>
> Beide bestanden immer hartnäckiger darauf, daß sie einander nicht nachgeben wollten; jede wollte zuerst hinüber, und so kam es vom Zank zum Streit und zu Tätlichkeiten. Sie hielten ihre Hörner vorwärts und rannten zornig gegeneinander. Von dem heftigen Stoße verloren aber beide das Gleichgewicht; sie stürzten miteinander über den schmalen Steg hinab in den reißenden Waldstrom, aus dem sie sich nur mit großer Anstrengung ans Ufer retteten.
>
> (Albert Ludwig Grimm)

Text 3: Die beiden Pflugscharen

Zwei Pflugscharen kamen miteinander neu vom Schmiede und waren von völlig gleichem Ansehen. Die eine wurde hingeworfen und lag lange Zeit müßig, so daß sie von Rost verunstaltet wurde. Die andere aber kam alsbald an den Pflug und musste das Land pflügen, wobei sie schön blank wurde.

Als die beiden wieder einmal zusammenkamen, sahen sie einander voll Verwunderung an. Die so lange müßig gelegen hatte, sprach zu ihrer fleißigen Schwester: „Sage mir doch, wodurch bist du so schön geworden und ich so hässlich? Ich habe doch lauter gute Tage gehabt und lag still und warm hier in diesem Winkel". „Das ist es eben", erwiderte die andere, „die träge Ruhe hat dich verunstaltet, ich aber bin schön durch meinen Fleiß geworden."

(August Gottlieb Meißner)

Text 4: Die Bettlerin

Zur Zeit der Teuerung ging eine unbekannte Bettlerin, die sehr ärmlich, jedoch sehr reinlich gekleidet war, in dem Dorfe umher und flehte um Almosen. Bei einigen Häusern wurde sie mit rauen Worten abgewiesen; bei anderen bekam sie eine sehr geringe Gabe; nur ein armer Bauer rief sie, da es sehr kalt war, herein in die warme Stube, und die Bäuerin, die eben Kuchen gebacken hatte, gab ihr ein schönes, großes Stück davon.

Am folgenden Tage wurden alle Leute, bei denen die Unbekannte gebettelt hatte, in das Schloß zum Abendessen eingeladen. Als sie in den Speisesaal traten, erblickten sie ein kleines Tischchen voll köstlicher Speisen und eine große Tafel mit vielen Tellern, auf denen hie und da ein Stückchen verschimmeltes Brot, ein paar Erdäpfel oder eine Handvoll Kleie, meistens aber gar nichts zu sehen war.

Die Frau des Schlosses aber sprach: „Ich war jene verkleidete Bettlerin und wollte in dieser Zeit, in der es den Armen so hart geht, eure Wohltätigkeit auf die Probe stellen. Diese zwei armen Leute hier bewirteten mich, so gut sie konnten; sie speisen deshalb jetzt mit mir, und ich werde ihnen ein Jahrgeld auswerfen. Ihr anderen aber nehmt mit den Gaben fürlieb, die ihr mir gereicht habt und hier auf den Tellern erblickt. Dabei bedenkt, daß man euch einmal in jener Welt auch so auftischen werde."

Wie man die Aussaat hier bestellt,

so erntet man in jener Welt.

(Christoph von Schmid)
(Texte aus: Wiemer 2004, 233, 244, 198, 310)

Übung 6: „Selbstportrait"

Jeder Teilnehmer erhält einen Flipchartbogen und einen Stift. Die Aufgabe besteht darin, sich mit Hilfe von Symbolen/kleinen Zeichnungen oder Piktogrammen (z.b. Hobbys, Beruf, Eigenschaften) vorzustellen. Die Teilnehmer haben ca. 15 Minuten Vorbereitungszeit. Anschließend stellt sich jeder Teilnehmer mit seinem ‚Stichwortzettel' (Flipchartblatt) vor.

Bei der anschließenden Besprechung kann das Augenmerk zum einen auf die Freisprechleistung gelenkt werden, zum anderen können aber hier auch die bisher erlernten Aspekte mitbetrachtet werden, wie z.b. Stand, Blickkontakt und Körperspannung.

Diese Übung eignet sich auch als Einstiegsübung (Alternative zu einer ‚klassischen' Vorstellungsrunde). So kann jeder Teilnehmer von Anfang an Erfahrungen mit dem freien Sprechen vor einer Gruppe machen.

Vertiefende Hinweise

Sollten bei Teilnehmern Atem-, Stimm- oder Sprechstörungen auffallen, empfiehlt es sich, im Einzelgespräch mit dem Betroffenen auf die therapeutischen Möglichkeiten bei Logopäden bzw. Atem-, Stimm- und Sprechlehrern zu verweisen.

4.2.2 Lautstärke/Dynamik/Melodieführung

Da Lautstärke, Dynamik und Melodieführung in der Rede einen ähnlich engen Zusammenhang bilden wie Sprechtempo, Sprechfluss und Artikulation, werden sie im Folgenden auch als zusammengehörige Lehr-/Lerneinheit behandelt.

Inhaltliche Hinführung

Akustische Probleme der Rede bezogen auf Lautstärke, Dynamik oder Melodieführung können sich unterschiedlich äußern:

Unangemessene Lautstärke

„Was brüllt der mich so an" oder „Warum flüstert der so, ich verstehe überhaupt nichts" sind Äußerungen von Zuhörern, die sich durch die Lautstärke des Redners ‚gegängelt' fühlen. Auf der Seite des Redners liegt häufig ein mangelnder Hörer- und Raumbezug vor. Beim Hörer stellt sich in diesen Situationen entweder das Gefühl ein, ‚auf dem Kasernenhof zu stehen' oder ‚im Beichtstuhl zu sitzen'. In beiden Fällen wird durch unangemessene Lautstärke ein gelungener Beziehungsaufbau zwischen Redner und Hörer verhindert.

Hochschlüsse

Beim aufzählenden Sprechen, z.B. bei einer Aneinanderreihung von Fakten, sind Stimmsenkungen notwendig, damit der Hörer die Detailinformationen verarbeiten kann. Häufig werden jedoch in Verbindung mit einem hohen Sprechtempo Detailinformationen durch Stimmerhöhungen aneinandergereiht. Dies führt beim Hörer zu einer Daueranspannung, die ihn nach einiger Zeit ‚aussteigen' lässt.

(DVD: Oberflächenstruktur Nr. 2)

Diskrepanz zwischen Inhalt und Mitvollzug

In diesem Fall wird der Inhalt vom Redner zwar sachrichtig dargelegt, kann vom Hörer aber nur schwer nachvollzogen werden. Gründe hierfür können sein:

- Statisch-formeller Sprachstil (Substantivierungen, Genitivkonstruktionen, abstrakte Begriffe u.ä.)
- Deskriptiver Sprech- und Sprachstil
- Indirekte Rede

In allen drei Fällen, die häufig auch in Kombination auftreten, führt dies tendenziell zu einer Rücknahme der Sprechmelodie, da eine größere Distanz zum Gesagten besteht. Hier wird als Ersatz häufig der Lautstärkeakzent forciert. Eine Rede in dieser Form wirkt eher wie ein Konzentrat des Erlebten. Das Konzentrat lässt sich auflösen, indem der Redner den situativen Kontext erhebt, sich verstärkt einer verbalen Sprechweise bedient und sowohl narrative Elemente als auch direkte Rede einsetzt. Auf diese Weise wird eine Sprechmelodie evoziert, die ein Miterleben ermöglicht.

Beispiel

> Anlass-Situation: Ein Mitarbeiter der Belegschaft hat sich beim Abteilungsleiter über die Überbelastung beschwert und war erbost darüber, wie mit den Mitarbeitern umgegangen wird.
>
> Variante 1 (statisch/formell):
>
> Verehrte Kolleginnen und Kollegen,
>
> die Beschwerde eines Mitarbeiters, die in der letzten Woche die Personalabteilung erreichte, enthielt deutliche Hinweise auf eine Überbelastung der Belegschaft. Eine zeitnahe Lösung des Problems ist hier anzustreben.
>
> Variante 2: (deskriptiv):
>
> Meine Damen und Herren,
>
> letzte Woche hat sich bei mir ein Mitarbeiter beschwert. Er klagte über eine Überbelastung der Belegschaft und bat mich dafür zu sorgen, dass das Problem so schnell wie möglich gelöst wird.
>
> Variante 3: (narrativ mit direkter Rede und Verbalstil)
>
> A: Meine Damen und Herren,
>
> letzte Woche ist ein Mitarbeiter zu mir gekommen und hat gesagt: „Also so geht das mit den Überstunden wirklich nicht mehr weiter. Wir wissen nicht mehr, wo uns der Kopf steht..." Mein Eindruck bei dem Gespräch war, dass wir zeitnah auf dieses Problem eingehen müssen.

Um den Inhalt für den Hörer nicht nur verständlich sondern erlebbar darzustellen, ist es notwendig, nicht über die Situation zu sprechen (Variante 1 und 2), sondern die Situation für den Hörer plastisch erfahrbar zu machen (Variante 3). Das setzt voraus, dass der Redner die möglichen Gefühle, die in der Anlasssituation vorhanden sind, sprecherisch umsetzt.

Je mehr dies gelingt, umso glaubwürdiger wird auch das Wechselspiel zwischen Inhalt/Form und Lautstärke/Melodie empfunden.

Das Erlernen der direkten Rede und des narrativen Sprechstils zielt nicht darauf ab, zur ‚Plaudertasche' oder zum ‚Geschichtenerzähler' zu mutieren, sondern dem Hörer Inhalte und Absichten plastischer und anschaulicher zu vermitteln.

(DVD: Oberflächenstruktur Nr. 1, 2, 7, 10, 11)

Didaktisch-methodische Hinweise

Voraussetzung dafür, dass ein Redner nicht über die Situation spricht, sondern die Situation für den Hörer nacherlebbar macht, ist, dass er die Situation überhaupt erst einmal erfasst und sich in sie einfühlt. Ein Gefühl kann nur da entstehen, wo etwas miterlebt wird, wo der Sprecher eine Situation klar vor Augen hat.

Übung 1 dient als Einstiegsübung. Hier geht es darum, sich für einen vorgegebenen Dialog eine konkrete Sprechsituation zu überlegen und sich der daraus ergebenden Sprechhaltungen und Gefühle der Dialogpartner bewusst zu werden. Ziel der Übungen 2 und 3 ist es, die jeweilige Situation des Gedichtes kognitiv zu erfassen und die dahinter stehenden Gefühle zu durchdringen. Diese kognitive und emotionale Durchdringung ist Voraussetzung dafür, dass sich ein glaubwürdiger und angemessener Sprechausdruck entwickeln kann. In den Übungen 4 bis 6 werden die erlernten Inhalte aus den Übungen 1 bis 3 in einer Übung zur freien Rede integriert. Hier werden dem Redner lediglich verschiedene Stichworte vorgegeben, die er nur dann in einen sinnvollen Redezusammenhang bringen kann, wenn er sich dazu eine konkrete Sprechsituation vorstellt.

Die hier erlernten Inhalte sind eine wesentliche Grundlage für die Arbeit in der Tiefenstruktur, um beispielsweise den unterschiedlichen Redeanlässen mit ihren je eigenen Stimmungen gerecht werden zu können (z.B. Geburtstage, Hochzeiten, Beerdigungen, Firmengründungen, Verabschiedung eines Mitarbeiters etc.).

(Material: Textauswahl, Karteikarten, Stifte, Handpuppen)

Übungsteil

Übung 1: Dialoge gestalten

Die folgenden Dialogtexte werden den Teilnehmern ausgeteilt. Je zwei Teilnehmer stellen einen der beiden Texte gemeinsam in einen situativen Kontext. Dazu wird das Situationsmodell (Arbeitsblatt 2) zu Hilfe genommen. Jede Kleingruppe denkt sich eine Situation aus, wer zu wem in welchem Kontext hier etwas sagt. Beim anschließenden Vortrag im Plenum ist es Aufgabe der Gruppe zu erraten, wer hier was zu wem gesagt hat und welche Gefühle hörbar wurden.

> Dialog 1:
> A: Ich kann nicht mehr.
> B. Wie, du kannst nicht mehr?
> A: Nein, es geht nicht mehr.
> B: Ach, komm!
> A: Nein, definitiv, jetzt ist Schluss.
> B: Das ist doch wohl nicht dein Ernst.
> A: Doch
> B: Bitte. Noch einmal.
> A: Dann ist aber wirklich Schluss.
> B: Na gut.
>
> Dialog 2:
> A: Hast du ihn gesehen?
> B: Wen?
> A: Na, du weißt schon.
> B: Keine Ahnung.
> A: Jetzt tu doch nicht so.
> B: Nein, ich weiß wirklich nicht, was du meinst.
> A: Es ist immer das Gleiche mit dir.
> B: Wie bitte?
> A: Ja, denk mal drüber nach.
> B: Mach ich.

Übung 2: „Gefühle und Stimmungen analysieren" (Gedichte)

Bei dieser Übung geht es vorrangig um das kognitive Herausarbeiten von Gefühlen. Hierfür werden verschiedene Gedichte an die Teilnehmer ausgeteilt. Die Aufgabe besteht darin, die Texte schwerpunktmäßig unter dem Aspekt der unterschiedlichen Gefühlszustände zu analysieren.

Jeder Teilnehmer erhält bis zu vier der folgenden Gedichte und versucht in Einzelarbeit, die unterschiedlichen Gefühle herauszuarbeiten. Dabei dient als Analysevorgabe das Situationsmodell, um insbesondere den Ort, den Zeitpunkt, den Anlass und das Ziel der vorliegenden Texte zu untersuchen. Nach einer Einzelarbeit von max. 30 Minuten werden die Ergebnisse in der Gruppe präsentiert.

> Seele (G. Engelke)
>
> Straßenbahnschienen klirren,
> Hundert Menschen umschwirren,
> Fabriken umrauchen dich,
> Im Ohre gellt dir: - Messerstich,
> Geschäft, Diebstahl, Geld, Brand –
> Wände stürzen über dir ein:
> Du verkümmerst, wirst klein und gemein –
>   Hinaus!
> Hinaus aufs Land!
>
> (aus: Conrady 2008, 733)
>
> Wandrers Nachtlied (Goethe)
>
> Über allen Gipfeln
> Ist Ruh;
> In allen Wipfeln
> Spürest du
> Kaum einen Hauch;
> Die Vögelein schweigen im Walde.
> Warte nur, balde
> Ruhest du auch.
>
> (aus: Conrady 2008, 245)
>
> Er ist's (E. Möricke)
>
> Frühling, läßt sein blaues Band
> Wieder flattern durch die Lüfte;
> Süße, wohlbekannte Düfte
> Streifen ahnungsvoll das Land.
> Veilchen träumen schon,

> Wollen balde kommen.
> Horch, von fern ein leiser Harfenton!
> Frühling, ja du bist's!
> Dich hab' ich vernommen.
>
> (aus: Conrady 2008, 448)
>
> Im Park (J. Ringelnatz)
>
> Ein ganz kleines Reh stand am ganz kleinen Baum
> Still und verklärt wie im Traum.
> Das war des Nachts elf Uhr zwei.
> Und dann kam ich um vier
> Morgens wieder vorbei,
> Und da träumte noch immer das Tier.
> Nun schlich ich mich leise – ich atmete kaum –
> Gegen den Wind an den Baum,
> Und gab dem Reh einen ganz kleinen Stips.
> Und da war es aus Gips.
>
> (aus: Conrady 2008, 745)

Übung 3: „Gedichte sprechen in unterschiedlichen Stimmungen"

Die bereits unter dem Aspekt der verschiedenen Gefühlszustände analysierten Gedichte werden in dieser Übung sprecherisch erarbeitet. Jeder Teilnehmer erhält ein Gedicht und hat 20 Minuten Zeit, den Text vorzubereiten. Anschließend wird gemeinsam mit einem weiteren Teilnehmer eine Sprechfassung erarbeitet.

Die Paarübung dient dazu, den Hörerbezug einzuüben und kontrollieren zu können, inwieweit der Sprechausdruck das textimmanente Gefühl zum Ausdruck bringt. Im Anschluss werden die erarbeiteten Texte im Plenum vorgetragen. Durch das Teilnehmerfeedback wird deutlich, inwieweit die erarbeiteten Stimmungen die Gruppe erreicht haben.

Übung 4: „3-Karten-Erzählung"

Jeder Teilnehmer erhält drei Karten. Auf diese Karten wird jeweils ein Substantiv geschrieben (z.B. Wodkaglas, Currywurst, Tasche). Der Lehrende sammelt alle Karten ein, mischt sie und lässt den ersten

Teilnehmer drei Karten aus der Kartensammlung ziehen. Bevor der Teilnehmer die erste Karte anschaut, beginnt er mit den Worten: „Es war einmal...", dann dreht er die erste Karte um und setzt das darauf stehende Wort ein („Es war einmal ein Wodkaglas..."). Nun beginnt er frei assoziativ zu erzählen. Nach einiger Zeit deckt er die zweite und dann die dritte Karte auf und baut diese Wörter ebenfalls in seine Rede ein. Der Sprechdenkprozess führt zumeist zu einem angemessenen Sprechfluss. Je situationsbezogener er die Begriffe integriert, umso mehr Bilder können entstehen.

Nach jedem Vortrag können die Zuhörer befragt werden, inwieweit sie der Rede folgen konnten, was sie behalten haben bzw. an welchen Stellen ihnen der Mitvollzug erschwert wurde. Da in dieser Übung das narrative freie Sprechen im Mittelpunkt steht, ist der Einsatz von wörtlicher Rede hier nicht zwingend intendiert. Dieser folgt in einer weiteren Übung. Sowohl in dieser als auch in der folgenden Übung ist darauf zu achten, dass die Erzählung mit einem sinnvollen Schluss endet und nicht einfach abrupt abgebrochen wird.

Übung 5: „Personen-Karten"

Bei dieser Übung können die bereits geschriebenen Karten weiter genutzt werden. Zusätzlich werden nun je zwei Karten einer anderen Farbe an jeden Teilnehmer verteilt. Auf jeder Karte wird eine Person in Form eines kurzen Steckbriefs beschrieben (z.B. Anna, Studentin, 24 Jahre alt, Vorliebe für Disney-T-Shirts). Der Lehrende sammelt die Karten ein und mischt sie. Der Teilnehmer zieht nun drei Substantivkarten und zwei Personenkarten. Pro Personenkarte erhält der Teilnehmer zusätzlich eine Handpuppe. Der Teilnehmer liest nun die beiden Personenkarten durch.

Er beginnt mit: „Es war einmal..." und der Lehrende zeigt dem Teilnehmer die erste Substantivkarte (z.B. ‚Wodkaglas'). Das erste Substantiv liefert die Einführung in die Situation, die der Teilnehmer nun entfaltet, z.B.:

> „Es war einmal ein Wodkaglas.... Das stand in einer kleinen Bar in Berlin und daran hielt sich schon seit geraumer Zeit die Anna fest und sprach so zu sich: ‚Das Zeug riecht ja wie Nagellackentferner.' Das hörte ein junger Mann, der Klaus hieß und eine besondere Vorliebe für Gürtelschnallen hatte und sagte zu ihr: ‚Wenn dir das nicht schmeckt, dann probier doch mal den Wein hier. Den hat mir meine Freundin Julia empfohlen. Der wird nämlich in einer Weinkellerei gelagert, die durchgängig mit Mozartmusik beschallt wird. Deshalb ist der Wein nämlich auch so lieblich...'"

In diese Situation werden also nach und nach die beiden Personen eingeführt, indem sie kurz vorgestellt werden und im Verlauf der Erzählung miteinander in wörtlicher Rede kommunizieren.

Nach einer Weile folgen dann die zweite und dritte Substantivkarte, deren Begriffe der Redner ebenfalls in seine Erzählung einbauen muss. Es gilt also, die Erzählung und die zwei Personen, die er durch wörtliche Rede lebendig werden lässt, dem Zuhörer näher zu bringen.

Ähnlich wie in Übung 4 wird die Erzählung im Hinblick auf die Nachvollziehbarkeit und Anschaulichkeit ausgewertet. Durch die Handpuppen ist das Zurückfallen in die indirekte Rede erschwert. Das sich Hineinversetzen in die jeweilige Person und ihre Gefühls- und Erlebniswelt ist eine wesentliche rederhetorische Kompetenz, die später im Rahmen der Überzeugungsrede eine zentrale Rolle einnimmt. Die in diesen Übungen erlangte Erkenntnis, dass Anschaulichkeit und Einfachheit in der Sprache den inhaltlichen Nachvollzug erleichtern, wird im folgenden Kapitel zur Sprache weiter vertieft.

Transfer

Zur Vertiefung können die Teilnehmer Redeeinleitungen, kleine Begrüßungen o.ä. zu unterschiedlichen Anlässen (z.B. Gratulation, Eröffnung einer Tagung, Begrüßung von Schülern o.ä.) erproben.

4.3 Sprache

„Die Sprache der Wahrheit ist einfach." (Seneca)

Bezogen auf die Sprache und ihre sprecherische Umsetzung treten verschiedene Probleme auf:

Abstrakte Fachsprache

Die Sprache der Rede ist häufig nicht die Sprache der Zielgruppe, sodass der Hörer das Gesprochene nicht nachvollziehen bzw. es sich nicht vorstellen kann. Dieses Problem tritt besonders dort auf, wo Experten vor Laien sprechen. Wie erkläre ich jemandem, was man unter einem Gigabyte oder unter dem Begriff ‚Habitualisierungseffekt' versteht? Ohne die Berücksichtigung der Zielgruppe ist eine verständliche Erklärung kaum möglich.

Verständlichkeit erreicht der Redner durch Anschaulichkeit, indem er sich an die Denk-, Erfahrungs- und Gefühlswelt seiner Zielgruppe anschließt.

Schriftsprachlichkeit

Der Redner liest häufig vorformulierte Texte ab, die schriftsprachlich geprägt sind. Vom vorformulierten Text kann sich ein Redner häufig aber nicht mehr befreien, so dass die Rede – auch wenn sie auswendig vorgetragen wird – die zu Grunde liegende Schriftsprache erkennen lässt. Schriftsprache zeigt in der Regel eine andere Syntax und Struktur auf als gesprochene Sprache (vgl. u.a. Schwitalla 2003, 100ff.). Letzterer liegt ein aktuell vollzogener Sprechdenkprozess zu Grunde. Hinter dem Vortrag einer vorformulierten Rede steckt häufig ein gewisser Perfektionismus-Anspruch: „Ich darf mich nicht verhaspeln." „Meine Sätze müssen perfekt sein."; andererseits können auch Versagensängste bestehen: „Ich habe Angst rumzustottern und davor, dass mir die richtigen Wörter nicht einfallen." „Ich schreibe mir lieber alles auf, damit ich in der Rede auch die richtigen Formulierungen habe."

Füllwörter und Floskeln

Der Redner verwendet Füllwörter oder Floskeln (ähm, äh, halt), die in die Sprechpausen eingesetzt werden, rhetorische Weichzeichner (irgendwie, ein bisschen, etwas, normalerweise...) oder weitschweifige Erklärungen oder Umschreibungen, die die Aussagen ‚verwässern'. Das alles hat zur Folge, dass der Hörer unsicher oder irritiert ist und nicht weiß, wie bestimmte Aussagen zu verstehen und einzuordnen sind.

Strukturlosigkeit

Die Sprache der Rede ist unstrukturiert, der Redner kommt vom „Hölsken aufs Stöcksken" mit der Folge, dass der Hörer den Überblick verliert und Zusammenhänge nicht begreifen kann.

Alle diese Phänomene behindern die Verständlichkeit der Rede. Verständlichkeit wiederum ist aber die erste Voraussetzung dafür, dass ein Zuhörer der Rede folgen kann, ihre Inhalte begreift und sich ggf. überzeugen lässt.

In diesem Kapitel geht es deshalb um die Frage: Wie kann die Sprache dazu beitragen, dass die Rede verständlich und klar wird und die Hörerschaft motiviert zuhört? Dazu werden für den rederhetorischen Kontext folgende Verständlichkeitskriterien verwendet (vgl. Langer/Schulz von Thun/Tausch 2011):

- Zielgruppenspezifisches Sprachniveau (Einfachheit)
- Prägnanz
- Struktur
- Anschaulichkeit

Der Aspekt ‚Verständlichkeit' nimmt in der konkreten Lehrpraxis vor allem dort einen umfangreichen Raum ein, wo sich die Teilnehmer auf Präsentationen und Informationsreden, Fachvorträge etc. vorbereiten. In einem allgemeinen Rhetorikseminar kann man die Verständlichkeitsmacher auch verkürzter und gebündelter vorstellen und üben.

4.3.1 Zielgruppenbezogenes Sprachniveau (Einfachheit)

Inhaltliche Hinführung

Im originären Verständlichkeitskonzept nach Langer/Schulz von Thun/Tausch gilt ‚Einfachheit' als ein zentrales Kriterium für Verständlichkeit (vgl. 2011, 65ff.). Für die Rede muss der Verständlichkeitsmacher ‚Einfachheit' jedoch differenziert betrachtet werden. Aus diesem Grund wird hier von zielgruppenbezogenem Sprachniveau gesprochen. Wenn die Sprache zu kompliziert ist, verliert der Redner die Zielgruppe aufgrund der Komplexität; ist das Sprachniveau zu einfach, fühlt sich die Zielgruppe nicht ernst genommen.

Syntax

Das Sprachniveau betrifft zum einen die Syntax, also die grammatische Struktur der Sätze einer Rede. Komplexe Sprache entsteht häufig durch verschachtelte grammatische Satzstrukturen, die aus mehreren Nebensätzen, Einschüben oder/und Attributen bestehen.

Beispiel:

> „Anna, ein kleines Mädchen aus der ansonsten mir eher unbekannten und sich mir gegenüber eher feindselig verhaltenden Nachbarschaft, liebt, wie es für kleine Mädchen nichts ungewöhnliches ist, Schokolade - besonders Vollmilchschokolade -, obwohl sie, wie mir ihre sehr fürsorglichen, aber leider ein wenig schwatzhaften Eltern erzählt haben, keine essen dürfte, da sie an einer Schokoladenunverträglichkeit leidet, an der, wie sich jetzt in Studien herausgestellt hat, sehr viele Mädchen im gleichen Alter leiden, sich diese im Erwachsenenalter aber dann meistens wieder verliert."

Solche komplexen Sätze sind in der Rede sehr viel schwerer zu verstehen als einfache Hauptsätze oder Hauptsätze mit nur einem Nebensatz.

> „Anna ist ein kleines Mädchen aus der Nachbarschaft. Sie liebt Schokolade, leidet aber unter Schokoladenunverträglichkeit...."

Wortwahl (Fachsprache/Fremdwörter)

In einem Fachvortrag vor Kollegen oder Experten stellen Fachbegriffe oder Fremdwörter in der Regel kein Problem dar, da Experten mit dem Fachvokabular vertraut sind. Hier erfüllt die Fachsprache pragmatisch ihren Zweck: Mithilfe des Fachvokabulars können Sachverhalte kurz und präzise beschrieben werden. Wenn aber Experten vor Laien sprechen, erfordert dies eine andere Sprache.

Einem Juristen muss der Redner den rechtlichen Sachverhalt: „Ein Widerspruch hat keine aufschiebende Wirkung" nicht erklären. Ein Laie weiß wahrscheinlich mit dieser Formulierung nichts anzufangen. Einfachheit in der Sprache bedeutet hier, auf den Fachbegriff entweder zu verzichten und den gemeinten Inhalt zu umschreiben. Oder der Begriff wird verwendet und mit einer zusätzlichen Erklärung versehen:

> „Aufschiebende Wirkung: Das bedeutet konkret für Sie als Bürger, dass Sie der Forderung in einem Bescheid auch dann zunächst nachkommen müssen, wenn Sie Widerspruch gegen den Bescheid einlegen."

Und noch verständlicher wird es dann, wenn der Redner den Begriff mit einem Beispiel veranschaulicht:

> „Ein Restaurantbesitzer muss also sein Restaurant auch dann sofort schließen, wenn er gegen den Bescheid der Behörde Widerspruch eingelegt hat."

(DVD: Tiefenstruktur Nr. 1, 6)

Didaktisch-methodische Hinweise

Damit Teilnehmer verstehen können, wie sich Sprache auf Wort- und Satzebene vereinfachen lässt, reichen allgemeine Hinweise wie „Sprechen Sie einfacher!" oder „Machen Sie Ihre Sätze kürzer und weniger verschachtelt" nicht aus. Da die Wortwahl in unmittelbarem Zusammenhang mit der Anschaulichkeit durch Wortsprache steht (vgl. Kapitel 4.3.4.1) wird hier auf gesonderte Übungen zur Wortwahl verzichtet.

Die folgenden Übungen beschränken sich auf die Syntax, damit die Lernenden die Konstruktionsmuster von Sätzen verstehen.

Dies kann zunächst anhand eines Beispielsatzes aufgezeigt werden, der entweder auf dem Flipchart oder als Powerpoint-Folie Schritt für Schritt ergänzt und damit komplizierter gemacht wird.

Beispiel: Wie entstehen komplexe Sätze?

Anna liebt Schokolade.	Hauptsatz (Subjekt-Prädikat-Objekt)
Anna liebt Schokolade, obwohl sie keine essen dürfte.	Hauptsatz + Nebensatz
Anna, ein kleines Mädchen aus der Nachbarschaft, liebt Schokolade – besonders Vollmilchschokolade –, obwohl sie keine essen dürfte.	+ Einschub in Parenthese
Anna, ein kleines Mädchen aus der ansonsten mir eher unbekannten und sich mir gegenüber eher feindselig verhaltenden Nachbarschaft, liebt Schokolade – besonders Vollmilchschokolade –, obwohl sie keine essen dürfte.	+ Attribut
Anna, ein kleines Mädchen aus der ansonsten mir eher unbekannten und sich mir gegenüber eher feindselig verhaltenden Nachbarschaft, liebt, wie es für kleine Mädchen nicht ungewöhnlich ist, Schokolade – besonders Vollmilchschokolade – , obwohl sie keine essen dürfte.	+ eingeschobener Nebensatz
Anna, ein kleines Mädchen aus der ansonsten mir eher unbekannten und sich mir gegenüber eher feindselig verhaltenden Nachbarschaft, liebt, wie es für kleine Mädchen nicht ungewöhnlich ist, Schokolade – besonders Vollmilchschokolade –, obwohl sie, wie mir ihre sehr fürsorglichen, aber leider ein wenig schwatzhaften Eltern erzählt haben, keine essen dürfte, da sie an einer Schokoladenunverträglichkeit leidet, an der, wie sich jetzt in Studien herausgestellt hat, sehr viele Mädchen im gleichen Alter leiden, die sich im Erwachsenenalter aber dann meistens wieder verliert.	... und so könnte das ‚Endprodukt' eines komplexen Satzes aussehen

Übung: Komplexe Satzstrukturen auflösen

Die Teilnehmer erhalten einen kleineren Text (z.B. Gesetzestexte, technische Anleitungen etc.), den sie in einfachere Satzstrukturen umwandeln und anschließend vorlesen bzw. mit eigenen Worten wiedergeben.

Beispiel:

> Um sich – wie es in der heutigen modernen Zeit üblich ist – fortwährend weiterzubilden, obwohl dem berufstätigen gestressten Menschen ja häufig die Zeit dazu fehlt, ist es sinnvoll, sich regelmäßig an der Volkshochschule zu Rhetorikseminaren anzumelden, die sich durch eine hohe Qualität auszeichnen, da die Referenten sich einer permanenten Qualitätsüberprüfung unterziehen müssen.

4.3.2 Prägnanz

Inhaltliche Hinführung

Der zweite Verständlichkeitsmacher, den es zu erarbeiten gilt, ist ‚Prägnanz'. Langatmige, weitschweifige Ausführungen, gepaart mit funktionslosen Floskeln (z.B. ‚sozusagen', ‚genau'), Blähwörtern oder rhetorischen ‚Weichzeichnern' (sog. Abtönungspartikel: z.B. ‚bisschen', ‚eigentlich', ‚normalerweise') gehören ebenfalls zu den sprachlichen ‚Problemzonen' einer Rede.

Beispiel

Unpräzises Sprechen	Prägnantes Sprechen
Ja, guten Tag em, em,	Guten Tag!
ich eh finde es schön eh, dass Sie heute hier, also dass Sie zu meinem Vortrag, also heute will ich Ihnen mal ein bisschen was zur Babyklappe erzählen... Ach so ja, also ich bin Arne Müller und em ich, also ich arbeite an der Universität Schlauhausen...	Wie schön, so viele Interessierte zum Thema hier zu haben.
	Ich bin Arne Müller und bin Dozent an der Universität Schlauhausen.
	Ich werde Sie heute über die rechtlichen Grundlagen informieren, die für die Einrichtung einer Babyklappe notwendig sind.

Gesprochene Sprache wird dort als prägnant empfunden, wo ein Sprecher konzentriert und fokussiert auf das Thema eingeht, Sachverhalte präzise und knapp darstellt, keine Füllwörter o.ä. verwendet.
(DVD: Oberflächenstruktur Nr. 6)

Didaktisch-methodische Hinweise

Häufig sind Rednern ihre Gewohnheiten bezüglich Floskeln oder Füllwörtern nicht bewusst. Durch Feedback kann er für die ablenkende Wirkung von Floskeln und Füllwörtern sensibilisiert werden. Dies kann bewirken, dass der Lernende sich bei weiteren Redeübungen darauf konzentriert, sich prägnanter und präziser auszudrücken.

Unabdingbar jedoch ist, dass die Redner während der Rede selbst bemerken, dass sie Füllwörter benutzen. Sobald dies geschieht, kann eine Selbstkontrolle erfolgen und die bis dahin ‚gefüllten' Sprechpausen können als wirkliche Pausen genutzt werden. Das ‚sich abgewöhnen' solcher Sprechgewohnheiten ist erfahrungsgemäß ein längerer Prozess, dessen Erfolg wesentlich vom unbedingten Willen und der Selbstkontrolle des Lernenden abhängt.

Übungsteil

Übung:

Die Teilnehmer sehen sich aus dem DVD-Material (Oberflächenstruktur Nr. 6) einen Redeauszug an und geben der Rednerin zunächst ein ‚Feedback'. In einem zweiten Schritt erhalten die Teilnehmer den Redeauszug in verschriftlichter Form mit der Aufgabenstellung, diesen prägnant umzuformulieren. Alternativ können die Teilnehmer auch versuchen, nur aus dem gehörten Redeauszug die zentralen Aussagen herauszufiltern und prägnant wiederzugeben.

> Redeauszug
>
> „Ich möchte euch heute einen Weg vorstellen eh, mit dem ihr die Leistungen der Schüler in der Mittelstufe zukünftig verbessern oder wo es dann gelingt, die Leistungen der Schüler zu verbessern. Das ist für uns alle relevant, weil wir ja alle em unsere Schüler haben in der Mittelstufe, in den 7.-9. Klassen und und em ich hab jetzt auch schon kürzlich gehört im Lehrerzimmer, ehm hat irgendjemand von euch halt gesagt em oder von ja halt irgendjemand gesagt, ja wenn die wenn die Schüler nicht besser werden, dann dann fallen 15 in diesen Jahrgangsstufen durch, und deswegen ist das auch alles relevant für uns. Und im zukünftigen, also jetzt em werde ich so vorgehen, em dass ich zuerst einmal eh eine aktuelle Pisa-Studie vorzeige, also einen Beleg jetzt bringe für dieses Phänomen und dann eben auf eure Vorschläge eingehe, die Vorschläge eben, die schon im Kollegium da waren und dann eben em meinen Lösungsvorschlag bringe."

4.3.3 Struktur

Inhaltliche Hinführung

Ein weiterer Verständlichkeitsmacher für gesprochene Sprache ist die ‚Struktur' (vgl. Langer/Schulz v. Thun/Tausch 2011, 24ff.). Zuhörer können einem Inhalt dann besser folgen, wenn sie einen ‚roten Faden' erkennen und der Redner für sie Wichtiges von weniger Wichtigem trennt.

In diesem Abschnitt geht es zunächst um die mikrostrukurelle Ebene des Satzes bzw. der Sprecheräußerung. Die makrostrukturelle Ebene einer Gesamtrede wird in den Kapiteln 6 bis 8 ausführlich besprochen.

Auf der Satz- bzw. Äußerungsebene entsteht Struktur durch

- die Verwendung von Binnen-Gliederungssignalen, wie z.B. der ‚mündliche Doppelpunkt', um auf Wichtiges hinzuweisen: Beispiel: „Und deshalb sind folgende Auswirkungen zu befürchten: 1. ... 2.... 3..."

- Bedeutsamkeitssignale, um Wichtiges von weniger Wichtigem zu unterscheiden: Beispiel: „Der wichtigste Aspekt, den wir berücksichtigen müssen, ist..." oder: „Der folgende Aspekt hat im historischen Kontext eine zentrale Bedeutung...."

- das Ankündigen von Übergängen, z.B. zwischen einzelnen Themenblöcken: Beispiel: „Im Folgenden werden Sie nun erfahren, wie sich die Problematik auf die demographische Entwicklung auswirken wird."
- das explizite Verbalisieren logischer (z.B. kausaler, temporale) Beziehungen zwischen einzelnen Themenblöcken bzw. Argumenten. Das Verbalisieren themaimmanenter Beziehungen mittels sog. Konnektive (Konjunktionen wie ‚deswegen', ‚weil', ‚seit' usw.) verhilft dem Zuhörer dazu, die Zusammenhänge leichter zu verstehen (vgl. Schwitalla 2003, 143ff.). Beispiele: „Dies führt zu"; „Daraus ergeben sich für unser Unternehmen drei Konsequenzen."; „Daraus folgt..."; „Dies steht in Widerspruch zu..."; „Dies ist von Bedeutung, weil..."

Besonders dieser letzte Aspekt des Verbalisierens logischer Beziehungen steht in engem Zusammenhang zum tiefenstrukturellen Aspekt der logischen Stringenz einer Rede (vgl. 5.1). Statt reihender Übergänge (wie z.B.: „...und dann möchte ich ihnen noch etwas sagen zu...", „...als Nächstes habe ich dann zu dem Thema noch Folgendes...") wird Sprache in der Rede prägnanter, wenn Übergänge formuliert werden, die die logische Beziehung verdeutlichen (z.B.: „Hieraus ergeben sich drei Konsequenzen..." ; „daraus folgt..."; „... hat zwei Ursachen..."). In der Gesamtheit der Rede machen sie die Textur, also das Verknüpfungsmuster der Rede aus.

(DVD: Tiefenstruktur Nr. 18)

Didaktisch-methodische Hinweise

Zur Erarbeitung des strukturierten Sprechdenkens hat sich der Fünfsatz bewährt (vgl. u.a. Geißner1996, 484ff.; ders. 1968, 258ff.). Der Fünfsatz enthält drei Denkschritte und wird folgendermaßen erarbeitet (Arbeitsblatt 3a-3c):

1. Warum spreche ich? – Anlass/Problemsituation
2. Wie lautet meine Forderung/mein Wunsch? (Zielsatz)
3. Argumentation (3 Schritte)

Zunächst muss sich der Sprecher darüber im Klaren sein, welche Ausgangssituation/Problemsituation vorliegt. Dann muss geklärt werden, welches Ziel er verfolgt und schließlich wie er das Ziel informativ oder argumentativ begründen bzw. erklären kann.

Gesprochen wird der Fünfsatz allerdings in der Reihenfolge:

1. Anlass/Problemsituation
2. Argumentation in drei Schritten
3. Zielsatz

Beispiel

Erarbeiteter Fünfsatz	Gesprochener Fünfsatz
Planungsschritte: 1. Klärung der Anlasssituation und Formulierung des Redeziels: Sie ärgern sich über das chaotische Zimmer Ihrer Tochter (Warum spreche ich mit dir?) und möchten sie davon überzeugen, ihr Zimmer aufzuräumen. (Was will/möchte ich von dir?) Formulierter Zielsatz: Räume bitte Dein Zimmer innerhalb der nächsten beiden Tage auf. Formulierter Anlasssatz: Ich ärgere mich darüber, dass Dein Zimmer so chaotisch aussieht. 2. Planungsschritt: Argumentation (Warum solltest Du das tun?) Argument 1: Deine Freundin übernachtet am Wochenende bei Dir, und auf dem Boden ist überhaupt kein Platz mehr für eine Gästematratze. Argument 2: Auf dem Schreibtisch liegen alte Bananenschalen, die bereits schimmeln und stinken. Argument 3: Du hast neulich zu mir gesagt, dass Du in Deinem Zimmer nichts mehr wiederfindest, weil überall Wäsche und Schulunterlagen herumliegen.	Anlasssatz: Ich ärgere mich darüber, dass Dein Zimmer so chaotisch aussieht. Argumentation: Auf Deinem Schreibtisch liegen alte Bananenschalen, die bereits schimmeln und stinken. Außerdem hast Du neulich zu mir gesagt, dass du in deinem Zimmer nichts mehr wiederfindest, weil überall Wäsche und Schulunterlagen herumliegen. Und schließlich will deine Freundin am Wochenende bei dir übernachten, und im Moment ist auf dem Boden überhaupt kein Platz mehr für eine Gästematratze. Zielsatz: Deshalb räume bis zum Wochenende bitte dein Zimmer auf!

Der Fünfsatz ‚zwingt' den Sprecher zielorientiert zu denken und sprachlich präzise und stringent auf das Ziel hinzuführen.

Beispiel

Unstrukturierte Äußerung	Fünfsatz
Also ich würde gerne mal mit euch über unseren Kopierer im 1. Stock sprechen. Ich hatte gestern wieder schwarze Streifen auf den Kopien. Das finde ich nicht besonders professionell. Ich denke, wir sollten uns mal ein Angebot einholen. Außerdem haben wir auch fast jeden Tag Papierstaus. Dann muss wieder der gesamte Kopierer auseinandergebaut werden, damit er wieder funktioniert. Also wie gesagt, ein neuer Kopierer wäre sicherlich gut. Also benutzen Sie bitte bis Ende der Woche den Kopierer im Erdgeschoss. Ich habe jetzt eine Firma beauftragt, die den Kopierer noch mal reparieren soll.	1. Seit einiger Zeit macht unser Kopierer Probleme. 2. Wir haben fast jeden Tag mehrere Papierstaus. 3. Auf den Kopien sind schwarze Streifen. 4. Außerdem sind die Kopien häufig verknittert. 5. Deshalb schlage ich vor, dass wir uns ein Angebot für einen neuen Kopierer einholen.

Mittels verschiedener Fünfsatz-Varianten, die unterschiedliche sachlogische Äußerungsstrukturen abbilden, kann das Verbalisieren der themaimmanenten Beziehungen mittels sog. Konnektive (Konjunktionen und Pronominaladverbien wie ‚deswegen', ‚weil', ‚seit' usw.) eingeübt werden. Im Folgenden werden diese Varianten vorgestellt.

Aufsatzmodell

Das Aufsatzmodell enthält neben dem Anlasssatz drei nebengeordnete Argumente oder Informationen im Mittelteil. Diese Aspekte müssen sich nicht aufeinander beziehen.

1. Unsere Mutter hat sich den Fuß verstaucht.
2. Lange Strecken zum Supermarkt fallen ihr schwer.
3. Die Wäsche bleibt liegen.
4. Die Wohnung ist im Moment schwer sauber zu halten.
5. Deshalb schlage ich vor, alle zwei Tage abwechselnd bei Mutter vorbeizuschauen und ihr zu helfen.

Kettenmodell

Dieses Modell ist insbesondere geeignet, wenn die Überzeugung des Redners sich auf logische (Konnektoren: wenn-dann; dies führt zu; daraus folgt...) bzw. chronologische (zuerst, dann, schließlich...) Weise ableiten lässt.

1. Unsere Mutter braucht Unterstützung im Alltag.
2. Seit ihrem Sturz vor zwei Jahren kann sie nicht mehr so lange Strecken laufen.
3. Vor einem Monat, als ich sie besucht habe, hatte sie kaum noch etwas im Kühlschrank.
4. Letzte Woche hat die Nachbarin angerufen, weil sie unsere Mutter immer mit dem gleichen Kleid angezogen sieht.
5. Deshalb schlage ich vor, alle zwei Tage bei ihr vorbeizuschauen, um ihr bei der täglichen Arbeit zu helfen.

Interessengeleitetes Modell

In Situationen, in denen unterschiedliche Lösungsvorschläge, die nicht miteinander verbunden werden können, im Raum stehen, lässt sich das interessengeleitete Modell anwenden. Angenommen, zwei Parteien verfolgen unterschiedliche Problemlösungen und der Redner möchte eine dritte Problemlösungssicht offerieren, so ist es hilfreich, vor die Überzeugung des Redners noch einmal das allen gemeinsame Interesse in den Blick zu nehmen. Dadurch wird verhindert, starr in seiner

Position zur Lösungsfindung zu verharren und sich stattdessen wieder der gemeinsamen Interessen und Bedürfnisse bewusst zu werden.

1. Unsere Mutter benötigt dringend Hilfe.
2. Hans, du sagst: „Lasst uns Mama in eine Pflegeeinrichtung bringen."
3. Petra, du sagst: „Wir bezahlen Mama eine Pflegekraft für daheim."
4. Das gemeinsame Interesse von euch beiden liegt doch darin, dass Mutter wieder ihren Alltag gut bewerkstelligen kann.
5. Deshalb schlage ich vor, einen mobilen Pflegedienst zu beauftragen.

Kompromissmodell

Im Unterschied zu den bisherigen Modellen werden hier zwei unterschiedliche Lösungsansätze und die dahinter liegenden Interessen benannt. Der Redner bindet die Interessen anschließend in seinen Lösungsvorschlag ein.

1. Hans, du sagst: „Lasst uns für Mama einen Platz im Altenheim finden."
2. Dein Interesse liegt vorrangig darin, dass unsere Mutter wieder regelmäßig isst.
3. Petra, du schlägst vor, dass wir eine Pflegekraft engagieren.
4. Dein Interesse besteht darin, dass unsere Mutter zu Hause wohnen bleiben kann.
5. Deshalb schlage ich vor, einen mobilen Pflegedienst anzufragen. So bleibt unsere Mutter zu Hause, bekommt regelmäßig ihre Mahlzeiten, und wir sind finanziell nicht so stark belastet.

Vom Allgemeinen zum Besonderen

Aus einer allgemeinen Situation (1) wird eine spezielle Fragestellung abgeleitet (2), der zwei Lösungsvorschläge aus Hörersicht folgen (3 und 4). Die sich anschließende Lösung des Redners (5) kann Interessen- und Lösungsaspekte aus 3 und 4 einbinden.

1. Zurzeit sind alle möglichen Freunde mit der Frage beschäftigt, wie sie ihren Eltern im Alter gerecht werden können.
2. Für uns konkret steht jedoch die Frage an, wie wir unserer Mutter nach dem Schlaganfall helfen können.
3. Hans, du sagst: „Lasst uns Mama in eine Pflegeeinrichtung bringen."
4. Petra, du sagst: „Wir bezahlen Mama eine Pflegekraft für daheim."
5. Ich schlage vor, einen mobilen Pflegedienst anzufragen. So bleibt unsere Mutter zu Hause und wir sind finanziell nicht so stark belastet.

Ausklammerung

Bei dieser Form greift der Redner zunächst die dominierende Fragestellung der Hörer auf, bevor er seine eigene Ansicht darlegt.

1. Nach ihrem Schlaganfall braucht unsere Mutter dringend Unterstützung.
2. Wir hatten schon überlegt, ob sie nicht bei einem von uns einziehen kann.
3. Aber lasst uns heute besser darüber sprechen, wie wir unsere Mutter bestmöglichst zu Hause versorgen können.
4. Hans, du hast gesagt: „Zu bedenken ist dabei, dass eine Regelmäßigkeit in der Pflege gewährleistet wird."
5. Deshalb schlage ich vor, einen mobilen Pflegedienst anzufragen. So bleibt unsere Mutter zu Hause und wir sind zeitlich und finanziell nicht so stark belastet.

Übungsteil

Übung 1: Vorgegebene Anlasssituation

Die Teilnehmer erhalten eine vorgegebene Anlasssituation, zu der sie zunächst einen Zielsatz formulieren.

Im nächsten Schritt wird der Mittelteil des Fünfsatzes entwickelt. Hier muss die Frage beantwortet werden: Warum sollte x etwas tun? Warum schlage ich y vor? usw. Hier geht es darum, die Argumente/Informationen in eine Form zu bringen (Fünfsatzmodelle). Im letzten Schritt wird der Anlasssatz formuliert.

Die Fünfsätze werden nach der Erarbeitung im Plenum vorgestellt.

Beispiele für Anlass-Situationen:

> Sie sind Ausbildungsleiter in einem großen Einzelhandelsbetrieb und beobachten seit einiger Zeit, dass zwei Auszubildende morgens immer wieder zu spät kommen.
>
> Sie sind Vermieter und haben festgestellt, dass ein Mieter in Ihrem Haus die Treppe nicht regelmäßig wischt.

Übung 2: Vorgegebener Zielsatz

Die Teilnehmer erhalten vorgegebene Zielsätze, zu denen sie einen Fünfsatz formulieren:

Beispiele für Zielsätze:

> Esst mehr Obst!
> Ich plädiere für die Wiedereinführung der 13. Klasse in der Oberstufe!
> Kaufe bitte zukünftig nur noch Mineralwasser in Glasflaschen!

Übung 3: Vorgegebenes Thema

Die Teilnehmer erhalten Themenkärtchen mit einem Stichwort, zu dem ein Fünfsatz formuliert werden soll.

Beispiele für Stichwörter:

Inklusion, Vegetarier, Ehrenamt, Chinesisch in der Grundschule, Facebook, Klimawandel usw.

Das Feedback nach den Übungen kann neben den strukturellen Aspekten Stringenz, Schlüssigkeit, Zielorientierung auch Rückmeldungen zu Aspekten der Oberflächenstruktur beinhalten.

4.3.4 Anschaulichkeit

Ein weiterer Verständlichkeitsmacher ist ‚Anschaulichkeit' (vgl. auch Bartsch 2009, 28ff.). Im Wort ‚veranschaulichen' steckt das Verb ‚schauen'. Der Zuhörer soll das Gesprochene ‚sehen' bzw. ‚ein-sehen' können, in seinem Kopf sollen innere Bilder zum Gesagten entstehen. Anschaulichkeit als Grundlage zum Erfassen und Verstehen von Inhalten ist nicht nur ‚verschönerndes Beiwerk' oder ‚anregender Zusatz', sondern ein grundlegendes Vermittlungsprinzip. Durch Anschauung kann Wahrgenommenes besser behalten werden. Veranschaulichen bedeutet, ein Redethema so aufzubereiten, dass die Vorstellung und das Verstehen der Zuhörer unterstützt wird. Gleichzeitig wird die Motivation zum Zuhören und Mitdenken gefördert. Damit spielt das Kriterium der Anschaulichkeit eine zentrale Rolle in rederhetorischen Lehr-/Lernprozessen und findet sich u.a. auch in der Tiefenstruktur der Rede dort wieder, wo die Problemsicht der Zielgruppe z.B. szenisch im Redeeinstieg veranschaulicht wird (vgl. Kapitel 5.2).

4.3.4.1 Anschaulichkeit durch Wortsprache

Inhaltliche Hinführung

Konkretion

Die Veranschaulichung durch verbale Sprache wird u.a. durch Konkretion erreicht. Wenn Bürgern in einer Bürgerversammlung mitgeteilt wird, dass sich die Infrastruktur in deren Wohnviertel maßgeblich verbessert hat, können sich Bürger häufig überhaupt nicht vorstellen, was mit ‚Infrastruktur' gemeint sein könnte. Anschaulich für Bürger wird der Inhalt, wenn der Redner konkret beschreibt, was sich verbessert hat:

> „Im Nordviertel wurden zwei neue Lebensmittelläden gebaut. Außerdem wurde der Zubringer zur Autobahn dreispurig ausgebaut."

Je nach Zielgruppe und Thema werden abstrakte, schwer verständliche Zusammenhänge oder Sachverhalte anhand konkreter, wirklichkeitsnaher Bezüge, Vergleiche, Beispiele oder Geschichten (Storytelling) verdeutlicht (vgl. Bartsch 2009, 28). Um von einem abstrakten Begriff oder einer Definition zu einer konkreten Aussage zu kommen, hilft die Frage:

Was bedeutet das konkret? Wie macht sich das konkret bemerkbar? Woran kann man das konkret festmachen?

Beispiel

> Ein Jurist erklärt Studenten in der Vorlesung einen juristischen Fachbegriff:
>
> „Heute geht es um die Frage, was man unter einer ‚aufschiebenden Wirkung' versteht. Dazu zunächst ein Beispiel:
>
> Die Kühe eines Landwirtes sind von seiner Weide ausgebrochen und haben auf der Landstraße fast einen Unfall verursacht. Die Behörde erlässt daraufhin einen Bescheid, in dem der Landwirt aufgefordert wird, seine Kühe unverzüglich von der Weide zu nehmen und sicher unterzubringen. In diesem Bescheid steht nun der folgende Satz:
>
> Ein Widerspruch hat keine aufschiebende Wirkung.

> Selbst wenn der Landwirt nun gegen diesen Bescheid Widerspruch einlegt, ist er dazu verpflichtet, die Kühe sofort von der Weide zu nehmen. Er darf mit der Unterbringung nicht so lange warten, bis er eine Reaktion auf seinen Widerspruch erhält, da die öffentliche Sicherheit gefährdet ist.
>
> Warum ist das so? Nach § 80 der Verwaltungsgerichtsordnung haben Widersprüche und Anfechtungsklagen grundsätzlich zunächst einmal aufschiebende Wirkung. Das bedeutet, dass derjenige, der Widerspruch gegen einen Bescheid einlegt, damit die Forderung aus dem Bescheid zunächst aufschieben kann. Die aufschiebende Wirkung entfällt aber immer dann, wenn eine Behörde im Bescheid gleichzeitig die sofortige Vollziehung anordnet. Das tut sie in solchen Fällen, in denen das öffentliche Interesse oder die öffentliche Sicherheit und Ordnung gefährdet ist. In unserem Beispiel entfällt die aufschiebende Wirkung des Widerspruchs durch den Landwirt also deshalb, weil die Kühe eine Gefahr für die öffentliche Sicherheit darstellen und Gefahr im Verzug ist. Deshalb muss der Landwirt sofort handeln und seine Kühe sicher unterbringen."

Die Schritte dieses Vorgehens lassen sich folgendermaßen beschreiben (Bartsch 2009, 26):

- Nennen des Fachbegriffs
- Induktiver Einstieg bei der inneren Bildwelt der Adressaten
- Schrittweises Abstrahieren bis hin zu Begriffen der Fachdefinition

Entscheidend ist hier, dass der Redner einen Hörer immer besser erreicht, wenn er seine Erklärung induktiv, also mit einem praxisbezogenen Beispiel beginnt, um daraus die fachliche Definition bzw. Erklärung schrittweise zu entwickeln.

Analogien

Besonders problematisch ist die Verwendung von Zahlen oder Statistiken in Reden.

Wenn ein Redner erklären soll, was unter einem Gigabyte verstanden wird, kann er Zahlen mit Zahlen erklären: Ein Gigabyte besteht aus 1000 Megabytes oder 8.000.000.000 Bits (8 Milliarden). Wer aber über keine Fachkenntnisse verfügt, bekommt keine Vorstellung von der Menge an Speicherkapazität, die ein Gigabyte umfasst. Die Menge der Speicherkapazität wird dann klar, wenn der Redner Analogien bildet, indem er sich an der Erfahrungs- und Lebenswelt seiner Zielgruppe orientiert.

So bekommt ein Kunde, der einen Laptop kaufen möchte, eine Vorstellung von der Speicherkapazität, wenn ihm erklärt wird, dass mit einem Gigabyte 66.000 Seiten Dokumente in Word geschrieben werden können.

Jugendliche verstehen die Menge, wenn man ihnen verdeutlicht, dass damit ca. 250 Lieder im MP3-Format mit einer durchschnittlichen Länge von 4 Minuten gespeichert werden können.

Ein Arzt im Krankenhaus kann sich die Speichermenge vorstellen, wenn ihm erklärt wird, dass damit auf einem digitalen Diktiergerät ca. 550 Stunden Sprache aufgenommen werden können.

Semantische Leerformeln auflösen

Vor allem in Überzeugungs- und Gesellschaftsreden werden häufig emotional bzw. moralisch aufgeladene Begriffe und Formulierungen verwendet. Werden diese werthaltigen Begriffe nicht in anschauliche Beispiele ‚übersetzt' oder ihre Verdichtung aufgelöst, bleiben sie semantisch leer, da sie keine Aussagekraft besitzen.

Beispiel

> Dieses Familienhaus soll ein Ort des Lebens sein.
>
> Auflösung:
>
> Ort des Lebens: Hier darf gelacht und geweint werden. Hier können Sie sich als Familie zum Kaffeetrinken und Klönen treffen. Hier finden Sie andere Familien, denen es vielleicht ähnlich geht wie Ihnen. Sie können über ihre Gefühle und Erlebnisse sprechen, aber auch über ihre Sorgen und Ängste ...

Didaktisch-methodische Hinweise

Die Erarbeitung der Anschaulichkeit in Bezug auf die Wortsprache (Analogien, Fachbegriffe, Metaphern, Vergleiche) kann unterschiedlich intensiv erfolgen. Die Übungen müssen auch nicht generell in Form von freiem Sprechen durchgeführt werden, sondern können auch als schriftliche Übungen erfolgen, deren Ergebnisse nur vorgelesen und im Plenum besprochen werden. Im Mittelpunkt steht hier die Sensibilisierung für die Bildhaftigkeit der Sprache.

Übungsteil

Übung 1: Fachbegriffe konkret umschreiben

Die Teilnehmer erhalten einen (Fach)begriff oder wählen selbst einen Begriff aus ihrem beruflichen Kontext aus und umschreiben den Begriff mit eigenen Worten.

Übung 2: Analogien und/oder Vergleiche bilden

Die Teilnehmer erhalten statistische Zahlen und bilden eine Analogie oder einen Vergleich dazu.

Beispiel:

> Der afrikanische Elefant ernährt sich von Gräsern, Wurzeln, Blättern, Zweigen, Baumrinden, Holz und verschiedenen Früchten. Er verbringt am Tag 16 bis 20 Stunden mit Fressen und frisst in dieser Zeit etwa 200 bis 300 kg. Das ist so viel wie...
>
> Die tiefste Stelle im Meer ist ca. 11000 m tief und liegt im Marianengraben, südlich von Japan. In dieser Tiefe herrscht ein Druck von über 1000 bar. Das ist so viel wie....

4.3.4.2 Anschaulichkeit durch Visualisierung

Inhaltliche Hinführung

Unter einer redeunterstützenden Visualisierung werden hier Veranschaulichungen verstanden, die dem Zuhörer mittels eines Mediums gezeigt werden (z.B. Tafel, Overheadprojektor, Flipchart, Whiteboard, Moderationswand und Beamer/Laptop). Eine Rede, die durch eine Visualisierung unterstützt wird, wird im allgemeinen Sprachgebrauch auch als Präsentation bezeichnet.

Visualisierungen haben die Funktion, komplexe Sachverhalte und Zusammenhänge zu veranschaulichen (z.b. durch ein Organigramm), Sachverhalte bzw. Argumentationen emotional zu verstärken (z.b. durch ein Photo) oder auch nur eine Präsentation optisch attraktiver zu gestalten (z.b. durch Cliparts). Alle drei Funktionen tragen dazu bei, die Aufmerksamkeit der Hörerschaft zu gewinnen bzw. zu behalten (vgl. Franck/Stary 2006, 11ff.).

Die Vielzahl der Visualisierungsformen lässt sich zwei Gruppen zuordnen, die im Folgenden als ‚Bildwelten' bezeichnet werden:

Gegenständlich-sinnliche Bildwelt

Hierzu gehören sämtliche Visualisierungen, die Abbildcharakter besitzen, also eine mehr oder weniger stark ausgeprägte Nähe zur realen Welt besitzen, wie z.b. Photos, Zeichnungen, z.T. Piktogramme oder Cliparts; z.T. auch Karten (tendenziell ikonisch).

Abstrakt-analytische Bildwelt

Hierzu gehören Visualisierungen, mit denen innere oder äußere Strukturen eines Inhalts sichtbar gemacht werden wie z.b. Strukturbilder (Diagramme, Netzwerk-Darstellungen, Tabellen, Organigramme, z.T. auch Karten). Die Darstellung innerer Strukturen setzt auf Seiten des Redners eine analytische Vorarbeit voraus, durch die erst eine Verbildlichung innerer Strukturen möglich wird. Das Bild steht für etwas und hat keinen gegenständlichen Abbildcharakter. Die Bedeutung der Visualisierung ist festgelegt oder wird durch den Redner definiert (tendenziell symbolisch).

Analoge und sequentielle Wahrnehmung

Reine ‚Text-Bilder' – wie sie häufig in Präsentationen anzutreffen sind – sind als Pseudo-Visualisierungen einzuordnen und erfüllen nicht die Anforderungen an eine veranschaulichende Visualisierung. Gezeigter Text kann lediglich sequentiell wahrgenommen werden. Das bedeutet, dass die Informationen nur nacheinander – Wort für

Wort - aufgenommen und verarbeitet werden können. Dies schränkt die Freiheit des Betrachters stark ein (vgl. Ballstaedt 2012, 29). Im Unterschied zur sequentiellen bedeutet analoge Wahrnehmung, dass ein Inhalt in seiner Komplexität als Ganzes wahrgenommen werden kann (vgl. Brüning/Saum 2009, 51). Für den Zuhörer hat die analoge Wahrnehmung den Vorteil, dass er visualisierte Verknüpfungen und Zusammenhänge zwischen den Elementen eines Redeinhalts in Kombination mit der mündlichen Erklärung des Redners besser verarbeiten und verstehen kann als in einer ausschließlich sequenziellen Darstellung mittels Text (vgl. Ballstaedt 2012, 14ff.).

Beispiel 1: Text:

> Der Zusammenhang von internen und externen Bildern besteht darin, dass visuelle Vorstellungen in Bildern externalisiert werden, wohingegen externe Bilder internalisiert werden und visuelle Vorstellungen erzeugen. (ebd., 14)

Bildliche Darstellung:

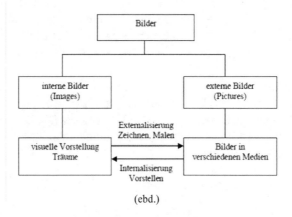

(ebd.)

Beispiel 2:

Text: Ein Baum besteht aus Wurzeln, einem Stamm, Ästen und Blättern.

Bildliche Darstellung:

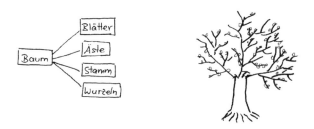

Sowohl beim Ansehen einer Grafik, eines Fotos oder einer Zeichnung kann der Hörer den dazu gesprochenen Inhalt auf einen Blick erfassen. Er kann sich den Zusammenhang als Ganzes erschließen. Komplexe Zusammenhänge wie Abhängigkeiten, logische Beziehungen, kausale oder zeitliche Abfolgen, Aufbaustrukturen o.ä. können leichter verstanden werden, wenn sie zusätzlich zum gesprochenen Text verbildlicht werden.

In der Rede werden also

> „Text und Bild zu einer gemeinsamen Botschaft verknüpft, die sprachlich und bildlich so gestaltet ist, dass eine integrative mentale Verarbeitung beider Informationsquellen angeregt wird." (ebd., 127)

Der Maßstab für eine gelungene Präsentation ist also ein aufeinander abgestimmtes Text-Bild-Verhältnis. Gesprochener Text und Bild sind nie äquivalent, das bedeutet: Nur in der Kombination von gesprochenem Text und gezeigtem Bild erschließt sich die Bedeutung für das Publikum. Die Leistung von gesprochenem Text und gezeigtem Bild lässt sich folgendermaßen beschreiben:

„Mit einem Bild lässt sich nicht alles verständlich zeigen, was sich mit einem Text sagen lässt, beispielsweise bereiten abstrakte Begriffe und Zusammenhänge, Begründungen und Argumente Schwierigkeiten. Umgekehrt kann keine sprachliche Beschreibung die anschaulichen Merkmale eines Bildes wie Formen, Farben, Texturen und räumliche Zuordnungen vollständig erfassen." (ebd. 128)

Wäre die Präsentation also selbsterklärend, wäre der Redner überflüssig. Eben dieser Effekt tritt z.B. ein, wenn der Redner in seiner Präsentation fast wortgleich den Text ‚visualisiert'. Eine andere problematische Wirkung tritt ein, wenn die Visualisierung lediglich ‚nette' cliparts oder Bilder zeigt, die aber in keinem erkennbaren Zusammenhang zum gesprochenen Text des Redners stehen.

Rhetorisches Ziel ist es also, dass der Redner mit seiner Visualisierung eine untrennbare Einheit bildet. Eine Präsentation kann dann als gelungen bezeichnet werden, wenn sich gesprochener Text und Bild in ihren „kognitiven und kommunikativen Funktionen" (ebd.) ergänzen.

(DVD: Redevarianten Nr. 6a und 6b)

Didaktisch-methodische Hinweise

In diesem Teil werden Methoden vermittelt, mit denen ein Redner sein Thema visuell anschaulich aufbereiten kann. Die Ausgangsfrage lautet: Wie kann ich mein Redethema visuell so unterstützen, dass es meiner Zielgruppe leichter fällt, den Inhalt besser nachvollziehen zu können?

Die Leitfragen für das Erstellen einer Visualisierung lauten deshalb:
- Was will ich darstellen? (Inhalt)
- Wozu soll die Darstellung dienen? (Ziel)
- Wen will ich informieren oder überzeugen? (Zielgruppe)
- Wie kann der Inhalt am besten dargestellt werden?

Das Ziel der folgenden Übungen besteht darin, vom Redeinhalt ausgehend eine Visualisierung zu erarbeiten. Vom Redeinhalt auszugehen, stellt methodisch das Bauhaus-Prinzip: „Form follows function" in den Mittelpunkt. Dahinter steht die praktische Erfahrung, dass in der Redevorbereitung – besonders bei Informationsreden - zum einen häufig die Form, also z.B. die grafische Gestaltung in Powerpoint im Mittelpunkt steht und der Inhalt der Form angepasst wird. Zum anderen trauen sich Redner häufig auch nicht zu, abstrakte Inhalte visuell aufzubereiten oder sie fühlen sich ‚nicht kreativ' genug.

Aus diesem Grund beschränken sich die folgenden Übungen zunächst auf sog. ‚Kritzelbilder', da es hier zunächst nur auf die Visualisierungsidee ankommt und nicht auf die perfekte grafische bzw. technische Umsetzung. Ziel der Übungen ist es, Sensibilität dafür zu entwickeln, wie viel Visualisierungspotenzial in einem Text bzw. Inhalt stecken kann, wenn man ihn systematisch durcharbeitet. Visuelle Kreativität durch systematisches Arbeiten zu entwickeln, steht deshalb im Folgenden im Zentrum.

Eine Rede durch Visualisierung zu veranschaulichen bedeutet, den Redeinhalt zunächst daraufhin zu ‚sezieren', ob - und falls ja welche - Bildpotenziale der Redeinhalt aus den beiden Bildwelten ‚gegenständlich-sinnlich' bzw. ‚abstrakt-analytisch' hergibt.

Dazu wird der folgende Fragenkatalog (Arbeitsblatt 4a und 4b) eingesetzt.

Fragenkatalog: „Visualisierungspotenziale erkennen"

Gegenständlich-sinnliche Bildwelt	
Welche Begriffe im Text/im Redeinhalt enthalten wortimmanente Bilder?	z.B. ‚Einfluss' (fließen, Fluss), Belastung (Lasten, Last, schwer), Arbeitsstau (stauen, pressen, zusammendrücken, Verkettung unglücklicher Umstände)
Durch welche Bilder kann die Aussage repräsentiert werden? (pars pro toto)	z.B. Fernglas/Lupe stellvertretend für eine Sichtweise; Arbeitsschuhe/ Hausschlappen stellvertretend für Work-Life-Balance
Welche erfahrungsbezogenen Assoziationen stellen sich zum Text bzw. zu einzelnen Begriffen oder Aussagen ein?	z.B. Herausforderung: eigene Erfolge als Sportler; erfolgreicher Studienabschluss; Hausbau

Welche Vergleiche/Bilder/Metaphern/ Symbole lassen sich zum Text bzw. zu einzelnen Begriffen oder Aussagen finden?	z.B.: Diese Aufgabe ist ...wie einen Berg zu erklimmen, ...wie eine schwere Krankheit zu ertragen und zu bekämpfen, wie ... ein schweres Gewicht zu heben;
	Dieser uns bevorstehende Veränderungsprozess ist wie eine Hürdenstrecke...
	Modulstudienordnung: Komponenten, Bausteine, Puzzle
Gibt es zum darzustellenden Inhalt ein Gegenteil oder eine Übertreibung?	z.B. Übertreibung für Belastung: Sechs Köpfe für den viel beschäftigten Manager
	Übertreibung für Schulverweigerer: SEK holt Schüler zum Unterricht ab
	Gefährdungspotenzial im Sozialamt: Schutzanzug für Mitarbeiter des Sozialamtes
	Gegenteil zu Rente: Arbeit
	Gegenteil zu Arbeit: In der Sonne liegen
	Gegenteil zu Integration: Ausgrenzung
Zu welchen anderen Lebensbereichen (die der Zielgruppe vertraut sind) lassen sich ggf. Vergleiche ziehen?	Sie kennen das Phänomen: Ein Unternehmen zu managen, das hat große Ähnlichkeit mit dem Management einer Familie...
Mit welchen Personen/Ereignissen aus Kultur/Literatur/Politik/Film oder Geschichte/Zitate/allgemeines Kulturgut könnte man den Inhalt vergleichen oder erklären?	z.B.: Napoleon, Robin Hood, Einstein, Sisyphos, Columbus
	Berliner Mauer: Trennung

Abstrakt-analytische Bildwelt	
Bildrichtungen	z.B.: • Entwicklung: von oben nach unten; von unten nach oben • Prozess: von links nach rechts; von rechts nach links, diagonal von links unten nach rechts oben • Druck erzeugen: von außen zur Mitte • Einbrechende Steuereinnahmen: von außen zur Mitte nach unten
Lässt sich im Inhalt/Text eine innere Struktur identifizieren?	sprachlichen Indikatoren: z.b. Verben und/oder Konjunktionen (Konnektoren)
Gegenüberstellung/Vergleich/Gegensätze/Gemeinsamkeiten/Unterschiede	• (ist größer als; kann man vergleichen mit; im Unterschied zu)
Prozess, Ablauf, Kreisläufe	• Nachdem... folgt... anschließend... zum Schluss • daraufhin • zeigt folgende Phasen • läuft wie folgt ab
Teile vom Ganzen; Zusammensetzung, Bestandteile	• besteht aus, ist Teil von, setzt sich zusammen aus; enthält
Hierarchie/Lage im System/Aufbau	• ist folgendermaßen organisiert • ist aufgebaut nach dem Prinzip • ist eingebunden in
kausale/zeitliche Folgen oder Auswirkungen	• das führt zu; hat zur Konsequenz • daraus ergibt sich • weil • hat folgende Gründe • ruft hervor • setzt in Gang

Bedingungen	• wenn ...dann; • hat zur Voraussetzung, dass • bedingt
Mittel/Zweck	• indem, mittels • damit • um... zu
Eigenschaft/Definition	• ist gekennzeichnet durch, • lässt sich beschreiben als • darunter versteht man, dass • ist charakterisiert durch
Beispiel	• zum Beispiel • wie am Beispiel erkennbar
Verbindungen/Abhängigkeiten/Vernetzungen	• steht in Verbindung zu • ist abhängig von • lässt folgenden Zusammenhang erkennen

Mit Hilfe des Fragenkatalogs wird ein Inhalt bzw. das Textmaterial systematisch nach Visualisierungsideen durchgearbeitet.

> Beispieltext „Was ist ein System?"
>
> „Ein System ist ganz allgemein ein Ganzes, das aus miteinander in wechselseitigen Beziehungen stehenden Elementen zusammengesetzt ist. Die jeweils besondere Beschaffenheit seiner Elemente, ihr Anordnungsmuster und die Beziehungen zwischen ihnen bedingen die konkrete Eigenart eines Systems. Innerhalb eines Systems wirkt die Veränderung eines Elementes auf die anderen Elemente fort. Ein System besitzt ein gewisses Maß von Integration und Geschlossenheit. Es hat eine Grenze, die es von seiner Umwelt trennt, steht jedoch mit dieser Umwelt in wechselseitigen Beziehungen. Darüberhinaus ist vielen Systemen eine Tendenz zur Selbsterhaltung bzw. zum Gleichgewicht und eine Tendenz zum Erreichen oder Bewahren bestimmter Merkmale, eine Ausrichtung der Systemprozesse auf bestimmte Ziele eigen. Ist diese letztgenannte Tendenz vorhanden, dann spricht man von zielgerichteten Systemen."
>
> (Mayntz 1963, 40f.)

Ein ‚Kritzelbild' mit Ideensammlung zu o.g. Text könnte dann z.B. folgendermaßen aussehen:

Diese Ideensammlung zeigt auf, dass der Text sowohl gegenständlich-sinnliches als auch abstrakt-grafisches Visualisierungspotenzial enthält:

Synonyme für ‚Gleichgewicht'	Balance, Ausgewogenheit
Bilder für ‚Gleichgewicht'	Wippe, Waage
Assoziationen zu ‚Grenze'	Staatengrenze, Schlagbaum, kontrollierter Übergang
Assoziationen zu ‚Tendenz'	aufsteigend/fallend, Fieberthermometer, Entwicklung
Vergleich mit anderen Lebensbereichen: Wo findet man etwas, dass gleichzeitig geschlossen und durchlässig ist?	Membran, Regenjacke: dicht gegen Regen, aber luftdurchlässig
Beispiel für System	Schulsystem
Bildrichtungen:	von innen nach außen - von außen nach innen; Tendenz: aufsteigend
innere Struktur	System im Vergleich zu einem anderen System; ein Ganzes, das aus Elementen besteht

Die folgenden Übungen können entweder mit vorgegebenen Begriffen oder kleinen Sätzen/Texten durchgeführt werden. Wenn die Teilnehmer dann später an eigenen Redethemen arbeiten, werden die Methoden auf das eigene Thema angewendet. Für die Übungen ab Nr. 2 wird der vorgestellte Fragenkatalog zum Auffinden von visuellen Ideen verwendet.

Die Übungen haben vor allem die Funktion, die Teilnehmer dazu anzuregen, kreative Bildideen zu entwickeln. Ziel ist hier eine möglichst umfangreiche Ideensammlung zu erstellen und die Erfahrung zu machen, dass sich selbst für abstrakte, ‚trockene' Inhalte Visualisierungsideen finden lassen.

Die Übungen können sowohl in Einzelarbeit, als auch in Kleingruppenarbeit (max. 2 bis 3 Personen) durchgeführt werden. Im Anschluss an die Übungen werden die Ergebnisse im Plenum vorgestellt. Die Gruppen können ihre Ideensammlung (,Kritzelbilder') auch auf einem Flipchartblatt oder einer Metaplanwand präsentieren. Hierbei machen die Teilnehmer häufig die Erfahrung, dass das freie Sprechdenken mit Hilfe ihres Kritzelbildes bereits ohne Probleme funktioniert, da sie mit ihrer ,Visualisierung' eine Einheit bilden. Durch die intensive Beschäftigung mit dem Text und die Entwicklung von Visualisierungsideen haben sie den Inhalt bereits intensiv durchgearbeitet und können ihn entsprechend sicher präsentieren.

Alternativ kann auch ein sog. ,Gallery walk' durchgeführt werden, bei dem die Ergebnisse wie in einer Ausstellung präsentiert werden und sich alle Teilnehmer die Wände selbst anschauen können. An jeder Präsentationswand steht eine Person aus der entsprechenden Gruppe, die für Fragen zur Verfügung steht.

Übungsteil

Übung 1: Inhaltstragende Schlüsselbegriffe im Text identifizieren

Diese vorbereitende Übung zielt darauf, die zentralen Aussagen einer Rede zu definieren, um sie in Folgeübungen zu veranschaulichen. Dazu werden zunächst die inhaltstragenden Aussagen oder Schlüsselbegriffe identifiziert.

Die Teilnehmer suchen im Text die wichtigen inhaltstragenden Aussagen (Schlüsselwörter).

Textbeispiele (Arbeitsblatt 5):

> Text 1:
>
> Die Schulen stehen in den nächsten Jahren unter einem enormen Konkurrenzdruck, da die Schülerzahlen einerseits sinken, andererseits die Eltern zunehmend Wert auf zusätzliche Schulangebote neben der eigentlichen Wissensvermittlung in der Schule legen.

> Text 2:
>
> Eine Möglichkeit, den Übergang in die Altersrente fließend zu gestalten und teilweise auch Arbeitsplätze für jüngere Arbeitnehmer freizumachen, ist die Vereinbarung von Altersteilzeit (Altersteilzeitgesetz). Dabei reduziert ein Arbeitnehmer seine Arbeitszeit und damit auch seine Vergütung. Im (meist praktizierten) Blockmodell arbeitet der Arbeitnehmer aber zunächst in ähnlichem Umfang wie zuvor weiter. Die vorgearbeitete Zeit steht für die spätere Reduzierung der Arbeitszeit auf Null zur Verfügung; auf eine Phase der Arbeit folgt also eine Phase der Nichtarbeit bis zum Renteneintritt. Notwendigerweise ist mit beiden Modellen allerdings eine Reduzierung der Vergütung verbunden. Diese hat der Gesetzgeber zum Teil aber durch Subventionen ausgeglichen, um so arbeitsmarktpolitische Ziele zu erreichen; hinzu kommt eine zusätzliche Zahlung des Arbeitgebers an die gesetzliche Rentenversicherung. Ein weiteres Problem der Altersteilzeit im Blockmodell ist, dass der Arbeitnehmer gegenüber dem Arbeitgeber in Vorleistung geht und hierfür einer Sicherheit bedarf (Kortstock 2012, 18).
>
> Text 3: Alternativ kann auch der „System-Text' verwendet werden.

Übung 2: Gegenständlich-sinnliche Bilder finden

Die Teilnehmer erstellen nun zu einem der Texte aus Übung 1 eine Ideensammlung zur gegenständlich-sinnlichen Bildwelt des Textes.

Übung 3: Strukturen erkennen und grafische Bilder finden

Da das Identifizieren von inneren Strukturen in der Regel schwieriger ist, kann diese vorbereitende Übung einer Erarbeitung der inneren Strukturen in einem komplexen Text vorgeschaltet werden. Die Teilnehmer erhalten das Arbeitsblatt 6 mit neun Sätzen (siehe unten Auflistung), die unterschiedliche innere Strukturen aufweisen. Die Aufgabe der Teilnehmer besteht darin, die innere Struktur zu erkennen und diese Struktur visuell abzubilden.

Unter den Beispieltexten steht jeweils die Lösung, die hier nur zur Erklärung dient.

Die Teilnehmer erhalten zur Bearbeitung nur die Beispielsätze ohne Lösung!

1) Im Unterschied zum Gleichstrom funktioniert das Prinzip des Wechselstroms... (Lösung: Innere Struktur = Gegenüberstellung/Vergleich/Gegensätze/ Gemeinsamkeiten-Unterschiede/Spannungsverhältnisse, Vergleich verschiedener Modelle)

2) Nachdem der Patient das Aufnahmeformular ausgefüllt hat, wird er in die Station begleitet. Dort bezieht er sein Zimmer, bevor die umfangreiche OP-Vorbereitung vorgenommen wird. (Lösung: Innere Struktur = Prozess, Ablauf, Kreisläufe)

3) Das Lehrbuch umfasst zwei große Teile, die wiederum in verschiedene Module unterteilt sind. (Lösung: Innere Struktur = Teile vom Ganzen, Zusammensetzung, Bestandteile, Verteilungen)

4) Bitte bringen Sie für die Beantragung eines neuen Personalausweises ihren alten Pass mit, außerdem ein biometrietaugliches Photo und.... (Lösung: Innere Struktur = Aufzählung)

5) Zur Zeit ist die Abteilung so organisiert, dass an der Spitze der Abteilungsleiter steht. Ihm sind 4 Fachbereichsleiter untergeordnet. Diese 4 Fachbereichsleiter verantworten jeweils ein Team mit 6 Mitarbeitern, von denen jeweils 1 Mitarbeiter für Sonderaufgaben in der Abteilung freigestellt ist. (Lösung: Innere Struktur = Hierarchie/Lage im System/Aufbau)

6) Die Einsparung von Personal führt dazu, dass wir die Öffnungszeiten an den Werktagen um jeweils 1 Stunde kürzen müssen. (Lösung: Innere Struktur = kausale/zeitliche Folgen oder Auswirkungen)

7) Unsere Schülerzahlen sind im Zeitraum von 10 Jahren um 25% gestiegen. (Lösung: Innere Struktur = Entwicklung)

8) Jugendliche sind im Laufe der Pubertät unterschiedlich stark wirkenden Einflüssen wie z.B. Elternhaus, Peergroup, Schule, Lehrer ausgesetzt. (Lösung: Innere Struktur = Einflüsse/Verbindungen /Abhängigkeiten/Vernetzungen)

9) Häufig sind die Eltern verantwortlich dafür, dass ihre Kinder morgens nicht zur Schule kommen. (Lösung: Innere Struktur = Ursachen/Gründe)

Übung 4: „Abstrakt-grafische Bilder finden"

Die Teilnehmer erstellen nun zu einem der Texte aus Übung 1 eine Ideensammlung zur abstrakt-grafischen Bildwelt des Textes.

Transfer

Eine Transfer-Übung, die sämtliche Verständlichkeitsmacher integriert ist die Übung: „Die Sendung mit der Maus".

Die Teilnehmer erhalten die Aufgabe, ein möglichst fachliches Thema oder Projekt aus dem eigenen Arbeitsfeld als Präsentation für Kinder aufzubereiten. Hier bietet sich als Vorstellungshilfe die „Sendung mit der Maus" an. Diese Übung eignet sich besonders für Teilnehmergruppen (z.B. Juristen, Ingenieure), denen es aufgrund ihres Expertenwissens oft sehr schwer fällt, sich auf eine Zielgruppe einzustellen, die über kein Expertenwissen verfügt.

Vertiefende Hinweise

Die Tiefenschärfe der Behandlung dieses Themas ist abhängig von der zur Verfügung stehenden Zeit, von der Teilnehmergruppe und deren Interessen und Lernvoraussetzungen. Mit manchen Teilnehmergruppen wird man z.B. die grafischen Strukturen sehr kleinschrittig erarbeiten, in anderen Gruppen reicht es aus, das Prinzip des Visualisierens an einem komplexeren Beispieltext (wie z.B. dem ‚System-Text') zu verdeutlichen.

Das Thema „Veranschaulichen durch Visualisieren in der Präsentation" eignet sich auch für ein zweitägiges Vertiefungsseminar. Hier können dann zusätzlich die Gestaltungs- und Designprinzipien (z.B. Gestaltung von Powerpoint-Slides, Beschriftung, Gestaltung durch Farben usw.) und weitergehende Visualisierungsideen erarbeitet werden. Im Literaturverzeichnis findet sich vertiefende Literatur zur Thematik.

5 Rhetorische Tiefenstruktur

„Worüber du dir nicht im Klaren bist, davon lass die Finger"(Cicero)

Mit diesem Kapitel beginnt die zunächst theoretische Vorbereitung auf die Tiefenstruktur einer Rede. Standen in den vergangenen Kapiteln die sprecherischen, stimmlichen und sprachlichen Aspekte der Vermittlung rhetorischer Inhalte im Vordergrund, konzentriert sich die Tiefenstruktur auf die inhaltliche Durchdringung, die Hörerorientierung und die Glaubwürdigkeit des Redners. Im Unterschied zur Darstellung der Oberflächenstruktur werden die Aspekte der rhetorischen Tiefenstruktur zunächst in ihrer Gesamtheit vorgestellt und anschließend im Rahmen der verschiedenen Redegattungen spezifiziert.

5.1 Inhaltliche Durchdringung (Logos)

„Wer sich um die wahre Redekunst bemüht, bemüht sich um Einsicht." *(Cicero)*

Anlass, Ziel und Thema

Reden liegen immer bestimmte Anlässe (Warum) zugrunde und mit ihnen werden bestimmte Ziele (Wozu) verfolgt. Der Redner will seine Zuhörer entweder informieren, überzeugen oder sich ihnen bei gesellschaftlichen Anlässen auf besondere Weise persönlich zuwenden. Wenn dem Redner das Ziel seiner Rede nicht klar ist, entsteht ein assoziatives Sprechen, das beim Hörer Diffusität auslöst. Folgendes Beispiel mag das verdeutlichen:

> Ein Lehrer äußert sich im Kollegium anlässlich der Planung eines Schulfestes folgendermaßen:
>
> „Ich finde, im letzten Jahr gab es zu wenig Angebote für die Eltern. In der Nachbarschule wurde ein spezielles Angebot neben den Schülerprogrammen vorbereitet. Wir sollten uns an dem orientieren, was man dort gemacht hat."
>
> Die Diskussion im Anschluss an dieses kurze Redestatement könnte folgendermaßen ausgesehen haben:

> Person A: „Ich fand im letzten Jahr eigentlich ausreichend, was man für die Eltern angeboten hat."
>
> Person B: „Die Nachbarschule hat auch ein ganz anderes Einzugsgebiet und von daher ganz andere Bedürfnisse."
>
> Person C: „Wir sollten vielleicht unseren Festausschuss neu zusammensetzen, damit wir nicht immer das Gleiche machen."

An den Reaktionen lässt sich erkennen, dass die Aussage des Redners mehrdeutig war. Das Ziel des Redners war unklar:

- Er hat seine Meinung geäußert („Ich finde, im letzten Jahr gab es zu wenig Angebote für die Eltern").
- Er hat informiert („In der Nachbarschule wurde ein spezielles Angebot neben den Schülerprogrammen vorbereitet.").
- Er hat seine Überzeugung mit einem Handlungsaspekt verbunden („Wir sollten uns an dem orientieren, was man dort gemacht hat.").

Aufgrund der undifferenzierten Äußerung kann jeder Hörer „heraushören, was er will". Der eine hört die Meinung und reagiert mit Zustimmung oder Ablehnung; der andere hört möglicherweise eine Information und hat ergänzende Informationen oder stellt Sachfragen; der dritte hört den Appell und widerspricht oder stimmt dem Redner zu. Der Redner „wundert" sich nach diesen vielfältigen Reaktionen, weil er vielleicht „doch nur" seine Meinung sagen wollte oder „doch nur kurz informieren" wollte. Ihm ist aber nicht bewusst, dass die Zielausrichtung seines Statements uneindeutig war. Eine klare Zielformulierung ermöglicht es dem Redner, die Problemfelder eines Redethemas klarer sichten zu können und die Inhalte aus der Bedürfnissicht der Zielgruppe prägnanter zu entfalten.

Zielführend wird eine Rede dann, wenn zu Beginn geklärt wurde:

Was ist der konkrete Redeanlass?

Welches Ziel wird verfolgt? (Möchte ich informieren, meine Meinung kundtun, überzeugen oder eine bestimmte Stimmung erzeugen?)

Problemdimensionierung und zielgruppenorientierte Materialsammlung

Ein Redethema, auf das sich ein Redner vorzubereiten hat, kann leicht zur Qual werden. „Was soll ich sagen?" fragt er sich zu Beginn, und je länger er sich mit der Thematik auseinandersetzt, desto mehr besteht die Gefahr in der Stofffülle zu ertrinken. Nicht alles, was der Redner zu einer Thematik weiß, muss er auch sagen. Aber er muss auf jeden Fall mehr wissen, als er sagt. Es gilt auszuwählen und zu sortieren, was in die Rede hinein soll und was nicht.

Beispiel

> Ein Redegegenstand „Verkehrsberuhigende Maßnahme in der Ottostraße" kann aufgrund der Situationsanalyse und der damit einhergehenden Ziel- und Zielgruppenanalyse zu unterschiedlichen Redezielen führen:
>
> Der Mitarbeiter will die betroffenen Anwohner über die geplante Maßnahme und die damit verbundenen Störungen während der Bauzeit informieren.
>
> Der Mitarbeiter will die Entscheidungsträger im Rat der Stadt von der Notwendigkeit der Maßnahme überzeugen.
>
> Der Mitarbeiter will die neu fertig gestellte verkehrsberuhigte Zone feierlich eröffnen.

Jedes dieser Redeziele macht eine unterschiedliche Materialsammlung und Aufbereitung des Materials notwendig.

Wenn die betroffenen Anwohner über die Maßnahme und deren Auswirkungen informiert werden sollen, bedarf es für die Zielgruppe relevanter Informationen (z.B. Dauer der Maßnahme, Einschränkungen für die Anwohner). Soll der Rat der Stadt von der Maßnahme überzeugt werden, bedarf es einer argumentativen Aufbereitung der Inhalte. Für die feierliche Eröffnung bedarf es besonderer Inhalte, mit denen eine angemessene Atmosphäre erzeugt werden kann.

Bei der inhaltlichen Konzeption wird sich der Redner vorrangig am Redeziel und an der Zielgruppe orientieren, um nicht an ihnen vorbei zu reden. Mit dem Wissen um das Redeziel und der Orientierung an der Zielgruppe wird das Auffinden, Sammeln und Aufbereiten des Redematerials wesentlich leichter.

Logische Stringenz

Jedes Redethema besitzt eine immanente Logik, die es im Hinblick auf seine Systematik und Folgerichtigkeit in der Vorbereitung zu erschließen gilt. Es gilt, den Zuhörern den Nachvollzug der dargelegten Inhalte so zu erleichtern, dass sie beim Zuhören das Gefühl haben, ‚ganz leicht' durch die Komplexität des Themas geführt zu werden. Der Zuhörer, der weiß, an welcher Stelle sich der Redner gerade befindet, behält den Überblick über das Ganze im Auge und kann deshalb auch Detailinformationen problemlos aufnehmen und einordnen.

Je weniger der Redner sein eigenes Thema durchdrungen hat und versteht, desto mehr wird er an seinem Ausgangsmaterial festhalten und damit den Hörer immer mehr aus dem Blick verlieren.

Die Erarbeitung der inneren Logik eines Redethemas ist Voraussetzung dafür, dass der Redner den Inhalt später mit eigenen Worten in seiner Rede sprechsprachlich umsetzen kann.

(DVD: Tiefenstruktur Nr. 7)

5.2 Hörerorientierung (Pathos)

„Wärest du hier an meiner Stelle, dächtest du wohl anders." (Anonymus)

Perspektivenübernahme und Partnerbezug

Die Gefahr, dass der Redner seiner Zielgruppe vorrangig aus seiner eigenen Denk- und Argumentationssicht und Betroffenheit heraus begegnet, kann beim Hörer Desinteresse oder Unverständnis auslösen („Na und, was habe ich damit zu tun?"; „Der nimmt mich ja gar nicht ernst." oder „Na und, wozu benötige ich diese Information?"). Grund dafür ist eine unzureichende Perspektivenübernahme.

Perspektivenübernahme bedeutet, sich als Redner in die möglichen Sichtweisen und die dahinter liegenden Interessen und Bedürfnisse der Zielgruppe hineinzudenken und hineinzufühlen.

Die jeweilige Sichtweise der Zielgruppe in den Blick zu nehmen, heißt: Erfahrungen, Überzeugungen, Kenntnisse und Wissensstand, gesellschaftliche Strukturen, Funktionen und Lebensumstände mit zu berücksichtigen.

Eine Sichtweise wird z.b. dort erkennbar, wo jemand eine Position vertritt, Ansprüche formuliert oder einen Wunsch äußert wie z.b: „Ich möchte mir einen Porsche kaufen."

Dahinter können unterschiedliche Interessen stehen, wie z.b. von seinen Geschäftspartnern anerkannt zu werden oder sich endlich mal wieder was zu gönnen o.ä.. Interessen sind „zeit-, umstands- und persönlichkeitsabhängige Motive" (Duve u.a. 2011, 169).

Quelle dieser Interessen sind fundamentale Bedürfnisse, wie z.B.

- *Sicherheitsbedürfnisse*, die die physische wie auch wirtschaftliche Sicherheit betreffen,
- *Physiologische Bedürfnisse*, die den Lebenserhalt und das persönliche Wohlbefinden angehen,
- *Soziale Bedürfnisse*, die sich unter anderem in Form von Anerkennung, Respekt und Zugehörigkeit im gesellschaftlichen Miteinander auszeichnen,
- *Persönliche Bedürfnisse*, die mit Selbstbestimmung und persönlicher Kompetenz zu tun haben,
- *Spirituelle Bedürfnisse*, welche die Grundfragen menschlichen Lebens und deren Sinnhaftigkeit betreffen (vgl. ebd.)

Die Sichtweise, Interessen und Bedürfnisse des Redners sind aber nicht unbedingt kompatibel mit denen der Hörer. Deshalb besteht für den Redner in der Redevorbereitung die Notwendigkeit, sich folgende Fragen zu stellen: Wie nimmt der Hörer den Anlass wahr? Wie positioniert er sich hinsichtlich des Anlasses (Gegenstandsicht) und warum

(Interesse)? Insofern hat die Rede den Charakter eines ‚virtuellen Gespräches'. Virtuell deshalb, weil der Redner die Gegenstandssichtweisen und die Lebenswelten der Zielgruppe antizipiert und in der Rede benennt (vgl. Abb. unten: GH= Gegenstandssicht Hörer; GR= Gegenstandssicht Redner).

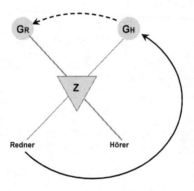

(ähnlich auch Bartsch 2009, 36)

Die Interessen und die dahinter stehenden Bedürfnisse der Zielgruppe lassen sich am ehesten eruieren, wenn der Redner ein echtes Interesse an der Zielgruppe hat und im Idealfall mit der Zielgruppe in Kontakt steht. Andernfalls wird er die Gegenstandssicht lediglich antizipieren können. Dies schränkt die Qualität der Perspektivenübernahme insofern ein, als dass auf diese Weise die Gegenstandssicht und die Interessen nur vermutet werden können.

Je genauer der Redner seine Zielgruppe kennt und umso homogener diese ist, desto eher lassen sich differenzierte Interessen und Bedürfnisse erheben. Bei heterogenen Zielgruppen ist es erforderlich, dass der Redner eine generelle gemeinsame Interessenslage der Zielgruppe entdeckt und anspricht (z.B.: Was ist das generelle Interesse von Bürgern in einem bestimmten Stadtteil? oder: Was ist das generelle Interesse von Bürgern in allen Stadtteilen?).

Ein kooperatives Redeverhalten wird dort deutlich, wo der Hörer sich durch den Redner abgeholt und in seiner Situation ernst genommen fühlt. Eine besondere Rolle spielt hier der Redeeinstieg. Der Redeeinstieg verändert sich qualitativ, je nach Intensität des Kontakts zur Zielgruppe:

Erlebte Wirklichkeit versus fiktive, unrealistische Annahme

Wenn ein Redner seine Zielgruppe nicht (ausreichend) kennt und die Zielgruppe mit einem Redeeinstieg konfrontiert, der mit deren Lebenswirklichkeit nichts zu tun hat (z.B.: „Stellen Sie sich mal vor, Sie haben eine Million Euro im Lotto gewonnen..."; „...Sie sitzen allein auf einer einsamen Insel...."; „... Sie sind Geschäftsführer eines großen Unternehmens..."), führt dies mit großer Wahrscheinlichkeit zu Reaktanzen und Irritationen, weil diese Szenerie als unrealistisch empfunden wird („Ja, so ist es aber nicht, schön wärs ja...Was soll das denn jetzt?"). Hier wird keine reale Situation des Hörers aufgegriffen und damit wird weder die erlebte Wirklichkeit getroffen, noch die erlebte Gefühlswelt des Hörers angesprochen. Solche fiktiven Mittel können in anderen Kontexten Motor für kreative Prozesse sein, sind aber kein adäquates Mittel, um Beziehung herzustellen und zu stabilisieren.

Wissen versus Vermutung

Manche Redner versuchen mit folgenden Formulierungen Hörerkontakt herzustellen:

„Vielleicht kennen Sie das auch...?", „Eventuell haben Sie das auch schon einmal erlebt".

Mit dem Einsatz von rhetorischen Weichzeichnern ‚vielleicht' oder ‚eventuell' verrät der Redner, dass er seine Zielgruppe nicht besonders gut kennt, anderenfalls würde er konkrete Beispiele aus der Erfahrungswelt der Zielgruppe aufgreifen („Folgende Situation erleben Sie Tag für Tag...").

Generelle Erfahrungen versus ‚Privatistisches Ich'

Manche Redner versuchen über persönliche Berichte und Erzählungen einen Kontakt zum Hörer herzustellen. Derartige Redeeinstiege klingen beispielsweise so: „Ich habe in der letzten Woche ein Gespräch gehabt, und das hat mich sehr bewegt." Hier spricht der Redner nur von sich, der Hörer bleibt außen vor. Dieser Praxis liegt die Vermutung zugrunde, bei einem ‚Ich-Einstieg' könne man den Zuhörer direkt „mit ins Boot nehmen". Leider bleibt der Hörer aber in der Regel „am Festland und schaut sich das Boot von Ferne an", da er das Erlebnis selbst nicht direkt mit- bzw. nachvollziehen kann. Dieses ‚privatistische Ich' ist so privat, dass es den anderen außen vor lässt. Generalisiert der Redner dagegen seine persönliche Erfahrung, kann die Aussage folgendermaßen lauten:

„Jeder von Ihnen führt täglich viele Gespräche. Und dann gibt es die eine oder andere Sternstunde, von der Sie sagen können: ‚Dieses Gespräch werde ich nie vergessen. Das hat mich nachhaltig beeindruckt.'"

(DVD: Tiefenstruktur Nr. 1, 2, 3, 4, 5, 6, 8)

5.3 Glaubwürdigkeit (Ethos)

„Die Übereinstimmung zwischen Sachverhalt und Ausdrucksweise wirkt überzeugend." (Aristoteles)

Nur wenn der Zuhörer den Redner bzw. die Rede als glaubwürdig empfindet, lässt er sich zu etwas bewegen. (vgl. Gil 2013, 33ff.)

Glaubwürdigkeit entsteht,
- wenn der Inhalt des Gesagten mit der Person in Einklang steht,
- wenn der Hörer nicht zu Zwecken des Redners benutzt wird, sondern die Sache im Mittelpunkt steht,
- wenn der Redner beweist, dass er sich in die Lebens-, Denk- und Gefühlswelt des Hörers hineinversetzen kann,

- wenn der Redner sein Anliegen in verständlicher und für den Hörer nachvollziehbarer Art und Weise vermitteln kann,
- wenn der Redner den Sinn seiner Inhalte dem Hörer verständlich machen und somit auf Appelle verzichten kann.

Wodurch die Glaubwürdigkeit eines Redners gefährdet werden kann, zeigen folgende häufig auftretende Beispielsituationen:

- Ein Redner will in einer Gesellschaftsrede witzig sein und stellt dabei den Jubilar bloß (Folge: Die Festgesellschaft ist peinlich berührt.).
- Der Redner wirkt mit Appellen auf die Zuhörer ein, ohne den dahinter liegenden Sinn für sie erkennbar zu machen (Folge: Die Zuhörer fühlen sich funktionalisiert.).
- Der Redner informiert auf umständliche Art und Weise (Folge: Der Zuhörer ist verwirrt und langweilt sich zusehends.).
- Der Redner belehrt die Hörer von oben herab und zeigt ihnen auf, was sie alles nicht wissen (Folge: Die Zuhörer fühlen sich unterlegen und gehen in eine innere Abwehrhaltung.).

Alles, was hier unter dem Aspekt Ethos aufgeführt wurde, lässt sich nur im Zusammenspiel aller oberflächen- und tiefenstrukturellen Faktoren erfassen und erkennen. Dabei wird deutlich, dass Glaubwürdigkeit kein technisch zu vermittelnder Vorgang ist, sondern eine Haltung widerspiegelt.

Sämtliche Aspekte können mehr oder weniger separat erlernt und eingeübt werden, Glaubwürdigkeit dagegen ist das Ergebnis einer Haltung, in der alle Aspekte der Oberflächen- und Tiefenstruktur kongruent zueinander stehen. Sobald ein Aspekt nicht kongruent zu den anderen erscheint, löst dies Unglaubwürdigkeit aus und der Hörer verliert das Vertrauen zum Redner. Insoweit entsteht die Glaubwürdigkeit eines Redners immer dann, wenn alle Aspekte konzentriert eine in sich stimmige Einheit bilden und der Redner als ‚vir bonus' erscheint.

(DVD-Material: Nr. 2, 8)

5.4 Rhetorische Tiefenstruktur im Überblick

Inhaltliche Durchdringung (Logos)

- Wurde die Redegattung deutlich?
- Welches Ziel bzw. welche Ziele verfolgte der Redner?
- Wurde das Ziel in Beziehung zum Hörer gesetzt?
- Standen die Fragen des Hörers im Zentrum der Rede?
- Wie wurden die Inhalte für den Hörer dargelegt?
- Wurden die Inhalte so bearbeitet, dass sie leicht nachvollziehbar waren?
- War die Rede logisch stringent gegliedert?
- War die Durchdringung des Inhalts bzw. der Überzeugung schlüssig und folgerichtig?
- Bestand die Möglichkeit, den Überblick über den gesamten Inhalt zu behalten?
- Bestand die Möglichkeit, Detailinformationen problemlos zu erfassen?

Hörerorientierung (Pathos)

- Kam die Zielgruppe mit ihren Sichtweisen vor?
- Hat sich die Zielgruppe durch den Redner gut repräsentiert gefühlt?
- Wurde die inhaltliche Relevanz für den Hörer deutlich?
- Wurden die Interessen und Bedürfnisse des Hörers berücksichtigt?

Glaubwürdigkeit (Ethos)

- Wird der Redner als glaubwürdig empfunden?
- Wie hat sich der Redner selbst präsentiert? (auf Augenhöhe, überheblich, devot)
- Wie hat der Redner argumentiert? War die Argumentation des Redners glaubwürdig?
- Welche Aspekte haben die Glaubwürdigkeit unterstützt bzw. be-/verhindert?

6 Gesellschaftsrede

„Es ist unfein, sich selbst zu rühmen."(Cicero)

Tiefenstrukturelle Merkmale und Besonderheiten

Inhaltliche Durchdringung (Logos)
Grundsätzlich lassen sich zwei verschiedene Anlässe für Gesellschaftsreden unterscheiden:
Entweder ist der Anlass

- personenbezogen (Geburtstage, Jubiläen, Verabschiedungen, Begrüßungen, Examina o.ä.)
- oder sach- bzw. ereignisbezogen (Ehrentage, besondere nationale oder religiöse Feier- oder Gedenktage oder Eröffnungen von Tagungen, neuen Gebäuden, Einrichtungen, Denkmälern, usw.)

Reden, die zu solchen Anlässen gehalten werden, haben das Ziel, eine situationsangemessene Atmosphäre und Stimmung herzustellen und den Beziehungsaspekt des Miteinanders im geteilten Augenblick emotional zu stabilisieren. Hergestellt wird dieses Gemeinschaftsgefühl durch gemeinsames Lachen, Weinen, Trauern oder sich erinnern. Die inhaltliche Komplexität kann dabei von Anlass zu Anlass verschieden sein und von kleinen privaten Erzählungen bis hin zu philosophischen oder gesellschaftspolitischen Gedanken alles enthalten.

Gerade die thematische Offenheit und Freiheit führt häufig zu der Frage: „Was soll ich zu diesem Anlass nur sagen?" Während bei einer Informations- oder Überzeugungsrede in der Regel ein Problem oder ein Informationsdefizit den Anlass für die Rede schafft, aus der heraus sich die Inhalte der Rede ergeben, schafft der feierliche Anlass selbst noch keine inhaltliche Festlegung.

Viele Redner erleben deshalb bei der Vorbereitung von Gesellschaftsreden das Problem des ‚leeren weißen Blattes Papier'.

Das kann folgende Gründe haben:

- Der Redner verfügt über zu wenige Informationen über den Anlass, die Situation oder die zu würdigende Person.
- Bei wiederkehrenden Ereignissen (z.b. jährliche Betriebsweihnachtsfeier) steht der Redner vor der Herausforderung, immer wieder etwas Neues sagen zu müssen.

Dies hat zur Folge, dass auf bereits vorhandene Redebausteine oder Musterreden zurückgegriffen wird. Gerade dieses Vorgehen verhindert aber, dass die Gesellschaftsrede der Einmaligkeit des Anlasses gerecht wird. Aus diesem Grund wird im Kapitel zu den didaktisch-methodischen Besonderheiten der Gesellschaftsrede eine systematische ‚Such-Liste' (Topoi-Systematik) vorgestellt, mit deren Hilfe es gelingt, individuelles und auf den jeweiligen Redeanlass bezogenes Redematerial zu finden und zusammenzustellen (vgl. auch Lepschy 2005, 111ff.). Das mit Hilfe dieser Liste erarbeitete Redematerial fließt dann in die verschiedenen Strukturmodelle der Gesellschaftsrede ein.

Hörerorientierung (Pathos)

In der Gesellschaftsrede geht es nicht pauschal um ‚gute' Stimmung, sondern um eine dem Situationskontext und Anlass angemessene Atmosphäre. Erreichen lässt sich dies, indem man folgendes vermeidet:

Selbstdarstellung

Der Redner spricht nur von sich. Er benutzt das Ereignis oder die Person, die es zu würdigen gilt, um sich zu profilieren und in den Mittelpunkt zu stellen.

Demontage des Gegenübers (z.B. des Jubilars)

Der Redner thematisiert Schwächen und private Aspekte, die nicht für die Öffentlichkeit bestimmt sind.

„Grundsatzreferate"

Der Redner verwechselt die Gesellschaftsrede mit einem Informationsvortrag und langweilt das Publikum mit Daten, Fakten und kompletten Auflistungen von Hintergründen, wie es zum Ereignis gekommen ist. In der Gesellschaftsrede kommt es nicht auf die vollständige Darstellung von Fakten an, sondern auf die individuelle Auswahl von Fakten (z.b. biographische Ereignisse), Beispielen, Erlebnissen, Geschichten, Zitaten usw., die mit einer Sache/einem Ereignis oder einer Person in unmittelbarem Zusammenhang stehen.

Glaubwürdigkeit (Ethos)

Die Gesellschaftsrede kann würdevoll, unterhaltend oder auch nachdenklich sein, immer aber wird sie die dem Anlass angemessene Stimmung einzufangen versuchen. Der Redner nimmt die Stimmung in Sprach- und Sprechstil auf und zeigt sich dadurch als empathisch mitempfindender Teil der feiernden Gesellschaft. Der Einsatz von feierlichen Floskeln mit dem Ziel Festlichkeit herzustellen, wird von den Hörern hingegen als kühl, distanziert und abgehoben erlebt.

Didaktisch-methodische Besonderheiten der Gesellschaftsrede

Da das Auffinden und Zusammenstellen von Material für eine Gesellschaftsrede eine besondere Herausforderung darstellt (vgl. Logos), wird im Folgenden eine Methode vorgestellt, die diese Vorbereitungsarbeit erleichtert.

Topoi-Systematik

Für die Sammlung von anlassbezogenem Redematerial wird eine Systematik aus der Antiken Rhetorik verwendet. Ursprünglich handelt es sich um die sog. Fundstätten für Beweise (loci, topoi) (vgl. Ueding/Steinbrink 2005, 218ff.). Diese Systematik wird in diesem Zusammenhang vereinfacht und leicht verändert für die Gesellschaftsrede genutzt. Ihre Leistungsfähigkeit liegt - besonders im Unterschied zu sog. Kreativitätstechniken wie z.B. der MindMap - darin, dass mit ihr systematisch nach Ideen und Material für die Rede gesucht werden kann. Es handelt sich also im wahrsten Sinne des Wortes um ‚Fundstätten' für Ideen. Außerdem kann diese Systematik wie eine Checkliste verwendet und an andere Personen weiter gegeben werden, die zusätzliche Ideen zur Person oder zum Ereignis liefern können (Befragung von Beteiligten, Fachstellen, Familienmitgliedern, Freunden, Kollegen usw.). Dies ist auch besonders für Redenschreiber interessant, die häufig Reden zu Ereignissen oder Anlässen schreiben müssen, zu denen sie selbst keinen oder nur wenig unmittelbaren Bezug haben (z.b. persönliche Referenten von Bürgermeistern, Führungskräfte, Leiter von Einrichtungen, die z.B. Tagungen eröffnen müssen o.ä.).

Unterteilt werden die Fundstätten in solche, die sich aus der Person (loci a persona) ergeben und solche, die sich aus der Sache ergeben (loci a re) (Quintilian 5,8,4, zit. nach Ueding/Steinbrink 2005, 219).

Diese Unterscheidung in topoi, die von der Person bestimmt sind und topoi, die von der Sache bestimmt sind, ist besonders nützlich, da sich Gesellschaftsreden immer entweder auf ein Ereignis/eine Sache (z.B. Eröffnung eines neuen Gebäudes, Denkmalenthüllung) oder eine Person (z.B. Jubiläum, Ehrung; Verleihung einer Auszeichnung) beziehen.

Der Lehrende stellt die Topoi-Systematik (z.B. mit Powerpoint-Folien und Arbeitsblatt 10a und 10b) vor.

Topoi aus der Person

Topos	Beispiel
Äußeres Erscheinungsbild (besondere Merkmale und Erkennungszeichen)	Herr Meier, Sie sind und bleiben für uns immer der Mann mit dem gelben Pullover.
Eigenschaften/Neigungen (besondere Eigenschaften, z.B. Sammelleidenschaft, besondere Vorlieben z.B. für Musik, Hobbys), die charakteristisch für die Person sind	Ich weiß, dass Sie ein großer Liebhaber des Theaters sind, schrecklich gerne Tatort schauen und seit vielen Jahren – man glaubt es kaum – Brief-

GESELLSCHAFTSREDE

	tauben züchten.
	Unser Chef ist für mich ein Mensch, bei dem mir drei Dinge einfallen:
	Er ist immer da, wenn man ihn braucht.
	Er packt mit an.
	Er ist anspruchsvoll, aber immer fair.
Geographische oder nationale Herkunft (z.B. die Feierfreudigkeit der Rheinländer; Sparsamkeit der Schwaben; der trockene Humor der Engländer)	Als Siegerländerin hatten Sie es in den ersten Jahren hier im Münsterland sicherlich schwer.
Ideologische oder religiöse Einstellung (z.B. tolerante Einstellung, Weltoffenheit, kulturelle Aufgeschlossenheit, Engagement im kirchlichen oder sozialen Kontext)	Ihr soziales Engagement sucht seinesgleichen: Sie fördern schon seit Jahren die Münsteraner Tafel für Obdachlose, Sie unterstützen durch Ihre aktive Mitarbeit den Sportverein TUS Aktiv.
Herkunft/Vorleben/Lebensschicksal (sog. ‚einfache' Verhältnisse, Familie mit vielen Kindern)	Sie wissen, was es bedeutet, ‚ganz klein anfangen' zu müssen. Sie haben zusammen mit Ihrem Bruder Ihr Unternehmen in einer kleinen Werkstatt gegründet.
	Sie konnten sich nicht ins ‚gemachte Nest' setzen. Sie kommen – wie Sie mir erzählt haben – aus einfachen Verhältnissen, viele Geschwister, das Geld war immer knapp, aber das hat Sie nicht davon abgehalten....
Erziehung/Ausbildung/Beruf/besonderes Erfahrungswissen (besonderer Bildungsweg, Auslandsstudium/-aufenthalt, Quereinsteiger)	Wie flexibel Sie von jeher waren, zeigt auch ein Blick auf Ihren Werdegang: Ausbildung zum Automechaniker, Abendabitur, Studium und dann der Start in das eigene Unternehmen.
Alter/Geschlecht	Als Sie vor 20 Jahren als Frau zu uns ins Bauamt kamen, da waren doch einige – das muss ich heute zugeben – ziemlich skeptisch.
	Sie werden heute 70 Jahre und denken ja gar nicht daran, sich zur Ruhe zu

	setzen. Sie wollen noch mal durchstarten und beginnen im nächsten Monat mit Ihrer ehrenamtlichen Arbeit als Projektbegleiter in Afrika.

Topoi aus der Sache

Topos	Beispiel 1	Beispiel 2
	Müllverbrennungsanlage	**Richtfest**
Ursachen und Gründe (Wie und warum ist es zu diesem Ereignis gekommen?)	Vor drei Jahren gab es mehrere Gründe, die die Stadtverwaltung bewogen haben, eine neue Müllverbrennungsanlage zu errichten: ...	Der Grund für das Haus, das heute nun hier fast fertig steht, liegt ja eigentlich in einer Wette, die du, Martin, vor einem Jahr mit einem Kegelbruder abgeschlossen hast....
Ort (Welche Rolle spielt der Ort des Geschehens/Ereignisses?)	Der Platz, auf dem die Müllverbrennungsanlage heute steht, hat eine besondere Bedeutung	Ihr habt Euch einen Traum erfüllt. Ihr wolltet immer ‚nahe am Wasser' bauen. Nun, das habt ihr ja auch geschafft. Es ist zwar nur ein kleiner Bach, aber immerhin...
Zeit (Welche Rolle spielt die Zeit/Dauer des Geschehens/Ereignisses?)	Wir hatten uns einen knappen Zeitrahmen gesetzt und haben es trotz der widrigen Umstände in dieser Zeit geschafft.	Lange genug gedauert hat es ja... zwischenzeitlich musstet ihr die Bauarbeiten ja sogar einmal unterbrechen, weil ihr Zuwachs bekommen habt....
Modus (Was kann zur Art und Weise eines Ereignisses/Geschehens gesagt werden?)	Besonders hervorheben möchte ich noch einmal, dass dieses Projekt ohne die finanzielle Unterstützung des Landes in dieser Form nicht hätte durchgeführt werden können....	Wir freuen uns jedenfalls, heute mit euch und zahlreichen Freunden und Helfern bei Grillwurst und Bierchen ein zünftiges Fest zu feiern....

Ähnlichkeit/Vergleichbarkeit (Womit lässt sich das Ereignis/Geschehen vergleichen? Aufzeigen großer Ähnlichkeit oder großer Verschiedenheit)	Ich habe als Bürgermeister in meiner bisherigen Amtszeit noch kein Projekt erlebt, das in dieser Schnelligkeit durchgeführt und auch abgeschlossen worden ist.	So ein Hausbau ist ja durchaus zu vergleichen mit einer Abenteuerreise... Abenteuer haben wir während der letzten 8 Monate wirklich reichlich erlebt....
Umstände (Welche Rolle spielen weitere Umstände bezogen auf das Ereignis, z.B. private, berufliche, politische, religiöse, gesellschaftliche?)	Es gibt nach wie vor einige kritische Stimmen gibt, die befürchten, dass diese Müllverbrennungsanlage eine Fehlinvestition sein könnte und Nachteile für die Umgebung bringt...	Dass ihr dann doch so zügig weiterbauen konntet, verdankt ihr ja dem Umstand, dass du, Martin, vier Monate beurlaubt wurdest.....
Definition (Wie lässt sich das Ereignis beschreiben bzw. definieren, vielleicht auch in Abgrenzung zu anderen Ereignissen?)	Diese Anlage ist ein weiterer Meilenstein in unserem Bemühen darum, die Stadt Neustadt technologisch und wirtschaftlich weiter zu entwickeln.	Insofern ist die Tatsache, dass wir dann doch noch heute Richtfest feiern können, fast ein kleines Wunder....
Möglichkeit/Fiktive Annahme (Welche Alternativen hätte es zu diesem Ereignis/Geschehen gegeben? Wie wahrscheinlich ist ein Erfolg/Misserfolg? Was wäre gewesen, wenn...?)	Zu dieser Einrichtung gab und gibt es keine Alternative. Natürlich hätten wir ..., aber ...	Zum eigenen Heim gab es für euch nie eine Alternative. Ihr braucht ‚Auslauf' und vor allem einen großen Garten...

Die Topoi-Systematik bedarf keiner eigenen Übung. Es reicht in der Regel aus, den Teilnehmern die Topoi-Systematik als Arbeitsblatt flankierend für die Redevorbereitung (Übung 3) an die Hand zu geben.

(DVD-Beispiele für Gesellschaftsreden: Redevarianten Nr. 3a und 3b, 4a und 4b, 7a und 7b; Redegattungen Nr. 1-3)

6.1 Basic (personenbezogene Gesellschaftsrede)

Didaktisch-methodische Hinweise

Da die Anlässe einer Gesellschaftsrede von privat bis öffentlich reichen und dementsprechend auch komplex sein können, ist es sinnvoll, mit einem Basismodell zu beginnen, dass dann – je nach Komplexität des Anlasses – erweitert werden kann. Als thematischer Einstieg empfiehlt sich dazu die Erarbeitung einer personenbezogenen Gesellschaftsrede. Da diese Anlässe (z.B. Geburtstage, Jubiläen, Verabschiedungen) auch in privaten Kontexten häufig vorkommen, fällt es den Teilnehmern in der Regel leichter, sich auf die zu erarbeitende Struktur zu konzentrieren und weniger Energie für die inhaltliche Gestaltung der Rede aufwenden zu müssen.

Als Vorbereitung auf die Arbeit mit dem Strukturmodell tragen die Teilnehmer zunächst mit Hilfe der Topoi-Systematik stichwortartig Redematerial zusammen. Diese Materialsammlung erweist sich bei der folgenden Arbeit an der Struktur der Rede als sehr hilfreich, da das gefundene Material den verschiedenen Bausteinen ‚zugeordnet' werden kann. Die Materialsammlung sollte gleichzeitig auch noch einmal mit der vorausgegangenen Situationsanalyse abgeglichen werden. Hieraus kann sich ergeben, dass der Redner z.B. bestimmte Informationen, Anekdoten aus der Vergangenheit des Jubilars (z.B. aufgrund der Anwesenheit bestimmter Gäste) besser nicht anspricht.

Nachdem der Lehrende das basic-Strukturmodell „Anlass – Rückblick – Ausblick" (vgl. ähnlich auch Bartsch 1987; Pabst-Weinschenk 2004, 121) im Überblick vorgestellt hat, werden in den folgenden Arbeitsschritten die Redebausteine Schritt für Schritt erarbeitet. Dabei fließen nun die Ergebnisse aus der Arbeit mit der Topoi-Systematik ein.

(Material: Arbeitsblatt 8 und 10a)

Strukturmodell im Überblick

1. Anlass in der Gegenwart	Warum/Was/Wen feiern wir heute (Anlass)?
2. Details des Anlasses	Wer ist heute anwesend (besondere Gäste)?
	Wo feiern wir? (Besonderheit des Ortes; Historischer Ort; Hat der Ort für das Ereignis/die Person einen symbolischen Charakter oder einen besonderen Erinnerungswert?)
	Wann? (Ist heute ein besonderes Datum?)
	Wie feiern wir heute? (Besonderheiten des Anlasses)
3. Rückblick	Wie kam es zu diesem Ereignis?
	Rückblick in die Vergangenheit der Person bzw. des Ereignisses
	(Chronologie/Historie der Ereignisse, ausgewählte, herausragende Stationen, ausgewählte biographische Fakten, Erlebnisse, Geschichten)
4. Ausblick/Zukunft/Wünsche	Wie sieht die nähere Zukunft aus? (Was erwartet uns heute? Ablauf/Programm)
	Wie sieht die weitere Zukunft aus?
	Welche Veränderungen sind in Sicht?
	Welche Auswirkungen hat dieses (persönliche) Ereignis (z.B. Abitur)?
	Wie geht es weiter? (persönliche Planungen, Weiterentwicklungen)
	Hiermit eröffne ich das Buffet.
	Ich wünsche Ihnen...
	Auf Ihr Wohl...

Die Reihenfolge der thematischen Aspekte im Teil „Anlass und Details des Anlasses" ist nicht festgelegt. Die Rede kann genauso gut beginnen mit den Besonderheiten des Ortes oder der Besonderheit des Datums. Dies ist der Kreativität des Redners überlassen.

Anhand eines durchlaufenden Beispiels werden nun schrittweise die Redebausteine durch den Lehrenden erläutert. Parallel dazu erarbeiten die Teilnehmer anhand eines vorgegebenen Redeanlasses eine eigene Gesellschaftsrede.

Dieses kleinschrittige Vorgehen, insbesondere die parallele Erarbeitung einer eigenen Gesellschaftsrede, ist aus folgendem Grund sinnvoll: Der Lehrende behält dadurch einen Überblick, ob die einzelnen Redeschritte verstanden worden sind. Typische ‚Problemstellen' sind z.B. die Vermischung von Anlass/Anlass im Detail (Gegenwart) und Rückblick (Vergangenheit) oder die Verwendung von Leerformeln, die nicht mit plastischen Beispielen veranschaulicht werden.

Übungsteil I: Vorbereitung

Arbeitsschritt: Materialsammlung

Mit Hilfe der Topoi-Systematik erstellen die Teilnehmer zunächst eine Materialsammlung zu folgender Anlasssituation:

> Anlasssituation:
>
> Sie halten in der Rolle der Schulleitung eines Gymnasiums eine Verabschiedungsrede für einen Kollegen, der in Ruhestand geht. Der Kollege war neben seiner Lehrtätigkeit u.a. viele Jahre zuständig für die Schulbibliothek und hat an der Schule eine Theatergruppe geleitet. Er war Lehrer für Deutsch und katholische Religion. Ihr Verhältnis zueinander ist kollegial, aber nicht privat. Die Schulleitung weiß, dass der Kollege in seiner Freizeit gerne Klavier spielt und seit einigen Jahren in der Kirchengemeinde im Kirchenvorstand aktiv ist. Außerdem ist er ehrenamtlicher Dozent an der Volkshochschule und gibt dort Deutschkurse für Flüchtlinge.
>
> Die Verabschiedung findet im Lehrerzimmer statt. Es sind ca. 30 weitere Kollegen und Kolleginnen anwesend. Die Schulleitung ‚spendiert' bei Verabschiedungen immer Kartoffelsalat und Würstchen. Außerdem erhält der scheidende Kollege ein Abschiedsgeschenk, in diesem Fall einen Schmuckband mit ausgewählten Gedichten.

Da es sich um keine reale Person handelt, über die in der Rede gesprochen wird, können die Teilnehmer zu den einzelnen Aspekten der Topoi-Systematik frei assoziieren.

Übungsteil II: Erarbeitung der Redebausteine

1. Arbeitsschritt: Erarbeitung „Anlass und Anlass im Detail"

Der Lehrende stellt die Redebausteine „Anlass und Anlass im Detail" anhand eines Beispiels vor.

Lehr-Beispiel

Ausgangssituation:
Anlass ist das 20jährige Dienstjubiläum der Leiterin der Abteilung Bauplanung, Frau Meier. Der Vorgesetzte (Bereich Bauen und Planen) hält die Rede vor Kollegen im ehemaligen Büro der Jubilarin. Die beiden kennen sich seit vielen Jahren und sind per Du.

Anlass + Details des Anlasses	
Warum/Wen feiern wir heute?	Liebe Eva, liebe Kolleginnen und Kollegen, neulich hast du zu mir nach der Dienstbesprechung gesagt: „Klaus, ich kann es überhaupt nicht glauben, dass ich jetzt schon 20 Jahre in diesem ‚Stall' arbeite." Ja, Eva, so siehts aus! Du arbeitest tatsächlich schon 20 Jahre in „diesem Stall", und das wollen wir heute feiern. Heute ist tatsächlich dein 20jähriges Dienstjubiläum.
Wer ist heute anwesend? (Besondere Gäste)	Liebe Eva, wir freuen uns ganz besonders darüber, dass es uns gelungen ist, einige deiner alten Arbeitskollegen ‚aufzutreiben', die heute auch tatsächlich kommen konnten. Schön, dass ihr hier seid.
Wo feiern wir? (Besonderheit des Ortes; Historischer Ort; Hat der Ort für das Ereignis/die Person einen symbolischen Charakter oder einen besonderen Erinnerungswert?)	Wir feiern heute hier in deinem ehemaligen Büro, in dem du vor genau 20 Jahren Deine persönlichen Dinge auf den Schreibtisch gestellt hast.
Wann feiern wir? (Besonderheiten des Datums)	Heute ist Freitag, der 13. Kein Unglückstag, sondern im Gegenteil: ein Tag des Feierns.

Wie feiern wir? (Rahmenbedingungen, Essen, Dekoration)	Liebe Eva, wie wir sehen können, hast du mal wieder den Kochlöffel geschwungen... Das Buffet biegt sich vor lauter Leckereien. Und natürlich – das geht ja auch nicht anders – dein beliebter Frankfurter Kranz ist auch wieder dabei.

Die Teilnehmer erarbeiten anschließend zu ihrer Anlasssituation „Verabschiedung eines Kollegen" diese ersten Redebausteine. Die Ergebnisse werden im Plenum besprochen und gegebenenfalls werden sofort Veränderungen vorgenommen.

2. Arbeitsschritt: Erarbeitung „Rückblick"

Bei der Erarbeitung dieses Redebausteins gilt es vor allem sicherzustellen, dass keine langatmigen Chronologien von Ereignissen oder komplette Lebensläufe dargestellt werden, sondern dass ausgewählte Stationen in Geschichten oder Anekdoten verpackt die Rede lebendig machen.

Der Lehrende stellt den Redebaustein „Rückblick" anhand des Beispiels vor.

Lehr-Beispiel

Rückblick	
Rückblick in die Vergangenheit der Person bzw. des Ereignisses Wie kam es zu diesem Ereignis? (Chronologie/Historie der Ereignisse, ausgewählte, herausragende Stationen, ausgewählte biographische Fakten, Erlebnisse, Geschichten)	Eva, du hast bisher schon ein bewegtes Leben hinter dir. Du warst drei Jahre als Bauingenieurin in Afrika. Anschließend warst du noch einmal für ein Jahr in Amerika. Danach bist du dann zu uns ins Bauamt gekommen und leitest hier nun seit 20 Jahren die Abteilung Bauplanung.

Anschließend erarbeiten die Teilnehmer diesen Baustein an ihrem Beispiel („Verabschiedung eines Kollegen") und besprechen ihr Ergebnis daraufhin im Plenum. Gegebenenfalls können sofort Veränderungen vorgenommen werden.

3. Arbeitsschritt: Erarbeitung „Ausblick/Zukunft/Wünsche"

Der Lehrende stellt abschließend den Redebaustein anhand des Beispiels vor:

Lehr-Beispiel

Ausblick/Zukunft/Wünsche	
Wie sieht die nähere und weitere Zukunft aus? Welche Veränderungen sind in Sicht? Welche Auswirkungen hat dieses (persönliche) Ereignis (z.B. Abitur)? Wie geht es weiter? (Planungen, Weiterentwicklungen) Welche Schritte zur Weiterentwicklung werden unternommen? Welche Folgen/Auswirkungen hat dieses Ereignis?	Liebe Eva, neulich hast du mir beim Kaffee gesagt: „Mal sehen, was die nächsten 10 Jahre so bringen. Ich hätte wohl Lust, noch einmal eine neue Herausforderung anzugehen." Hier im Haus stehen ja nun auch einige organisatorische und personelle Veränderungen an und wer weiß, welches Projekt du dann in Angriff nehmen wirst. Wir lassen uns überraschen. Und auch privat hast du dir ja noch mal was richtig Großes vorgenommen. du willst – wie du mir erzählt hast – demnächst eine 6wöchige Alpenüberquerung durch mehrere Länder machen. Ich bin sicher, dir wird für die nächsten Jahre auch noch einiges mehr einfallen. „Wir wünschen dir jedenfalls für die nächsten Jahre noch viel Power, gute Ideen und wir hoffen, dass du uns hier im Bauamt noch viele Jahre erhalten bleibst." Zum Wohl!

Die Teilnehmer erarbeiten anschließend diesen Baustein für ihre Rede („Verabschiedung eines Kollegen"). Auch diese Ergebnisse werden daraufhin im Plenum besprochen. Gegebenenfalls können sofort Veränderungen vorgenommen werden.

Schließlich folgen die Vorträge der vollständig erarbeiteten Reden inklusive eines Feedbacks.

Transfer: Erarbeitung einer individuellen Gesellschaftsrede

Die Teilnehmer erstellen eine 3 bis 5 minütige Gesellschaftsrede mit einer selbst gewählten Anlasssituation. Hier können auch Anlässe gewählt werden, bei denen ein privates Ereignis wie z.B. Taufe, Hochzeit, Richtfest den Anlass bilden. Hierbei werden die Erarbeitungsschritte: Situationsanalyse, Materialsammlung mit der Topoi-Systematik und Strukturierung komplett durchlaufen.

Vertiefende Hinweise

Alternativ zum oben dargestellten kleinschrittigen Erarbeiten kann das Beispiel durch den Lehrenden auch zunächst komplett vorgestellt werden, bevor die Teilnehmer anschließend nach dem Prinzip „Anlass – Rückblick – Ausblick" eine vollständige, ca. 3 bis 5 minütige Gesellschaftsrede mit einer vorgegebenen Situation erstellen. Materialbasis bildet immer die vorher erstellte Sammlung mit Hilfe der Topoi-Systematik.

6.2 Advanced (sachbezogene Gesellschaftsrede)

Didaktisch-methodische Hinweise

Die Bandbreite der Gesellschaftsreden umfasst auch solche, bei denen die Beziehung des Redners zum Ereignis oder zu den zu würdigenden Personen eher öffentlich-distanziert ist, z.B. bei öffentlichen, unternehmerischen oder gesellschaftspolitischen Anlässen. Dies macht es notwendig, dass der Redner andere, weniger persönliche Inhalte thematisiert.

Beispiele

> Der Bürgermeister redet zum Tag des Ehrenamtes vor ehrenamtlichen Mitarbeitern einer städtischen Initiative.
>
> Der Vorstandsvorsitzende eines Unternehmens redet zur Fusion von zwei Unternehmen.
>
> Der Vertreter einer politischen Partei redet im Bundestag anlässlich des 65. Jahrestages des Grundgesetzes.
>
> Ein Vertreter des Ministeriums eröffnet einen neuen Autobahnabschnitt.
>
> Ein Schulamtsleiter eröffnet eine neue Gesamtschule, die vorher eine Hauptschule war.
>
> Ein Standesbeamter hält eine Traurede.

In diesen Gesellschaftsreden werden zusätzlich oder schwerpunktmäßig thematische Impulse im Mittelteil der Rede gesetzt, die für die Zielgruppe einen besonderen Wert darstellen (z.B. gesellschaftlich: Bedeutung des Ehrenamtes bei der Verleihung einer Auszeichnung an Mitglieder der freiwilligen Feuerwehr; theologisch: ‚Nächstenliebe' bei der Einweihung eines Krankenhauses; kulturell: ‚Tradition' vs. ‚Innovation' bei einer Museumseröffnung).

Darüber hinaus kann es gesellschaftliche Anlässe geben, die eine problematische Vorgeschichte hatten, z.B. die Eröffnung einer Müllverbrennungsanlage o.ä. Hier kann auch noch einmal auf die im Vorfeld vorgebrachten Einwände, Befürchtungen oder Zwischenfälle eingegangen werden. In diesen Fällen kann es notwendig sein, die Vorgeschichte noch einmal ausführlicher zu thematisieren und ggf. die Argumente zu nennen, die zu dieser Entscheidung geführt haben.

(Material: Arbeitsblatt 9 und 10b)

Erweitertes Strukturmodell: „Anlass – Rückblick/Relevanz – Ausblick"

Als Strukturmodell für diese Form der Gesellschaftsrede wird eine Erweiterung des „Anlass – Rückblick – Ausblick" – Modells verwendet. Hier wird der Mittelteil zusätzlich zum Rückblick um Wort-, Thesen- oder Bildentfaltungen ergänzt. Mit diesen Entfaltungen wird die gesellschaftliche, öffentliche oder unternehmenspolitische Relevanz des Ereignisses besonders hervorgehoben (z.B. ,Ehrenamt': Verantwortung übernehmen; Vorbild sein, Gemeinschaft stabilisieren.). Es ist sinnvoll, sich hier auf drei Aspekte zu beschränken.

Das erweiterte Modell kann auch für personenbezogene Gesellschaftsreden verwendet werden. Zur Erarbeitung ist es sogar sinnvoll, dieses erweiterte Modell zunächst an der Beispielrede aus der basic-Stufe zu erläutern und die personenbezogene Gesellschaftsrede um den Baustein „Relevanz" zu erweitern. Im Anschluss daran können Beispiele für sachbezogene Gesellschaftsreden erläutert und erarbeitet werden.

Erweitertes Strukturmodell im Überblick

1. Anlass in der Gegenwart	Warum/Was/Wen feiern wir heute? (Anlass)
2. Details des Anlasses	Wer ist heute anwesend? (besondere Gäste)
	Wo feiern wir? (Besonderheit des Ortes; Historischer Ort; Hat der Ort für das Ereignis/die Person einen symbolischen Charakter oder einen besonderen Erinnerungswert?)
	Wann? (Ist heute ein besonderes Datum?)
	Wie feiern wir heute? (Besonderheiten des Anlasses)
3. Rückblick	Wie kam es zu diesem Ereignis?
	Rückblick in die Vergangenheit der Person bzw. des Ereignisses
	(Chronologie/Historie der Ereignisse, ausgewählte, herausragende Stationen, ausgewählte biographische Fakten, Erlebnisse, Geschichten)
4. Relevanz	**Welche Bedeutung, Wichtigkeit, Relevanz, Geltung, Besonderheit, Originalität hat das Ereignis bzw. die Person für die Institution, das Unternehmen, die Gesellschaft, die Stadt, das Land, die Gemeinschaft o.ä.?**
5. Ausblick/Zukunft/Wünsche	Wie sieht die nähere Zukunft aus? (Was erwartet uns heute? Ablauf/Programm)
	Wie sieht die weitere Zukunft aus?
	Welche Veränderungen sind in Sicht?
	Welche Auswirkungen hat dieses (persönliche) Ereignis (z.B. Abitur)?
	Wie geht es weiter? (persönliche Planungen, Weiterentwicklungen)
	Hiermit eröffne ich das Buffet.
	Ich wünsche Ihnen...
	Auf Ihr Wohl...

Übungsteil

Da das basic-Strukturmodell bereits bekannt ist, konzentriert sich der Übungsteil in dieser Stufe auf die Arbeit am Redeschritt „Relevanz des Ereignisses", der entweder aus der Entfaltung von Wertbegriffen, Bildern oder Thesen besteht.

Übung 1: Auffinden von adjektivischen Wertbegriffen zur Person

Diese Übung knüpft nun zunächst an die Erarbeitung der personenbezogenen Gesellschaftsrede an und ist darauf ausgerichtet, semantisch gesättigte Wertbegriffe zur Person zu finden und sie inhaltlich zu füllen. Unter einem Wertbegriff werden z.B. Adjektive, Substantive oder Verben verstanden, deren anlassbezogene Relevanz und Bedeutung sich erst durch eine konkrete Entfaltung, z.B. durch persönliche erinnerte Erlebnisse, Ereignisse, Stationen oder Erklärungen erschließt. Wenn der Redner die Jubilarin in seiner Rede als „kollegial", „innovativ" und als „positive Frohnatur" würdigt, dann entsteht ein situativer Sinn erst dadurch, dass er diese Eigenschaften konkret auf die Jubilarin bezieht und verdeutlicht, warum er zu dieser Würdigung kommt. Erst durch die Konkretisierung wird die Gesellschaftsrede zu einer wirklich personen- bzw. ereignisbezogenen Rede und grenzt sich zu den vorformulierten Standard-Reden aus diversen Rederatgebern ab.

Die ‚Kombination' dieser Wortentfaltungen ist der Auswahl des Redners überlassen. Sie können inhaltlich nahe beieinander liegen, es kann aber auch scheinbar nicht Zusammenpassendes miteinander kombiniert werden (z.B. Kombination aus eher ernsten mit eher humorvollen Begriffen). Letztere Variante kann verhindern, dass eine Rede zu getragen, zu ernst oder sogar zu schwülstig wird.

Der Lehrende erläutert diesen Erweiterungsbaustein zunächst am bereits bekannten Beispiel des Dienstjubiläums. An diesem Beispiel kann auch verdeutlicht werden, wie sich der Erweiterungsbaustein organisch an den Rückblick anschließen bzw. unmittelbar mit ihm verknüpft werden kann.

GESELLSCHAFTSREDE 139

Lehr-Beispiel

Rückblick	
Rückblick in die Vergangenheit der Person bzw. des Ereignisses Wie kam es zu diesem Ereignis? (Chronologie/Historie der Ereignisse, ausgewählte, herausragende Stationen, ausgewählte biographische Fakten, Erlebnisse, Geschichten)	Eva, du hast bisher schon ein bewegtes Leben hinter dir. Du warst drei Jahre als Bauingenieurin in Afrika. Anschließend warst du noch einmal für ein Jahr in Amerika. Danach bist du dann zu uns ins Bauamt gekommen und leitest hier seit dieser Zeit die Abteilung Bauplanung.
Relevanz **Was ist an dieser Person/an diesem Ereignis bemerkenswert, besonders, ungewöhnlich, erstaunlich, außergewöhnlich usw.?**	Besonders in Erinnerung aus diesen vergangenen Jahren sind mir drei Geschichten, die ich mit dir erlebt habe und durch die auch deutlich wird, was für ein Mensch du bist. Wir haben dich immer als absolut loyale Chefin und Kollegin erlebt, vor allem damals, als wir diesen Bauskandal überstehen mussten. Du hast dich da vor die Kollegen der Abteilung gestellt, die wochenlang der öffentlichen Kritik ausgesetzt waren. Und eine Sache, die dich unverwechselbar auszeichnet: Du bist ein unglaublich positiv eingestellter Mensch, der auch noch den schlimmsten Situationen etwas Gutes abgewinnen kann. Wir alle erinnern uns, als wir den großen Wasserschaden im Bürogebäude hatten und wir nachts in Gummistiefeln hier gemeinsam die Akten gerettet haben. Da hast du gesagt: „Na ja, immer noch besser als abgebrannt". Liebe Eva, wenn wir mal die letzten Jahre zusammenfassen, dann gibt's nur eines zu sagen: Du warst einfach immer zur Stelle, hast nie lange geredet, sondern angepackt und vor allem Entscheidungen getroffen. Und das besonders immer dann, wenn du in endlosen Besprechungen und Planungsgesprächen das ‚erlösende Wort' gesprochen hast: „Wir machen das jetzt so, basta." Das schätzen wir sehr an dir.

Anschließend suchen die Teilnehmer zu ihrem Thema („Verabschiedung eines Kollegen") drei Wertbegriffe und konkrete Beispiele, mit denen sie die Begriffe entfalten. Hier kann auch das mit Hilfe der Topoi-Systematik gefundende Material eingearbeitet werden (z.B. Eigenschaften, Neigungen der Person).

Übung 2: Thesen aus substantivischen Wertbegriffen entwickeln

Für sachbezogene Anlässe bietet es sich an, drei zum Ereignis sinnvolle Thesen zusammenzustellen. Der Lehrende erläutert zunächst am Beispiel „Schuljubiläum" die Möglichkeiten der Begriffs- bzw. Thesenentfaltung. Im Anschluss erarbeiten die Teilnehmer an vorgegebenen Beispielen Möglichkeiten der Thesen-/Wortentfaltungen.

Lehr-Beispiel

„Schuljubiläum":

Anlasssituation

Anlass ist das 50jährige Bestehen eines Gymnasiums. Die Schulleitung hält die Festrede in der Aula vor der gesamten Schüler-, Eltern- und Lehrerschaft.

Beispiel für den Redeschritt „Relevanz" mit Thesenentfaltungen:

Der Schulleiter wählt für den Mittelteil die drei folgenden Thesen, die er in seiner Rede entfalten wird:

1. Die Schule lebt von der bunten Mischung ihrer Schüler.

2. Die Schule lebt durch das außergewöhnliche Engagement ihrer Lehrer.

3. Die Schule lebt durch aktive und engagierte Mitarbeit der Eltern.

Entfaltung der Thesen

Relevanz des Ereignisses:	Welche Bedeutung, Wichtigkeit, Relevanz, Geltung, Besonderheit, Originalität hat das Ereignis bzw. die Person?
	Was ist an diesem Ereignis/dieser Person bemerkenswert, besonders, ungewöhnlich, erstaunlich, außergewöhnlich usw.?
Entfaltung des Aspekts „bunte Mischung der Schüler":	Liebe Gäste, eine Schule ist immer nur so gut wie ihre Schülerinnen und Schüler, ihre Lehrer und Lehrerinnen und ihre Eltern.
	„Marisas Eltern kommen aus dem Sudan. Der Vater hat bei

	uns im Unterricht neulich mal erzählt, wie dort der Schulunterricht abläuft."
	„Ich kann jetzt afrikanische Tänze. Haben wir im Sportunterricht gemacht."
	„Ich weiß noch nicht genau, ob ich lieber in der Rockband oder der Rapper-Gruppe mitmachen soll."
	Liebe Gäste, unsere Schule lebt durch die bunte Mischung ihrer Schüler.
	14 Nationen, Musiker, Rapper, Balletttänzer, Sänger und Sängerinnen, Schauspieler und noch einiges mehr. Die Vielfalt unserer Schüler belebt und begeistert mich immer wieder. Zusammen arbeiten und lernen, zusammen leben und zusammen feiern, trotz traditioneller, kultureller oder religiöser Unterschiede. Dass das funktionieren kann, beweist Ihr, liebe Schülerinnen und Schüler jeden Tag.
Entfaltung des Aspekts: Engagement der Kollegen/Kolleginnen:	Diese Schule lebt aber auch durch das Engagement der Kolleginnen und Kollegen.
	„Lehrer haben doch einen schönen Halbtagsjob. Lehrer haben 12 Wochen Ferien. Lehrer haben morgens Recht und nachmittags frei."
	Wie oft haben Sie das schon gehört. Ich kann von dieser Schule und ihren Kolleginnen und Kollegen nur sagen: Alles Unsinn! Ein paar Beispiele, die das Gegenteil beweisen: Wir haben an dieser Schule seit einigen Jahren eine sehr erfolgreiche Initiative: ‚Kein Kind bleibt sitzen.' Hier engagieren sich 15 Kolleginnen und Kollegen nachmittags in verschiedenen Arbeitsgruppen und Hausaufgabenbetreuungen. Damit konnte die Sitzenbleiberquote um 25% gesenkt werden.
	Unser Chor und unsere beiden Theatergruppen feiern in dieser Stadt jedes Jahr große Erfolge. Und die regelmäßigen Schülerbefragungen, die an dieser Schule beispielhaft durchgeführt werden, bescheinigen den Kolleginnen und Kollegen regelmäßig ihren unermüdlichen Einsatz für die Schülerinnen und Schüler.
Entfaltung des Aspekts: aktive und engagierte Mitarbeit der Eltern:	„Klar, ich komme samstags mal vorbei und repariere die beiden Tische. Ich stelle meinen Schuppen gerne zur Verfügung. Da kann die Theater-AG ihre Requisiten unterstellen."
	Solche Sätze sind für die Eltern unserer Schule normal. Diese Schule lebt von Ihrer Mitarbeit, liebe Eltern.
	Da wird nicht lange geredet, sondern angepackt. Und das

> sowohl in praktischer Hinsicht, aber auch in erheblichem Maße finanziell. Ohne den Förderverein wäre vieles hier nicht möglich, z.B. die zusätzlichen Computer und unsere vier Videokameras für die Film-AG, um nur einmal zwei Beispiele zu nennen. Liebe Gäste, unsere Schule lebt auch durch die aktive und engagierte Mitarbeit der Eltern.

Die Teilnehmer erhalten verschiedene Redeanlässe mit vorgegebenen Wertbegriffen und erarbeiten dazu Thesenentfaltungen.

Beispiele

Eröffnung einer neuen Kindertagestagestätte:	Ort der Geborgenheit
	Ort des interkulturellen Verständnisses
	Ort des Lernens und Spielens
Eröffnung einer Tagung	Tage des Austausches
	Tage des Kennenlernens
	Tage der Innovation
Bürgermeister zum Tag des Ehrenamtes	Ehrenamt lebt von:
	unbedingtem persönlichen Einsatz
	Übernahme von Verantwortung
	Freude am Miteinander

Alternativ können die Teilnehmer hier eigene Redeanlässe überlegen und erarbeiten.

Als Anregung für diese Übung sind im Folgenden einige werthaltige Begriffe aufgeführt:

> Verständnis, Zuwendung, Zuhören, Respekt, Vertrauen, Teamgeist, Fairness, Glaubwürdigkeit, Ehrlichkeit, Engagement, Sympathie, Geborgenheit, Erfahrung, Weisheit, Würde, Liebe, Achtung, Aufmerksamkeit, Zuneigung, Kritikfähigkeit, Offenheit, Zugewandtheit, Optimismus, Interesse, Feinfühligkeit, Würde, Lebenserfahrung, Witz, Humor, Toleranz, Fachliche Kompetenz, Innovation, Wandel, Glück, Zufriedenheit, Freude, Beharrlichkeit, Zielstrebigkeit, Standfestigkeit.

Übung 3: Erarbeitung einer erweiterten Gesellschaftsrede

Die Teilnehmer erstellen eine individuelle sachbezogene Gesellschaftsrede (alternativ: erweiterte personenbezogene Gesellschaftsrede) mit Wort-, Thesen- bzw. Bildentfaltung.

Transfer

Das „advanced -Strukturmodell" eignet sich auch für Zielgruppen wie Standesbeamte, die Traureden halten. Im Mittelteil der Traurede werden hierbei drei Aspekte/Thesen, die zum Anlass - also zum Thema Eheschließung - passen, entfaltet:

- Was ist für eine gute Ehe wichtig?
- Entfaltung des Aspekts Toleranz
- Entfaltung des Aspekts Kommunikation
- Entfaltung des Aspekts Liebe

Besonders am Beispiel der Traurede bzw. Hochzeitsrede wird noch einmal der Unterschied zwischen einer personenbezogenen und sachbezogenen Gesellschaftsrede deutlich: Während der Standesbeamte die Ehe eher aus der Perspektive ‚Ehe als gesellschaftlich-rechtliches Ereignis' und weniger individuell auf die beiden Personen hin betrachtet, wird der Brautvater seine Rede sehr viel stärker personenbezogen und privater ausrichten.

6.3 Experienced (Metaphern, Bilder)

Eine weitere Gestaltungsvariante für Gesellschaftsreden besteht darin, die Person/das Ereignis mit etwas zu vergleichen und das gewählte Bild wiederum zu entfalten. Diese Variante kann auch für private Gesellschaftsreden verwendet werden. Sie ist allerdings sehr anspruchsvoll, da das gewählte Bild über die gesamte Rede durchgehalten werden sollte. Gleichzeitig ist darauf zu achten, dass das Bild insgesamt nicht zu überladen und damit kitschig oder schwülstig wirkt. Die Auflösung der Bilder benötigt hier unbedingt ‚geerdete Erfahrungen und Erlebnisse aus dem konkreten Leben'.

Der Lehrende erläutert anhand des folgenden Beispiels die Möglichkeiten der Bild-Entfaltungen:

Lehr-Beispiel

> Ausgangssituation:
>
> Anlass ist die private Promotionsfeier, auf der der Doktorvater eine Rede vor der Familie und den Freunden der Doktorandin hält. Ort ist ein abgetrennter Raum in einem Restaurant.
>
> Beispiel für den Erweiterungsbaustein „Relevanz" der Rede mit einer Bildentfaltung:
>
> Liebe Monika,
>
> mit diesem Abschluss heute endet eine Reise. Jetzt beginnt eine neue. Auf der zurückliegenden Reise durfte ich dein Reisebegleiter sein.
>
> 1. Es war eine Reise durch ein komplexes Thema mit vielen Abenteuern, Überraschungen und erstaunlichen Erkenntnissen.
>
> **Entfaltung:** Die erste Überraschung war ja bereits nach ca. 6 Monaten da, als du mich damit überrascht hast, dass du das Thema noch einmal wechseln willst. Heute kann ich sagen: Gott sei Dank!
>
> 2. Es war eine Reise mit vielen Begegnungen, Diskussionen, Krisen und Highlights.
>
> **Entfaltung:** Wie oft bist du zu mir nach Bonn gekommen, und wir haben im Restaurant der Tennishalle gemeinsam gegessen und dabei Deine Thesen diskutiert....
>
> 3. Die nächste Reise wird Du nun als Reiseleiterin antreten.
>
> **Entfaltung:** Du wirst zum neuen Semester eine Stelle an der Universität antreten, und dann wirst du selbst Studierende ein Stück auf ihrem universitären Weg begleiten. ....

Grundsätzlich sind der Phantasie beim Vergleiche finden keine Grenzen gesetzt. Zu beachten ist jedoch, dass keine Bildentgleisungen oder Peinlichkeiten entstehen. Die Auflösung der Bilder erfolgt immer durch konkret Erlebtes und Beispiele.

Übungsteil

Die Teilnehmer können an bereits erarbeiteten Redeanlässen Bildentfaltungen erproben. Hierzu können ein oder mehrere Bilder zur Auswahl vorgegeben werden. Als Anregung für diese Übung sind im Folgenden einige Bild-Begriffe aufgeführt:

Das Ereignis ist wie ein/eine:

> Schiff, Brücke, Schloss, Hausbau, Garten, Musik, Theater, Paket, Speiseplan, Tageszeitung, Wein, Wanderung, Fluss, Kartenspiel, Ankerplatz, Reise, Turm, Feuerwerk, Obstteller, Bienenstock.

Alternativ können auch neue Anlässe vorgegeben werden, wie z.B.:

Eröffnung einer neuen Kindertagesstätte	Eine Kindertagesstätte ist wie ein Bienenstock...
Eröffnung einer Tagung	Diese Tagung erinnert mich an...
Bürgermeister zum Tag des Ehrenamtes	Ehrenamt ist wie....

Durch das Erproben der Bildentfaltungen kann deutlich werden, dass sich nicht jedes Thema für eine Bildentfaltung eignet.

7 Informationsrede

„Erfasse den Stoff, die Worte werden folgen." (Cicero)

Der Begriff ‚Information' umfasst in der gesellschaftlichen Realität eine Vielzahl unterschiedlichster Redeformen, die sich sowohl in ihrem quantitativen Umfang als auch ihrer inhaltlichen Komplexität unterscheiden. Das verbindende Element sämtlicher Varianten von Informationsreden ist das generelle Ziel, die jeweilige Zielgruppe auf einen gemeinsamen Kenntnis- und Sachstand zu bringen.

Die Information über einen Redegegenstand kann jedoch unterschiedliche Informationsfunktionen (‚Berichten' bzw. ‚Vermitteln') erfüllen.

Reden, in denen eine Faktenlage im Sinne eines Berichts zusammengefasst dargestellt wird, werden im Folgenden als **berichtend-darstellende Informationsreden** bezeichnet.

Reden, mit denen komplexes Wissen vermittelt wird, das von den Hörern behalten oder angewendet werden soll, werden im Folgenden als **vermittelnd-instruktive Informationsreden** bezeichnet.

Tiefenstrukturelle Merkmale und Besonderheiten

Berichtend-darstellende Informationsrede

Inhaltliche Durchdringung (Logos)

Bei diesen Reden handelt es sich z.B. um Sachstandsberichte im Sinne einer journalistischen Faktendarstellung. Der jeweilige Redegegenstand weist in diesen Reden eine unmittelbare Aktualität auf, aus der sich auch die Relevanz für die Zielgruppe ergibt. Bei diesen Reden ist damit eine funktionale Nähe zu einer Nachricht oder Mitteilung gegeben. Das Informationsziel besteht darin, die Zielgruppe über eine aktuell vorliegende Sachlage, eine Problemsituation oder ein Ereignis zu informieren. Je nach Anlass können sich aus dem dargestellten Sachverhalt auch praktische Konsequenzen für die Zielgruppe ergeben.

Beispiele

> Eine Lehrerin informiert die Eltern auf einem Elternabend über die geplante Klassenfahrt.
>
> Der Projektleiter für den Aufgabenbereich „Einführung eines Gesundheitsmanagements" gibt auf der nächsten Abteilungsleiterbesprechung einen aktuellen Sachstandsbericht über das Projekt.
>
> Der Mitarbeiter einer Stadtverwaltung erläutert Bürgern auf einer Anwohnerversammlung die neuen Parkregelungen für Anwohner und Fremdparker.
>
> Auf einer Pressekonferenz wird ein aktueller Bericht über ein Ereignis mitgeteilt.

Hörerorientierung (Pathos)

Auch wenn der Schwerpunkt der berichtend-darstellenden Informationsrede auf der Darstellung von Fakten liegt, ist die inhaltliche Auseinandersetzung mit dem Hörer und die Einbindung der Hörer in die Rede auch hier von entscheidender Bedeutung. Der Redner sollte sich die Frage stellen, was seine Hörer zur Sachlage bzw. zum Ereignis bereits wissen bzw. wissen sollten und welche Reaktionen und Emotionen die Informationen beim Hörer möglicherweise auslösen können (z.B. Widerstand, Skepsis, Ärger, Zustimmung, Ablehnung).

Wenn ein Lehrerkollegium darüber informiert wird, dass die Unterrichtsstruktur zukünftig aus 120-Minuten-Unterrichtseinheiten besteht, dann ist es sehr wahrscheinlich, dass viele Lehrer zunächst damit nicht einverstanden sind und größte Bedenken haben. Wenn der Redner in seiner Informationsrede diese Bedenken nicht berücksichtigt, z.B., indem er zusätzliche Informationen über die Gründe dieser Entscheidung gibt oder über Angebote zur Umsetzung informiert und deren Stärken nicht hervorhebt, wird er mit seinem Redebeitrag eine mehr oder weniger hitzige Diskussion auslösen.

Insofern ist es in der Vorbereitung der Informationsrede notwendig, mögliche Widerstände im Blick auf die Zielgruppe zu antizipieren und die Informationen entsprechend auszuwählen, zu gewichten und zu strukturieren.

Glaubwürdigkeit (Ethos)

Die Glaubwürdigkeit des Redners in dieser Redeform hängt maßgeblich davon ab, ob es dem Redner gelingt, Fakten und Bewertungen strikt voneinander zu trennen.

Beispiel

> Ein Abteilungsleiter informiert die Belegschaft über die Entscheidung des Vorstands, dass zukünftig jegliche Privatgespräche über die Geschäftstelefone verboten sind: „Der Vorstand hat da eine recht seltsame Entscheidung getroffen, aber Sie alle wissen ja, dass das keine Seltenheit ist, also: Privatgespräche vom Geschäftstelefon sind zukünftig tabu."

Unterschwellige oder offene Bewertungen können den Hörer verunsichern oder sogar verärgern und Widerstände auslösen, oder der Redner wird als inkongruent empfunden, weil das, was er sagt, nicht mit dem ‚Wie' (Mimik, Körperausdruck, Stimme und Sprechausdruck) übereinstimmt.

Vermittelnd-instruktive Informationsrede

Inhaltliche Durchdringung (Logos)

In diese Gruppe der Informationsreden gehört eine Vielzahl von Varianten, die im Folgenden nach ihren jeweiligen Schwerpunkten unterschieden werden:

Wissensvermittlung im didaktischen Kontext

In diesen Informationsreden geht es um die Vermittlung von (theoretischem) Wissen mit dem Ziel, dass die Zielgruppe die Informationen verinnerlichen, behalten oder lernen soll. Hier liegt der Schwerpunkt auf der didaktischen Funktion. Diese Informationsreden sind in der Regel in pädagogischen Kontexten angesiedelt. Der jeweilige Redegegenstand unterliegt nicht unbedingt einer besonderen Aktualität, sondern die Aktualität bzw. Relevanz des Gegenstands muss für die Zielgruppe erschlossen werden (Ein Student hält ein Referat zum Thema „Körpersprache" in der Kommunikation.). Die vermittelte Information kann auch handlungspraktische Konsequenzen für die Zielgruppe zur Folge haben (Der zuständige Tierarzt des Gesundheitsamtes soll zukünftige Mitarbeiter des tierärztlichen Dienstes über Tierseuchen und Präventionsmaßnahmen aufklären.). Informationsreden können aber auch einen instruktiv-anleitenden Schwerpunkt haben (Erläuterungen zur Handhabung eines technischen Gerätes).

Wissensvermittlung an der Schnittstelle zur Überzeugungsrede

Hierzu gehören Reden, in denen die Zielgruppe einerseits über eine Neuerung informiert, gleichzeitig aber auch Akzeptanz und Motivation für die Neuerung hergestellt werden soll (z.B.: Die Mitarbeiter eines Unternehmens werden auf der Betriebsversammlung über die Einführung eines neuen Leistungs- und Bewertungssystems informiert.).

Liegen solche Redeanlässe vor, muss in der Redevorbereitung präzise geklärt werden, ob die Grundausrichtung der Redeabsicht wirklich eine Information ist oder eher eine Überzeugungsnotwendigkeit besteht. Wird in der Vorbereitung bei der Zielgruppenanalyse festgestellt, dass Informationslücken bzw. -defizite auf Seiten der Hörer bestehen, kann einer handlungsauslösenden Überzeugungsrede zunächst eine Informationsrede vorgeschaltet werden.

Bei der wissensvermittelnden Informationsrede ist besonders darauf zu achten, dass der Redegegenstand nicht mit dem Ziel gleichgesetzt wird und damit das Redethema diffus bleibt.

Will beispielsweise der Direktor eines Krankenhauses Bürgern einen Vortrag über die im Krankenhaus existierende Babyklappe halten, ist ‚Babyklappe' der Redegegenstand, nicht das Thema. Wird hier nicht differenziert, kann es passieren, dass der Vortrag mit folgenden Worten eingeleitet wird: „Ich möchte Ihnen heute etwas über die Babyklappe in unserer Klinik erzählen". ‚Erzählen' ist in diesem Zusammenhang ein unspezifisches Verb, aus dem kein klares Ziel erkennbar wird. Das Redethema besteht grundsätzlich aus Redegegenstand (Inhalte) und Redeziel. Die jeweiligen inhaltlichen (quantitativ und qualitativ) Schwerpunktsetzungen ergeben sich aus dem Redeanlass und der Zielgruppe. Nicht jede Zielgruppe interessiert sich für die gleichen

Aspekte eines Redegegenstands. Deshalb müssen die inhaltlichen Schwerpunkte jeweils anders ausgewählt und gesetzt werden.

Beispiele

> Der Redner informiert Krankenschwestern, Pfleger und Ärzte über die Handhabung einer neu eingerichteten Babyklappe.
>
> Der Redner informiert einen Ausschuss aus verschiedenen Fraktionsmitgliedern über die rechtlichen Aspekte, die man bei der Einrichtung einer Babyklappe berücksichtigen muss.
>
> Der Redner informiert Religionslehrer über die ethischen Aspekte einer Babyklappe, die von Seiten der Ethikkommission publiziert wurden.

Besonders in vermittelnd-instruktiven Informationsreden stellt die Problemdimensionierung und die Materialauswahl eine besondere Anforderung dar. Hier bedarf es einer Fragestellung, unter der der Redegegenstand bearbeitet wird. Für die Zielgruppe muss deutlich werden, warum der Redner zu ihnen über diesen Gegenstand spricht und welche Relevanz die Informationen bzw. Erläuterungen für die Zielgruppe (oder für die Gesellschaft, für das Unternehmen usw.) haben. Dem Gegenstand ‚eine Form bzw. eine Gestalt zu geben', ihn hörerorientiert aufzubereiten und ihn nicht dem Hörer als unspezifischen ‚Informationsklumpen' anzubieten, stellt hier die rhetorische Herausforderung dar.

Zum anderen gilt es, die Rede nicht mit Informationen zu überfrachten, die zwar für den Redner interessant sind und seine Kompetenz unter Beweis stellen, den Hörer jedoch mit seinen Interessen nur entfernt tangieren.

In der Redevorbereitung geht es darum, einen thematischen Schwerpunkt zu setzen und die Struktur intensiv aufzubereiten. Erschlossen wird die themaimmanente Logik im Hinblick auf Schlüssigkeit und Folgerichtigkeit sowohl auf der Ebene der Mikrostruktur einzelner thematischer Teilaspekte als auch der Makrostruktur der gesamten Rede.

Mikrostrukturen zeigen sich z.B.
- in konkreten Formulierungen (Konnektoren) wie z.B. ‚besteht aus'; ‚hängt ab von', ‚weist hin auf', ‚hat drei Ursachen'.

Makrostrukturen für Informationsreden können z.B. sein:
- Die thematischen Teilblöcke bauen aufeinander auf und/oder ergeben sich faktisch oder chronologisch aus dem Vorausgehenden. (Historischer Abriss über die Geschichte Berlins; Funktionsweise und Handhabung der Babyklappe; Überblick über den Bachelor-Studiengang: „law and economics").
- Die thematischen Teilblöcke stehen unabhängig voneinander und sind nicht zwingend aufeinander aufbauend (Rechtlich relevante Aspekte der Babyklappe).
- Zwei oder mehrere Teilblöcke stehen nebeneinander und werden miteinander mit dem Ziel verglichen, die Unterschiede und Gemeinsamkeiten darzustellen. (Unterschiedliches Gefährdungspotenzial verschiedener Viruserkrankungen; Vergleich sozial-, christ- und liberaldemokratischer Positionen zur Babyklappe; Wesentliche Änderungen des neuen Melderechts).

Hörerorientierung (Pathos)
Da vermittelnd-instruktive Informationsreden häufig als reine Sachreden verstanden werden, wird in der Regel die Perspektivenübernahme vernachlässigt. Dieser Mangel wird u.a. darin sichtbar:
- Es wird eine abstrakte Sprache verwendet.
- Fach- und Fremdwörter dominieren den Inhalt.
- Die thematische Schwerpunktsetzung geht an der Zielgruppe vorbei.

Da das Verhältnis des Redners zur Hörerschaft in der vermittelndinstruktiven Informationsrede gekennzeichnet ist durch einen mehr oder weniger ausgeprägten Wissensvorsprung auf Seiten des Redners (Experten-Laien-Kommunikation), bedarf es einer genauen Analyse und Beschäftigung mit der Zielgruppe bezüglich ihres Wissensstandes und ihrer Interessen.

Dazu kommt die Auffassung, dass bei der Vermittlung von Wissen und Informationen die Sache im Mittelpunkt steht und Emotionalität keine Rolle spielt. Gerade ‚trockene' und theoretisch-komplexe Informationen bedürfen einer besonderen Aufbereitung für den Hörer, sollten ihm Lust machen zuzuhören, um dem Gesagten zu folgen.

Hörerorientierung entsteht dadurch, dass der Redner am bekannten und erwarteten Wissen der Hörer ansetzt, und ihm ein Mitdenken ermöglicht (vgl. Geißner 1979, 16f.).

Glaubwürdigkeit (Ethos)

Glaubwürdigkeit in Bezug auf die Informationsrede bedeutet zum einen, die unbedingte Anstrengung nach Verständlichkeit auf sich zu nehmen. Informationen, die nicht verständlich sind, lösen beim Zuhörer Langeweile oder das Gefühl, ‚von oben herab' belehrt zu werden, aus.

Zum anderen hängt die Glaubwürdigkeit des Redners davon ab, inwieweit es ihm gelingt, Sachinformationen und Meinungen bzw. Bewertungen strikt voneinander zu trennen. Eine Bewertung und Einschätzung durch den Redner kann durchaus erfolgen, allerdings sollte diese dann auch als solche kenntlich gemacht werden, z.B. in einem eigenständigen thematischen Block oder im Fazit der Informationsrede.

Didaktisch-methodische Besonderheiten der Informationsrede

Bei der Erarbeitung der Informationsrede ist zu berücksichtigen, dass die Bandbreite und Komplexität der zu vermittelnden Inhalte sehr unterschiedlich sein kann. Dies gilt vor allem für die vermittelnd-instruktive Informationsrede. In jedem Fall empfiehlt es sich, die Arbeitsschritte 1 bis 3 aus der basic-Stufe intensiv zu erarbeiten. Hier wird das Grundverständnis dafür gelegt, wie die Hörerperspektive in eine Informationsrede gelangt.

Strukturmodelle der Informationsrede im Überblick

Basic: Berichtend-darstellende Informationsrede (Sachstandsbericht)

Begrüßung, ggf. eigene Vorstellung
Anlass und Thema
Relevanz des Themas für die Zielgruppe
Aktueller Stand/wesentliche Informationen zum Thema
Evtl. Hintergrundinformationen
Ausblick/Weitere Planungen/Maßnahmen

Advanced: Vermittelnd-instruktive Informationsrede

Begrüßung, ggf. eigene Vorstellung
Gegenstandssicht/mögliche Problemsicht der Hörer
Anlass und Thema
Menü/Aufbau/Übersicht
Relevanz und Hintergrund/Zusammenhang mit anderen Fragen/Themen (advanced organizer)
Thematische Informationsblöcke (Umfang und Anzahl ist themenabhängig)
Zusammenfassung/Folgen/Fazit/Ausblick/Auswirkungen

(DVD: Redevarianten Nr. 1a und 1b, 2a und 2b, 5a und 5b, 6a und 6b; Redegattungen Nr. 4-6)

7.1 Basic (berichtend-darstellende Informationsrede)

Didaktisch-methodische Hinweise

Den Teilnehmern wird zur Einführung in die Erarbeitung einer Informationsrede zunächst ein Überblick über die notwendigen Arbeitsschritte gegeben. Diese Arbeitsschritte sind gleichermaßen auch für die vermittelnd-instruktive Informationsrede notwendig.

Arbeitsschritte im Überblick

1. Bestimmung und Konkretisierung des Themas	vorgegebenes oder eigenes Beispiel
2. Zielgruppenanalyse	Fragenkatalog (Arbeitsblatt 2)
3. Materialsammlung	Mindmap PostIts-Methode
4. Strukturierung	Redebausteine der berichtend-darstellenden Informationsrede (Sachstandsbericht) (Arbeitsblatt 11)
5. ggf. Erstellung einer Visualisierung	Zur Entwicklung von Visualisierungsideen Arbeitsblatt 4a und 4b
6. Vortrag im Plenum	

Dabei ist zu beachten, dass die Reihenfolge der Arbeitsschritte aus folgenden Gründen weitgehend eingehalten wird:

Nur mit einem präzise formulierten Thema und einer Zielgruppenanalyse ist gewährleistet, gezielte Informationen zu verwerten, die einen Informationswert für die Zielgruppe haben und themarelevant sind.

Die Teilnehmer können während des gesamten Vorbereitungsprozesses Visualisierungsideen sammeln und skizzenartig festhalten. Die ‚handwerkliche' Realisierung (Powerpoint-charts, Flipchartblätter etc.) sollte jedoch einer der letzten Schritte in der Redeerarbeitung darstellen. Bei einer zu früh begonnenen Visualisierung besteht die Gefahr, dass Visualisierungsideen blockiert werden, da Inhalte sofort in vorgegebene Powerpoint-Strukturbilder eingefügt werden oder nur sog. ‚Text-charts' entstehen.

Die Arbeitsschritte werden durch den Lehrenden anhand eines durchlaufenden Beispiels (hier: „Verkehrsberuhigung Ottostraße") schrittweise erläutert. Parallel dazu erarbeiten die Teilnehmer anhand eines vorgegebenen Redeanlasses (hier: „Planungsstand Schulfest") eine eigene Informationsrede. Sowohl die Lehr-Beispiele als auch die zu erarbeitenden Redethemen der Teilnehmer können alternativ auch z.B. aus den Berufs- und Lebensfeldern der Teilnehmer stammen.

Übungsteil I: Vorbereitung

1. Arbeitsschritt: Erarbeitung des Themas

Anhand der folgenden Ausgangssituation erläutert der Lehrende, dass sich das Redeziel und die Redegegenstände (= Redethema) aus der Exploration der Anlasssituation ergeben.

Lehr-Beispiel: Verkehrsberuhigung Ottostraße

> Ausgangssituation:
>
> Hochbauamtsmitarbeiter Meyer hat von seinem Vorgesetzten den Auftrag bekommen, auf einer Anwohnerversammlung „die Leute mal über den Stand der Dinge aufzuklären". Zur Verkehrsberuhigung werden Baumscheiben eingesetzt. Die Anwohner hatten Betonpylonen vorgeschlagen.
>
> Eine kleine Abordnung von Bürgern hat eine Bürgerversammlung angeregt und die Verwaltung gebeten, jemand Sachkundigen zu schicken. Es hat zahlreiche Bürgernachfragen und Beschwerdebriefe wegen diverser Unannehmlichkeiten gegeben. Außerdem besteht bei der Anwohnerschaft Unklarheit darüber, warum zusätzliche Kanalarbeiten vorgenommen werden.

Anlass	Zur Zeit laufende Bauarbeiten zur Verkehrsberuhigung und Kanalarbeiten in der Ottostraße
	Auftrag des Vorgesetzten, auf einer Anwohnerversammlung zu sprechen
	Bürgernachfragen und -beschwerden über Unannehmlichkeiten
	Unklarheit über die Notwendigkeit der Kanalarbeiten
Thema (Redegegenstand/-stände + Ziel	Information über den aktuellen „Stand der Bauarbeiten" und Hintergrundinformation über die Notwendigkeit der zusätzlichen Kanalarbeiten
	Informationen über die weitere Planung
Zielgruppe	Betroffene Anwohner

Die Teilnehmer erhalten zur Erarbeitung des Themas folgende Ausgangssituation:

Anlass	Sie sind Lehrer und gehören der Projektgruppe „Schulfest" an. Das Lehrerkollegium kennt den aktuellen Planungsstand für das Schulfest noch nicht. Einige Kollegen haben bereits nachgefragt, ob sie noch helfen können. Unklarheit besteht auch darüber, warum das Schulfest in diesem Jahr nicht in der Aula stattfinden kann. Eltern und Schüler haben darum gebeten, das Essensangebot in diesem Jahr für Vegetarier und Veganer zu erweitern.
Zielgruppe	Lehrerkollegium
Thema (Redegegenstand/-stände + Ziel)	

2. Arbeitsschritt: Zielgruppenanalyse

Die Zielgruppenanalyse sollte in jedem Fall vor der Materialrecherche erfolgen. Sie fokussiert den Redner auf die Aspekte, die für die Zielgruppe relevant sind und verhindert, dass sich der Redner ‚verzettelt' und an der Zielgruppe vorbei spricht.

Auch dieser Schritt wird zunächst am Beispiel des Lehrenden mit Hilfe des folgenden Fragenkatalogs im Plenumsgespräch erläutert:

Fragenkatalog zur Zielgruppenanalyse (Arbeitsblatt 2):

- Welches Wissen kann auf Seiten der Zielgruppe vorausgesetzt werden?
- Welche Informationen braucht die Zielgruppe, um das Thema zu verstehen?
- Was interessiert die Zielgruppe möglicherweise am Thema? Welche Fragen haben die Hörer zum Thema?
- Wie ist die Zielgruppe gegenüber dem Thema eingestellt (Befürchtungen, Sorgen, Einwände)? Wie ist der Betroffenheitsgrad der Zielgruppe (z.B. finanzielle, personelle, materielle Auswirkungen der Informationen auf die Zielgruppe)?
- Wie bereite ich die Informationen so auf, dass die Zielgruppe sie auch verstehen, behalten und damit ggf. weiter arbeiten kann?

Die Zielgruppenanalyse „Anwohner der Ottostraße" kann im Plenum gemeinsam erarbeitet und stichwortartig am Flipchart o.ä. festgehalten werden, z.B.:

- Wie lange dauert die Maßnahme noch?
- Warum wurden keine Betonpylonen zur Verkehrsberuhigung verwendet, sondern Baumscheiben?
- Warum wird die Straße so weit aufgerissen?
- Die Straßenlaternen funktionieren zurzeit nicht.
- Anwohner sind wahrscheinlich verärgert und verunsichert.
- Besitzer kleinerer Läden befürchten Einkommenseinbußen.
- usw.

Im Anschluss daran erstellen die Teilnehmer zu ihrem Übungsthema „Schulfest" eine Zielgruppenanalyse und verwenden dazu den Fragenkatalog zur Zielgruppenanalyse. Dies kann sowohl in Form von Einzelarbeit als auch Kleingruppenarbeit erfolgen und alternativ auch anhand eigener Beispiele der Teilnehmer erfolgen.

3. Arbeitsschritt: Materialrecherche und -aufbereitung

Die Teilnehmer stellen in diesem Schritt das Material für ihre Rede zusammen. Dazu orientieren sie sich an den Ergebnissen aus der Zielgruppenanalyse. Die Fragen, Einwände, Interessen etc. bestimmen die Materialauswahl. Das Material liefert die Antworten auf die Fragen der Zielgruppe. Für die Material- und Informationszusammenstellung eignet sich methodisch das Mindmap (u.a. Buzan/Buzan 2001). Diese Methode ist inzwischen vielen Teilnehmern bekannt. Da es sich auch hier zu Übungszwecken um eine fiktive Redesituation handelt, können die Teilnehmer – ähnlich wie im Übungsbeispiel der Gesellschaftsrede – Inhalte ‚erfinden'.

Alternativ zu dieser Methode hat sich auch die sog. ‚Klebchen'-Methode bewährt. Die Teilnehmer erhalten verschiedenfarbige und verschieden große PostIts, auf denen sie stichwortartig ihre Informationen festhalten. Diese Materialsammlung kann dann im nächsten Schritt für die Strukturierung der Informationen weiter verwendet werden. Es handelt sich hierbei bereits um eine ‚Vorstufe' der sog. Concept Map (vgl. Kapitel 7.3).

Das Arbeiten mit flexiblen Materialien unterstützt den kreativen Sammlungsprozess und bietet die Möglichkeit, die Klebezettel später zur Strukturierung der Rede weiterverwenden zu können.

Je nach Komplexität und Schwierigkeitsgrad des Themas und einer Experten-Laien-Konstellation in der Redesituation, können zusätzliche Aufbereitungsarbeiten notwendig werden, auf die im experienced-Teil ausführlich eingegangen wird.

Der Lehrende kann diesen Arbeitsschritt an der Metaplanwand mit Hilfe von Karten verdeutlichen, auf denen nun die einzelnen Informationen stehen:

- Zur Zeit Erneuerung der Baumscheiben
- Entfernung der alten Bäume notwendig
- Baumscheiben ragen 1,00 m in Straßenraum
- Aktuell: 50% der alten Baumscheiben entfernt
- Parallel dazu: Erneuerung Kanalrohre
- Straßenlaternen wg. Kurzschlussgefahr abgeschaltet
- Usw.

Die Teilnehmer stellen nun zu ihrem Thema „Schulfest" Informationen mit Hilfe von PostIts bzw. eines Mindmaps zusammen.

Übungsteil II: Erarbeitung der Redebausteine des Sachstandsberichts

Hierfür werden die Redebausteine des Strukturmodells „berichtend-darstellende Informationsrede (Sachstandsbericht) vom Lehrenden entweder auf einem Flipchart oder eine Powerpoint-Folie vorgestellt und erläutert:

Strukturmodell im Überblick

Redebausteine (Flipchart oder Powerpoint)	Erläuterungen
Begrüßung, ggf. eigene Vorstellung	Die eigene Vorstellung kann dann nötig sein, wenn der Redner der Zielgruppe unbekannt ist und der Redner durch die eigene Vorstellung nochmals deutlich macht, warum er für das Thema ‚geeignet' ist.
Anlass und Thema	Worum geht es heute? Warum spreche ich zu Ihnen?
Relevanz des Themas für die Zielgruppe	Hier können z.B. Sorgen/Einwände/Beschwerden/Befürchtungen aus der Zielgruppenanalyse thematisiert werden.

Aktueller Stand/wesentliche Informationen zum Thema	Hier kann man sich am Frageprinzip orientieren: Wer, Was, Wo, Wann, Wie, Wie lange? Womit? Wozu? Warum?
Evtl. Hintergrundinformationen	z.B. Begründung für die Notwendigkeit einer Maßnahme, Chronologie
Ausblick/Weitere Planungen/ Maßnahmen	Hier können weitere Planungen bzw. Maßnahmen, Konsequenzen etc. angesprochen werden.

Zur Veranschaulichung wird im Anschluss die vollständige Struktur anhand des Lehrenden-Beispiels gezeigt (z.B. als Handout).

Lehr-Beispiel

Begrüßung, ggf. eigene Vorstellung	Liebe Anwohnerinnen und Anwohner, ich begrüße Sie heute hier zur Informationsveranstaltung: Erneuerung der Verkehrsberuhigungsmaßnahmen Ottostraße im Laubenviertel. Ich bin Klaus Meyer und bin im Bauamt für diese Verkehrsberuhigungsmaßnahme verantwortlich.
Anlass und Thema	Sie haben uns gebeten, Ihnen einmal einen Sachstandsbericht und Überblick über den momentanen Stand der Dinge zu geben.
Relevanz des Themas für die Zielgruppe	Sie als Anwohner sind ja in besonderer Weise von den Baumaßnahmen betroffen und auch belastet und müssen zurzeit einige Einschränkungen in Kauf nehmen.
Aktueller Stand/wesentliche Informationen zum Thema	Zurzeit sind wir dabei, bei Ihnen in der Ottostraße die Baumscheiben zu erneuern. Dazu müssen zunächst die alten Bäume entfernt werden, um dann anschließend neue setzen zu können. Die Baumscheiben werden dann wie bisher auch an jeder Straßenseite ca. 1,00 in den Straßenraum hineinragen. Aktuell haben wir jetzt ca. die Hälfte der Baumscheiben entfernt. Die restlichen Baumscheiben werden innerhalb der nächsten beiden Wochen entfernt. Gleichzeitig ist das Tiefbauamt dabei, an einigen Stellen die Kanalrohre zu erneuern. Dazu muss zurzeit an vier Stellen der Ottostraße die Straße auf ca. 4 m Länge aufge-

	rissen werden. Die Straßenlaternen sind zurzeit abgeschaltet. Das ist notwendig, da ansonsten die Gefahr von Kurzschlüssen besteht.
Evtl. Hintergrund- informationen	Um auch noch einmal auf Ihre Anfrage einzugehen, ob es nicht möglich ist, eine andere Art der Verkehrsberuhigung in der Straße einzurichten. Sie hatten ja vorgeschlagen, statt neuer Baumscheiben diese sogenannten Betonpylonen dort aufzustellen. Wir haben uns aus zwei Gründen doch wieder für die Baumscheiben entschieden. Zum einen wird die Straße durch die Bäume wesentlich belebter und vor allem grüner. Das ist für den Gesamteindruck und die Wohnqualität ein entscheidender Faktor. Außerdem hätte eine komplette Veränderung wesentlich größere Baumaßnahmen und damit auch wesentlich höhere Kosten verursacht. Das hätte für Sie längere Beeinträchtigungen bedeutet und der Anliegerbeitrag hätte sich für Sie dadurch auch erhöht. Und das wollten wir Ihnen damit auch ersparen. Weiterhin möchte ich auch noch einmal auf Ihre Frage eingehen, ob die Erneuerung der Kanalrohre wirklich notwendig war. Die Erneuerung der Kanalrohre war ursprünglich so nicht vorgesehen; es hat sich aber bei näheren Analysen herausgestellt, dass die Rohre an einigen Stellen porös sind und deshalb dringend erneuert werden müssen. Die Erneuerung der Kanalrohre bedeutet natürlich zusätzlichen Aufwand, sie hat sich allerdings angeboten, da die Straße sowieso zum Teil aufgerissen werden muss, um die Baumscheiben zu setzen. Wir wollten Ihnen als Anwohner damit auch ersparen, dass wir möglicherweise in einem halbem Jahr wiederkommen und Sie durch die erneuten Kanalarbeiten dann wieder beeinträchtigt werden.
Ausblick/Weitere Planungen/Maßnahmen/ Redeabschluss	Wie geht es jetzt weiter? Die weiteren Planungen sehen vor, dass wir bis Mitte des nächsten Monats die neuen Baumscheiben gesetzt haben. Es ist ebenfalls geplant, dass die Kanalarbeiten zu diesem Zeitpunkt abgeschlossen sein werden. Bis dahin wird die Straße allerdings nur in eine Richtung befahrbar sein, da die Kanalarbeiten erst dann abgeschlossen sein werden.

> Insgesamt hoffen wir dann, dass Sie für lange Zeit erst einmal wieder Ruhe in Ihrer Straße haben.
>
> Ich danke Ihnen fürs Zuhören. Falls Sie noch Fragen haben, beantworte ich die jetzt gerne.

Die Teilnehmer erarbeiten auf der Grundlage der vorgenannten Übungsschritte in diesem Schritt nun einen kompletten Sachstandsbericht (3 bis 5 Minuten). Dabei fließen jetzt die Arbeitsergebnisse aus den Schritten 1 bis 3 (Themaformulierung, Zielgruppenanalyse, Materialsammlung) in die jeweiligen Redebausteine ein (im Lehrbeispiel z.B. die Antwort auf die Frage: Warum sind zusätzliche Kanalarbeiten notwendig? in den Baustein: „Hintergrundinformation".) Die auf PostIts notierten Informationen werden nun in die Redebausteine integriert.

Im Anschluss werden die Reden im Plenum gehalten. Pro Teilnehmer können ca. 12 Minuten Zeit für Durchführung und Feedback einkalkuliert werden. Je nach Voraussetzungen und Interesse können die Teilnehmer in dieser basic-Stufe auch von Beginn an ein eigenes Thema bearbeiten.

Vertiefende Hinweise

Bereits im Sachstandsbericht können Visualisierungen (Bilder, Zeichnungen, Pläne usw.) unterstützend eingesetzt werden. Sie sollten die Darstellung unterstützen und sich aus der inhaltlich-strukturellen Auseinandersetzung mit dem Thema ergeben und an die Zielgruppe angepasst sein. Ein hochtechnischer Lageplan dient im o.g. Beispiel sicherlich nicht dem Verständnis. Hier hilft eine einfache Zeichnung mit Reduktion auf das Wesentliche weiter (vgl. Kapitel 4.3.4).

7.2 Advanced (vermittelnd-instruktive Informationsrede)

Didaktisch-methodische Hinweise

Bei der vermittelnd-instruktiven Informationsrede handelt es sich um eine komplexere Redeform, da hier die Inhalte noch stärker in Bezug auf die Zielgruppe aufbereitet werden müssen. Darüber hinaus kann eine gewisse Nähe zur Überzeugungsrede vorhanden sein, je nachdem, welcher Redeanlass vorliegt und welche Absichten der Sprecher verfolgt.

Aus diesem Grund werden als Einstieg in die Erarbeitung dieser Redeform zunächst anhand der folgenden Gegenüberstellung verschiedener Anlässe die Varianten der didaktisch-instruktiven Informationsrede in Form eines Trainerinputs verdeutlicht:

Anlass A	Anlass B
Ein Dozent erläutert in der Vorlesung die Grundlagen des Baurechts.	Der Vorstand eines Unternehmens hat beschlossen, ein Gesundheitsmanagement einzuführen. Er möchte die Mitarbeiter über die Angebote informieren.

Bei dieser Gegenüberstellung geht es vor allem noch einmal darum herauszuarbeiten, dass sich Redesituation A (Grundlagen des Baurechts) deutlich von Redesituation B (Einführung eines Gesundheitsmanagements) unterscheidet. Bei der Variante A (Grundlagen des Baurechts) geht es vor allem um die nachvollziehbare und verständliche Darstellung der Inhalte. Der Inhalt muss strukturell und ggf. auch visuell so aufbereitet werden, dass sich der Zuhörerschaft der Zusammenhang erschließt. Hier spielen Aspekte der Verständlichkeit (vgl. 4.3) eine besondere Rolle.

Bei der Variante B (Einführung eines Gesundheitsmanagements) kann neben der reinen Information über die Angebote des Gesundheitsmanagements gleichzeitig die Rednerabsicht vorliegen, Interesse und Motivation für die Angebote des Gesundheitsmanagements zu entwickeln. Damit Mitarbeiter dieses Interesse überhaupt entwickeln können, müssen sie über die Angebote informiert werden. Solche Ausgangssituationen kommen in gesellschaftlichen Kontexten sehr häufig vor. Informationen sind notwendig, damit auf Seiten der Zielgruppe ein Mitdenken, Mitgehen oder auch ein sich anschließender Überzeugungsprozess möglich wird. Immer dann, wenn es um Veränderungsprozesse oder Neuerungen geht, ist eine vorausgehende ausführliche Information angebracht. Insofern liegt bei dieser Redeform bezogen auf das Redeziel durchaus eine Schnittstelle zur Überzeugungsrede vor.

Nach diesen vorbereitenden Erläuterungen erfolgen die Schritte zur Erarbeitung der vermittelnd-instruktiven Informationsrede.

Als Übungsgrundlage erhalten die Teilnehmer eine Rollenvorgabe (In welcher Rednerrolle befinde ich mich?), eine Zielgruppenvorgabe (Vor wem spreche ich?) und Textmaterial, das die inhaltliche Grundlage für die Informationsrede darstellt. Die Vorgabe von Textmaterial ist im zeitlich beschränkten Seminarkontext einer freien Themenwahl vorzuziehen, da eine zeitraubende Materialrecherche entfällt. Außerdem werden die Teilnehmer dadurch entlastet, dass sie sich auf ein vorgegebenes Thema fokussieren können, ohne gleichzeitig immer auch ihren gesamten beruflichen Kontext einschließlich möglicher Konflikte oder Problematiken bei der Erarbeitung eines eigenen Themas mitzudenken. Das Textmaterial sollte sich vom Schwierigkeitsgrad an den Voraussetzungen der Teilnehmer orientieren. Im Übungsteil werden exemplarisch zwei Themen bzw. Texte vorgestellt, die sich in der Praxis bewährt haben.

(Material: Arbeitsblatt 12)

Übungsteil I: Vorbereitung

Arbeitsschritt: Bestimmung des Themas, Zielgruppenanalyse und Materialauswahl und -aufbereitung

Da die Teilnehmer durch die basic-Arbeit mit den Arbeitsschritten Themabestimmung, Zielgruppenanalyse, Materialrecherche/-auswahl/-aufbereitung vertraut sind, wird hier auf ein vorgeschaltetes Beispiel durch den Lehrenden verzichtet.

Die Teilnehmer erhalten einen Text, der die Materialgrundlage für die zu erstellende Rede bildet. Die Aufgabe der Teilnehmer besteht darin, die Informationen des Textes für unterschiedliche Zielgruppen in einer Rede aufzubereiten. Durch die unterschiedliche Zielgruppenvorgabe wird beim späteren Vortrag im Plenum besonders deutlich, welche Auswirkungen die Berücksichtigung der Zielgruppe auf die Rede hat.

Die Aufgabenstellungen mit unterschiedlicher Zielgruppenvorgabe wird jeweils auf die Hälfte der Teilnehmer verteilt. Alternativ kann aber auch nur an einem Thema gearbeitet werden. Zu Übungszwecken ist es ebenfalls sinnvoll, dass jeweils ein Thema in einer Kleingruppe von 2-3 Teilnehmern erarbeitet wird.

Aufgabenstellung für die Teilnehmer

Entwickeln Sie ein Thema bzw. eine Fragestellung zum vorgegebenen Informationsmaterial. Erstellen Sie mit Hilfe des Fragenkatalogs eine Zielgruppenanalyse und bereiten Sie das Informationsmaterial für die Zielgruppe auf (PostIts-Verfahren). Entwickeln Sie bei Bedarf parallel Visualisierungsideen für Ihren Vortrag.

Rolle des Redners: Mitarbeiter der Stadtverwaltung

Zielgruppe A: Anwohner

Zielgruppe B: Schüler der Klasse 4 einer Grundschule

Informationsmaterial 1: Umbenennung einer Straße

Nach dem Beschluss einer Umbenennung durch die zuständigen politischen Gremien (Bezirksvertretungen oder Rat) wird die Umbenennung der Straße im Amtsblatt der

Stadt bekannt gemacht. Einen großen Schritt zur Umstellung der Adressen übernimmt die Stadt von Amts wegen. Das Vermessungs- und Katasteramt schickt die Straßennamen- bzw. Adressänderung per E-Mail mit einem Übersichtsplan an Feuerwehr, Polizei, Rettungsdienste, städtische Dienststellen, Stadtwerke, Finanzamt, Grundbuchamt, Deutsche Rentenversicherung, an Brief- und Zeitungszusteller, Telekommunikationsanbieter, Taxizentrale, an einige Hersteller von Navigationssystemen und Kartenmaterial. Das Tiefbauamt beschafft neue Straßennamensschilder und montiert sie bei den aktuell diskutierten Straßen zusammen mit einem Zusatzschild, auf dem auf den alten Straßennamen hingewiesen wird. Das alte Straßennamensschild bleibt für eine Übergangszeit von einem Jahr zusätzlich vor Ort, der Straßenname bleibt dabei rot durchgestrichen sichtbar. Die Eigentümer der Grundstücke, die an die Straße angrenzen, erhalten einen Bescheid mit der Zuteilung der neuen Adresse. Der Bescheid erklärt auch, dass die Umstellung nicht sofort, sondern über einen Zeitraum von einem Jahr vollzogen werden soll. In dem Bescheid werden Vermieter aufgefordert, ihre Mieter über die Adressenänderung zu informieren.

Anwohner dieser Straßen müssen beim Amt für Bürgerangelegenheiten ihre Adressen im Personalausweis und im Fahrzeugschein ändern lassen. Für diese Ummeldung werden keine Gebühren erhoben. Wer sich ummelden will, kann sich auch mit schriftlicher Vollmacht vertreten lassen. Außerdem sollten die Anwohner der umbenannten Straße – wie bei einem Umzug – alle Stellen informieren, bei denen ihre Adresse registriert ist.

Grundstückseigentümer müssen alle sonstigen Stellen informieren, bei denen grundstücksbezogene Daten registriert sind, zum Beispiel Gebäudeversicherungen.

Wenn mit der Straßenumbenennung auch eine neue Hausnummer erforderlich wird, müssen Hauseigentümer ihr Haus mit der neuen Nummer kennzeichnen. Die alte Hausnummer soll für die Übergangszeit von einem Jahr nicht entfernt werden, sondern rot durchgestrichen sichtbar bleiben.

(www.muenster.de/strassennamen/umbenennung, zuletzt geprüft am 28.03.2015)

Rolle des Redners: Gerontologe

Zielgruppe A: Interessierte Angehörige

Zielgruppe B: Schüler der Klasse 4 einer Grundschule

Zielgruppe C: Patienten einer Entziehungsklinik

Informationsmaterial 2: Demenz

Eine Demenz (lat. Demens ‚ohne Geist' bzw. Mens = Verstand, de = abnehmend) ist ein Defizit in kognitiven, emotionalen und sozialen Fähigkeiten, das zu einer Beeinträchtigung sozialer und beruflicher Funktionen führt und meist mit einer diagnostizierbaren Erkrankung des Gehirns einhergeht. Vor allem ist das Kurzzeitgedächtnis, ferner das Denkvermögen, die Sprache und die Motorik, bei einigen

Formen auch die Persönlichkeitsstruktur betroffen. Maßgeblich ist der Verlust bereits erworbener Denkfähigkeiten im Unterschied zur angeborenen Minderbegabung. Heute sind verschiedene Ursachen von Demenzen geklärt; einige Formen können in gewissem Umfang behandelt werden, das heißt, die Symptome können im Anfangsstadium einer Demenz verzögert werden. Die am häufigsten auftretende Form der Demenz ist die Alzheimer-Krankheit. Die Demenz tritt fast ausnahmslos erst jenseits des 60. Lebensjahres auf, zählt somit zu den gerontopsychiatrischen Störungen und ist auch die häufigste unter ihnen.

Die diagnostischen Kriterien für eine Demenz beinhalten Kombinationen von Defiziten in kognitiven, emotionalen und sozialen Fähigkeiten, die zu einer Beeinträchtigung von sozialen und beruflichen Funktionen führen. Als Leitsymptom gilt die Gedächtnisstörung. Am Anfang der Erkrankung stehen Störungen des Kurzzeitgedächtnisses und der Merkfähigkeit, in ihrem weiteren Verlauf verschwinden auch bereits eingeprägte Inhalte des Langzeitgedächtnisses, so dass die Betreffenden zunehmend die während ihres Lebens erworbenen Fähigkeiten und Fertigkeiten verlieren.

Demenz (ICD-10-Code F00-F03) ist ein Syndrom als Folge einer meist chronischen oder fortschreitenden Krankheit des Gehirns mit Störung vieler höherer kortikaler Funktionen, einschließlich Gedächtnis, Denken, Orientierung, Auffassung, Rechnen, Lernfähigkeit, Sprache, Sprechen und Urteilsvermögen im Sinne der Fähigkeit zur Entscheidung. Das Bewusstsein ist nicht getrübt. Für die Diagnose einer Demenz müssen die Symptome nach ICD über mindestens sechs Monate bestanden haben. Die Sinne (Sinnesorgane, Wahrnehmung) funktionieren im für die Person üblichen Rahmen. Gewöhnlich begleiten Veränderungen der emotionalen Kontrolle, der Affektlage, des Sozialverhaltens oder der Motivation die kognitiven Beeinträchtigungen; gelegentlich treten diese Syndrome auch eher auf. Sie kommen bei Alzheimer-Krankheit, Gefäßerkrankungen des Gehirns und anderen Zustandsbildern vor, die primär oder sekundär das Gehirn und die Neuronen betreffen.

In der Bundesrepublik Deutschland ist mit einem Anstieg der Anzahl der an Demenz erkrankten Personen auf voraussichtlich 3 Millionen im Jahr 2050 zu rechnen. Jüngste Schätzungen (Stand: Februar 2014) gehen deutlich darüber hinaus (....)

Hauptrisikofaktor für eine Demenz ist das hohe Lebensalter. Depressionen werden als Risikofaktor für die Entwicklung einer Demenz angesehen. Sie treten vor allem in frühen Demenzstadien gehäuft auf und können einer Demenz auch vorausgehen. Weitere Risikofaktoren sind darüber hinaus kardiovaskuläre Faktoren, wie Hypertonie, hoher Homocysteinspiegel, Niereninsuffizienz, Adipositas und Diabetes mellitus. Eine Rolle spielen hierbei Defekte des Gefäßsystems der beeinträchtigte Insulin-Metabolismus und Signalweg und ein Defekt im Glukosetransportmechanismus im Gehirn.

Die derzeitigen medizinischen Behandlungsmöglichkeiten können den Verlauf einer Demenz nur in einem sehr bescheidenen Ausmaß positiv beeinflussen. Deshalb kommt der Prävention der Demenz besondere Bedeutung zu, deren Eckpfeiler in der Einschränkung der Risikofaktoren besteht. Hierbei gelten heute als aussichtsreichste

INFORMATIONSREDE 169

> Strategien in erster Linie die Kontrolle der kardiovaskulären Risikofaktoren, physische Aktivität (Sport), soziales Engagement, Kontrolle des Körpergewichts (Diät) und die frühzeitige Behandlung einer Depression. Da auch das Tabakrauchen einen möglichen Risikofaktor für Demenzerkrankungen darstellt, trägt das Einstellen des Zigarettenkonsums ebenfalls zur Demenzprävention bei. Auch eine aktuelle Studie bestätigt, dass vor allem Sport und ein gesunder Lebensstil (und damit auch die Vermeidung kardialer Risikofaktoren) einer Demenz vorbeugen kann. Zu einem gesunden Lebensstil gehören neben der regelmäßigen körperlichen Bewegung auch noch Nikotinabstinenz, täglicher Verzehr von Obst und Gemüse und mäßiger Alkoholkonsum (...).
>
> (Auszüge aus: www.wegweiser-demenz.de, zuletzt geprüft am 28.03.2015)

Je nach Zielgruppe können sich unterschiedliche Schwerpunktsetzungen ergeben, die in der Formulierung des Redethemas bzw. der Fragestellung zum Ausdruck kommen können.

Beispiel: „Umbenennung einer Straße"

- Zielgruppe Kinder: Was passiert eigentlich alles, wenn man einer Straße einen anderen Namen gibt?

- Zielgruppe Anwohner: Was müssen Sie unternehmen, wenn Ihre Straße demnächst umbenannt wird?

Die präzise Formulierung einer Fragestellung hilft, das Thema auf die Zielgruppe zu fokussieren, wird von Teilnehmern häufig allerdings auch als schwierig empfunden. Formulierungen wie „Ich erzähle Ihnen heute etwas zur Umbenennung einer Straße" führen häufig zu diffusen Redebeiträgen. Deshalb ist es sinnvoll, auf die Formulierung der Fragestellung/des Themas ein besonderes Augenmerk zu richten.

Die Teilnehmer können in dieser Vorbereitungsphase bereits Visualisierungsideen entwickeln. Hierzu kann unterstützend der Fragenkatalog zum Auffinden visueller Ideen (Kapitel 4.3.4.2) herangezogen werden.

Übungsteil II: Erarbeitung der Redebausteine für die vermittelnd- instruktive Informationsrede

Im nächsten Arbeitschritt werden die Ergebnisse aus dem Übungsteil I in die Erarbeitung der Redebausteine des Strukturmodells integriert. Der Lehrende stellt das Strukturmodell im Überblick vor und veranschaulicht es zusätzlich an einem Beispiel.

Strukturmodell im Überblick

Redebausteine	Erläuterungen
1. Begrüßung, ggf. eigene Vorstellung	Je nach Redesituation stellt sich der Redner in seiner Funktion/beruflichen Rolle etc. vor.
2. Gegenstandssicht/ mögliche Problemsicht des Hörers	Hier nimmt der Redner die Perspektive seiner Zielgruppe ein, nimmt mögliche Fragen, Befürchtungen, Sichtweisen zum Thema (z.B. szenisch in wörtlicher Rede) auf und leitet daraus das Thema der Rede ab.
3. Thema/Fragestellung	Der Redner formuliert das Thema bzw. die Problem-/ Fragestellung seines Vortrags.
4. Relevanz und Hintergrund/ Zusammenhang mit anderen Fragen/Themen	Neben dem Aufzeigen der Relevanz des Themas für die Zielgruppe kann hier zusätzlich ein sog. „advance organizer" (vgl. Grell/Grell 1999, 219ff.) zum Verständnis des Inhalts hilfreich sein. Er ist als Organisationshilfe zu verstehen, mit dem die Zuhörer in die Lage versetzt werden, die neuen Informationen in ihre bestehenden Wissensnetze und -strukturen einzuordnen (z.B.: „Diese Frage knüpft an..."; „Dieses Thema steht im Zusammenhang mit..."). Beispiel: „Die Rederhetorik steht innerhalb der Sprechwissenschaft neben der Gesprächsrhetorik. Beide gehören in den Lehr-/Lernbereich der rhetorischen Kommunikation und sind abzugrenzen von der ästhetischen und therapeutischen Kommunikation."
5. Menü/Aufbau des Vortrags	Vor allem in umfangreicheren Informationsreden hat die Übersicht für die Zuhörer eine Orientierungsfunktion. Die Übersicht kann visualisiert werden. Während des Vortrags kann der Redner immer wieder darauf hinweisen, an welcher Stelle seines Vortrags er sich gerade befindet.

6. Themarelevante Informationsblöcke	In vermittelnd-instruktiven Informationsreden besteht der eigentliche Informationsteil der Rede aus in sich abgeschlossenen, sich aneinanderreihenden oder sich aufeinander beziehenden Informationsblöcken. Umfang und Komplexität sind wesentlich vom Thema abhängig und müssen entsprechend zielgruppenorientiert verständlich aufbereitet und ggf. begleitend visualisiert werden.
7. Folgen/Fazit/ Ausblick/Auswirkungen/ Zusammenfassung	Der Redner resumiert die Ergebnisse, zeigt mögliche Konsequenzen auf oder verweist auf mögliche Auswirkungen.

Lehr-Beispiel: Einführung eines Gesundheitsmanagements in einem Unternehmen

1. Begrüßung, ggf. eigene Vorstellung	Sehr geehrte Damen und Herren, ich freue mich, dass Sie heute meiner Einladung nachgekommen sind und begrüße Sie herzlich.
2. Gegenstandssicht/ mögliche Problemsicht des Hörers	„Den ganzen Tag sitze ich am Schreibtisch und während ich am Computer tippe merke ich, wie sich die Nackenmuskeln immer mehr verspannen und ich weiß schon: Ich werde heute mit Rückenschmerzen ins Bett gehen. Ich arbeite meine To-Do Liste ab, dazu kommen zusätzliche Aufgaben rein und ich weiß, selbst wenn ich bis Mitternacht hier sitze werde ich damit nicht fertig. Nach der Arbeit geht's genau so stressig weiter. Kinder versorgen, Einkauf, Wäsche aus der Reinigung holen, dann kommt vielleicht noch eine E-Mail aus dem Büro ‚Hey, kannst du Folgendes bis morgen erledigen?' Dann würde ich mich am liebsten einfach hinlegen. Ich will nichts mehr sehen, nichts hören, nichts tun." Sie kennen diese Situationen? Sich überlastet fühlen, aber trotzdem immer mehr arbeiten, durch das Mehrarbeiten immer gestresster zu werden und sich immer ausgelaugter zu fühlen. Und weil man so kaputt ist, kann man sich auch nur noch schwer zu körperlichen Aktivitäten aufraffen. Das ist der Teufelskreislauf, der dann schließlich zu vollkommener Erschöpfung oder sonstigen psychosomatischen Erkrankungen führen kann wie Magenschmerzen,

	Migräne oder Schlafstörungen.
	Und genau dagegen wollen wir etwas tun.
3. Thema/Fragestellung	Wir stellen Ihnen deshalb heute die Möglichkeiten vor, die Ihnen unser neues Gesundheitsmanagement bietet.
4. Relevanz und Hintergrund/Zusammenhang mit anderen Fragen/Themen	Wir sehen es als unsere Verantwortung an, zu Ihrer Gesundheit einen entscheidenden Beitrag zu leisten. Das neue Gesundheitsmanagement ergänzt damit unser Qualitätsmanagement. Sicherung der Qualität beinhaltet für uns neben der Kundenzufriedenheit gleichbedeutend auch die Zufriedenheit unserer Mitarbeiterinnen und Mitarbeiter. Gesundheit stellt dafür eine wichtige Voraussetzung dar.
5. Menü/Aufbau des Vortrags:	Weil Gesundheit sowohl körperliche als auch geistige Aspekte beinhaltet, bieten wir Ihnen drei Angebote, die Sie sowohl auf der körperlichen als auch auf der geistigen Ebene entlasten können.
	Diese drei Angebote stelle ich Ihnen nun vor. Im Anschluss daran informiere ich Sie abschließend über die organisatorischen Dinge.
6. Themarelevante Informationsblöcke	
Infoblock 1	Das erste Angebot ist auf Ihr körperliches Wohlbefinden gerichtet und nennt sich „die gesunde Viertelstunde". Im Rahmen dieses Projekts kommen qualifizierte Gesundheitstrainer direkt zu Ihnen an den Arbeitsplatz, das heißt in ihr Büro, um mit Ihnen ganz individuell zu arbeiten. Hier kann es beispielsweise darum gehen, gemeinsam Lockerungsübungen zu machen oder etwas für Ihre Haltung zu tun, um damit Rückenschmerzen vorzubeugen. Der Trainer wird zunächst in einem Gespräch den Sachstand mit Ihnen erheben, um dann in einem weiteren Schritt geeignete Übungen für Sie auszuwählen.
	Dieses Angebot können Sie zweimal wöchentlich während Ihrer regulären Arbeitszeit nutzen.

Infoblock 2	Das zweite Angebot behandelt Körper und Geist und besteht in einem firmeninternen Yoga-Kurs. Yoga verbindet eine Reihe körperlicher und geistiger Übungen und hilft Ihnen dabei, sowohl ihre körperliche Fitness zu steigern, als auch mehr Ruhe und Gelassenheit in Ihren Alltag zu bringen. Diese Kurse finden wöchentlich direkt nach Feierabend statt.
Infoblock 3	Das dritte Angebot besteht in der Teilnahme an sogenannten „Work-Life-Balance"-Seminaren. Es ist für uns alle sehr wichtig, ein gesundes Gleichgewicht zwischen Arbeit und Privatem zu finden. Burn-Out und viele Psychosomatische Erkrankungen sind in der heutigen Zeit weit verbreitet. Wir stehen ständig unter Strom und sind gestresst. Im Rahmen unserer „Work-Life-Balance"-Seminare arbeiten Sie zusammen mit erfahrenen Coaches daran, Strategien zu entwickeln, um Arbeitsabläufe besser zu strukturieren und zu planen, sodass es Ihnen möglich ist, die gewonnene Zeit wieder für sich persönlich nutzen zu können. Auch diese Seminare liegen innerhalb der regulären Arbeitszeit.
Weitere Infoblöcke nach Bedarf (abhängig vom Thema)	Die Angebote sind selbstverständlich kostenlos und eine Teilnahme ist freiwillig. Ansprechpartner ist Herr Maier. Er freut sich, wenn Sie mit ihm Kontakt aufnehmen. Morgen werden Sie zudem nochmals per Mail eine Zusammenfassung bekommen, in der wir Sie insbesondere noch einmal über Formalia, wie zum Beispiel Anmeldemodalitäten und Kursumfänge informieren...
7. Folgen/Fazit/ Ausblick/Auswirkungen/ Zusammenfassung	Mit diesen drei Angeboten möchten wir Sie dabei unterstützen, sich auf Dauer sowohl körperlich als auch geistig eine Entlastung für den Alltag zu schaffen. Ihre Gesundheit liegt uns am Herzen, daher würden wir uns sehr freuen, wenn Sie die Angebote in Anspruch nähmen. Vielen Dank für Ihre Aufmerksamkeit. Wenn sie noch Fragen haben, können wir die gerne jetzt klären.

1. Arbeitsschritt: Erarbeitung der Bausteine 1 bis 4

1. Begrüßung, ggf. eigene Vorstellung
2. Gegenstandssicht/mögliche Problemsicht des Hörers
3. Thema/Fragestellung
4. Relevanz und Hintergrund/Zusammenhang mit anderen Fragen/Themen
5. Menü/Aufbau des Vortrags
6. Themarelevante Informationsblöcke
7. Folgen/Fazit/Ausblick/Auswirkungen/Zusammenfassung

In vermittelnd-instruktiven Informationsreden ist das ‚Abholen' der Zielgruppe von besonderer Bedeutung, da die Inhalte häufig keine unmittelbare Aktualität für oder einen direkten Lebensbezug zur Zielgruppe haben oder theorielastig sind (z.B. in Referaten oder Fachvorträgen). Je nach Thema ist die Verortung in einen komplexeren Wissenszusammenhang für die Zuhörer ebenfalls zum Verstehen der Information von Bedeutung (Baustein 4). Aus diesem Grund erarbeiten die Teilnehmer zunächst zu ihren Themen „Umbenennung einer Straße" bzw. „Demenz" nur die Bausteine 1 bis 4. Dieses Vorgehen ist deshalb sinnvoll, weil es den Teilnehmern in der Regel besonders schwerfällt, den Baustein 2: „Gegenstandssicht/mögliche Problemsicht des Hörers" und 4 „Relevanz/Hintergrund" zu erarbeiten.

Die Ergebnisse werden im Plenum besprochen, sodass die Teilnehmer ggf. die Bausteine nochmals verändern können.

INFORMATIONSREDE

2. Arbeitsschritt: Erarbeitung der Bausteine 5 bis 7

1. Begrüßung, ggf. eigene Vorstellung
2. Gegenstandssicht/mögliche Problemsicht des Hörers
3. Thema
4. Relevanz und Hintergrund/Zusammenhang mit anderen Fragen/Themen
5. Menü/Aufbau des Vortrags
6. Themarelevante Informationsblöcke
7. Folgen/Fazit/Ausblick/Auswirkungen/Zusammenfassung

‚Perlenkette'

In diesem Arbeitsschritt ist besonders darauf hinzuweisen, dass die themarelevanten Informationsblöcke zueinander in Beziehung gesetzt werden, um dem Zuhörer die innere Logik zu erschließen, die ihm das Verstehen des Gesagten ermöglicht. Die Verknüpfung der Informationsblöcke erfolgt mittels sprachlicher Übergänge, die den jeweiligen Zusammenhang verdeutlichen. Dies können z.B. kausale oder chronologische Beziehungen sein (z.B. „Daraus folgt nun"; „Daraus ergibt sich die Frage, ob..."; „Dies bedingt..."). Verdeutlicht werden kann dies durch das Bild einer Perlenkette:

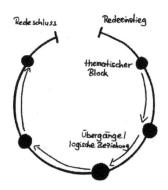

Die themarelevanten Blöcke werden durch die ‚Perlen' repräsentiert, die durch die Kette (chronologische oder logische Beziehungen) miteinander verknüpft sind. Einleitung (Baustein 1 bis 4) und Schluss (Baustein 7) bilden den ‚Verschluss' der Kette.

Dies ist eine Leistung, die der Redner in der Vorbereitung erbringen kann, indem er das Material strukturell und logisch so aufbereitet, dass sich die themaimmanenten Beziehungen einzelner Unteraspekte des Redethemas herauskristallisieren. Hierzu wird zur Vertiefung auf die Methode der Concept Map verwiesen, die in der experienced-Stufe ausführlich erläutert wird.

Anschließend erarbeiten die Teilnehmer die Bausteine 5 bis 7 und vervollständigen damit ihre Informationsrede.

Die Reden werden im Plenum gehalten. Pro Rede sind ca. 25 min Zeit für die Durchführung und das anschließende Feedback einzukalkulieren.

Vertiefende Hinweise

Es empfiehlt sich, die Medien für die Visualisierung auf Flipchart und/oder Metaplanwand zu beschränken. Die Erstellung von Powerpoint-Folien im Rahmen eines Seminars ist in der Regel zu zeitaufwendig. Falls dennoch mit Powerpoint gearbeitet werden soll, sollte die technische Realisierung der Präsentation am Ende der Redevorbereitung stehen. Ansonsten besteht schnell die Gefahr, dass die technischen Möglichkeiten von Powerpoint oder sonstigen Visualisierungsprogrammen die Vorbereitung dominieren.

7.3 Experienced (Concept Map)

Didaktisch-methodische Hinweise

Das Erklären und Erläutern von bzw. das Informieren über mehr oder weniger schwierige und komplexe Sachverhalte ist häufig dadurch gekennzeichnet, dass Experten zu Laien sprechen.

Beispiele

> Ein Ingenieur stellt der Marketing-Abteilung seines Unternehmens eine neue technische Idee vor.
>
> Ein Jurist erläutert den Mitarbeitern des Sozialamtes die Neuerungen im Sozialgesetzbuch und deren Auswirkungen auf die Praxis.
>
> Ein Biologielehrer erklärt seinen Schülern die Evolutionstheorie.
>
> Eine Sozialarbeiterin erläutert ehrenamtlich Tätigen die Definition ‚Ausländer' und ‚Menschen mit Zuwanderungsgeschichte' nach dem Mikrozensus.

Häufig bildet hier Textmaterial die Informationsgrundlage für die zu haltenden Vorträge. Die gängige Vorbereitungspraxis sieht in der Regel so aus, dass der Text gelesen, wesentliche Aspekte und Aussagen unterstrichen und diese dann in Form von Textslides zusammengeschrieben werden. Bei mehreren Textgrundlagen besteht bei diesem Vorgehen die Gefahr, dass die Texte nur sequentiell erfasst werden und häufig Verbindungslinien zwischen den Texten und deren Informationen nicht gesehen und beachtet werden. Die praktischen Auswirkungen eines solchen Vorgehens kann man dann häufig beim Vortrag hören: „Und dann habe ich noch folgende Information gefunden..."; „Dann gibt es dazu noch zu sagen, dass..." ; „Interessant ist auch noch..." (vgl. Kapitel 4.3.3). Die Formulierungen zeigen häufig sehr deutlich, dass dem Vortragenden die innere Verbundenheit der Themenblöcke nicht klar ist und er sie aus diesem Grund eher aufzählend als verbindend benennt. Die mangelnde Klarheit wird durch eine systematisch und strukturiert wirkende Powerpoint-Präsentation versucht zu kompensieren. Dabei läuft der Redner Gefahr, die Inhalte in durch das Programm vorgegebene Strukturen zu ‚pressen'. „Form follows function" sollte hier der Leitgedanke sein und nicht umgekehrt. Die Struktur und die sich daraus ergebenen Visualisierungen in Form von Strukturbildern müssen sich aus den einzelnen inhaltlichen Teilaspekten selbst ergeben.

Deshalb wird hier noch einmal intensiver die Aufarbeitung komplexer fachlicher Inhalte für die Erarbeitung thematischer Informationsblöcke (Redebaustein 6) in den Blick genommen.

Lernziel dieser Lehreinheit ist es, Informationen in eine Struktur zu bringen, bzw. die dem Thema innewohnende Struktur in der Rede sichtbar zu machen. Erst aus der Erschließung der inneren Struktur und Logik ergibt sich dann die sichtbare und hörbare Redestruktur.

Zur Erarbeitung von inneren Strukturen komplexer Informationen erweist sich die Methode der Concept Map als hilfreich. Die Arbeit mit der Concept Map macht dadurch, dass die Informationen grafisch erfasst werden, einen analogen Blick auf die inneren Zusammenhänge des Redethemas möglich.

Concept Map

Die Concept Map ist eine Methode, um vorhandenes (mentales) Wissen, aber auch Informationen aus Texten zu verarbeiten und einen Überblick über einen thematischen Zusammenhang zu bekommen (vgl. im Folgenden ausführlich auch Brüning/Saum 2009, 73ff.). In einer Concept Map werden vorhandenes Wissen und externe Informationen (z.B. aus Textmaterial) logisch und strukturell zusammengeführt und grafisch dargestellt. Die Komplexität eines Themas wird in Form von Kernbegriffen/-aussagen und ihren Beziehungen zueinander grafisch erfasst. Die grafische Darstellung von vorhandenem Wissen und Informationen in Form eines netzartigen Gebildes repräsentiert damit zum einen den inneren Zusammenhang des jeweiligen Themas und gleichzeitig das individuelle Verständnis des Redners vom Thema.

> „Wer einen Sachverhalt in einer Concept Map darstellen kann, hat ihn in seinen logischen Strukturen verstanden." (ebd., 77)

Die Concept Map-Methode bietet dem Redner damit die Möglichkeit, sich das Redethema strukturell und systematisch zu erschließen und bildet gleichzeitig durch die visuelle Repräsentation seinen Verstehensprozess und individuellen Zugang zum Redethema ab.

Eine Concept Map besteht aus folgenden Elementen und Arbeitsschritten:

- Das Thema des Vortrags wird als ‚Kopf' nach oben gesetzt. Vom Kopf aus wird der Zusammenhang entwickelt.
- Thematische Kernbegriffe/-aussagen werden in Kästchen gesetzt (Material= PostIts) und werden zunächst gesammelt.
- Anschließend werden die PostIts nach Zusammenhängen strukturiert (Cluster bilden) und ggf. mit Oberbegriffen/Überschriften versehen.
- Die Cluster bzw. Kästchen mit den Kernbegriffen werden mit Pfeilen und Verbindungslinien in Beziehung zueinander gesetzt. Wichtig ist, dass die Verbindungslinien und Pfeile mit sog. Konnektoren beschriftet werden. Die Konnektoren benennen die jeweilige logische Beziehung, in der die Kernbegriffe zueinander und zum Thema stehen.

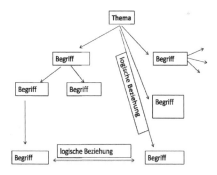

(vgl. Brüning/Saum 2009, 73)

Mit der Erstellung einer Concept map werden Strukturen und innere Zusammenhänge visuell sichtbar gemacht, die in eine Visualisierung übernommen werden bzw. einfließen können.

Die folgende Übersicht zeigt zentrale logische Beziehungen und ihre Benennung auf (Arbeitsblatt 13):

Logische Beziehung	Sprachliche Indikatoren (z.B. Verben und/oder Konjunktionen. (Konnektoren).
Gegenüberstellung/Vergleich/Gegensätze/Gemeinsamkeiten/Unterschiede	• (ist größer als; kann man vergleichen mit; im Unterschied zu)
Prozess, Ablauf, Kreisläufe	• Nachdem.... folgt... anschließend... zum Schluss • daraufhin • zeigt folgende Phasen • läuft wie folgt ab
Teile vom Ganzen; Zusammensetzung, Bestandteile	• besteht aus, ist Teil von, setzt sich zusammen aus; enthält;
Hierarchie/Lage im System/Aufbau	• ist folgendermaßen organisiert • ist aufgebaut nach dem Prinzip • ist eingebunden in
kausale/zeitliche Folgen oder Auswirkungen; Ursache-Wirkung	• das führt zu • daraus ergibt sich • das hat zur Konsequenz • weil • hat folgende Gründe • ruft hervor • setzt in Gang
Bedingungen	• wenn ...dann; • hat zur Voraussetzung, dass • bedingt

Mittel/Zweck	• indem, mittels • damit • um... zu
Eigenschaft/Definition	• ist gekennzeichnet durch, • lässt sich beschreiben als • darunter versteht man, dass • ist charakterisiert durch
Beispiel	• zum Beispiel • wie am Beispiel erkennbar
Verbindungen/Abhängigkeiten/Vernetzungen	• ist abhängig von • steht in Verbindung zu • lässt folgenden Zusammenhang erkennen

Übungsteil

Übung 1: Erarbeitung der Concept Map-Methode anhand eines kurzen Textes

Die Teilnehmer erarbeiten in Kleingruppenarbeit eine Concept Map auf der Grundlage eines kurzen fachlichen Textes.

Beispieltext

> Informationsmaterial: „Vogelgrippe"
>
> Das Influenza A/H5N1-Virus ist ein ganz bestimmtes unter einer ganzen Reihe von Influenza- bzw. Grippeviren. Aufgrund unterschiedlicher molekularer und serologischer Eigenschaften werden Influenza- bzw. Grippeviren vom Typ A, B und C unterschieden. Insbesondere der Influenzavirustyp A kann zu seuchenhaften Erkrankungen bei Menschen und Tieren führen. Grippeviren vom Typ A enthalten auf ihrer Oberfläche bestimmte Eiweiße, die als Hämagglutin und Neuramidase bezeichnet werden. Bisher kennt man 16 verschiedene H- und 9 verschiedene N-Subtypen. Das Vogelgrippe-Virus A/H5N1trägt auf seiner Außenhülle das Hämagglutin H 5 und die Neuromidase N 1. Es gehört zu den hochpathogenen aviären Influenza (HPAI)-Viren.
>
> (www.nlga.niedersachsen.de, zuletzt geprüft am 28.03.2015)

Eine Concept Map dazu könnte z.B. folgendermaßen aussehen.

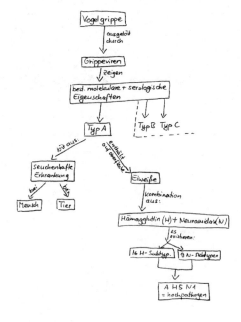

Übung 2: Erarbeitung eines komplexen Fachtextes mit Hilfe einer Concept map mit Präsentation im Plenum

Ein komplexerer Text bzw. eine umfangreichere Materialsammlung, deren Inhalt für die Teilnehmer auch fachfremd sein kann, wird zunächst in eine Concept Map umgewandelt. Diese wird an der Metaplanwand oder auf dem Flipchart visualisiert. Anschließend erläutern die Teilnehmer anhand ihrer Visualisierung den Inhalt. Hierdurch können die Teilnehmer die Erfahrung machen, dass die inhaltliche Durchdringung eines Themas, die sich in der strukturellen Darstellung der Concept Map niederschlägt, die beste Voraussetzung dafür ist, den Inhalt sprechdenkend im freien Vortrag zu vermitteln.

Übung 3: Erarbeitung einer komplexen vermittelnd-instruktiven Informationsrede

Ein komplexer Fachtext bzw. mehrere Textauszüge zu einem Thema, werden als vermittelnd-instruktive Informationsrede für verschiedene Zielgruppen aufbereitet (inkl. sämtlicher redevorbereitender Arbeitsschritte) und anschließend im Plenum gehalten. Die Zielgruppen können durch den Lehrenden vorgegeben oder von den Teilnehmern selbst bestimmt werden.

Je nach Voraussetzungen (Zeitkontingent des Seminars, Größe der Gruppe, Interessen der Teilnehmer usw.) können die Teilnehmer auch an einem eigenen Thema arbeiten. In diesem Fall müsste dann zusätzlich eine Materialrecherche erfolgen.

Beispiele für komplexe Fachtexte

> Informationsmaterial 1: Geflügelpest
>
> Die Geflügelpest ist eine hochansteckende Viruskrankheit von Hühnern und Puten, aber auch viele andere Vögel sind betroffen. Die Geflügelpest wird auch als Aviäre Influenza, als Vogelgrippe und seit 1981 überwiegend als Hochpathogene Influenza-Virus-Infektion (HPAi, Highly Pathogenic Avian Influenza) bezeichnet. Sie ist eine durch Viren hervorgerufene anzeigepflichtige Tierseuche, von der Hühner, Puten, Gänse, Enten, wildlebende Wasservögel und andere Vögel betroffen sein können. Das Influenza A/H5N1-Virus ist ein ganz bestimmtes unter einer ganzen Reihe von Influenza- bzw. Grippeviren. Aufgrund unterschiedlicher molekularer und serologischer Eigenschaften werden Influenza- bzw. Grippeviren vom Typ A, B und C unter-

schieden. Insbesondere der Influenzavirustyp A kann zu seuchenhaften Erkrankungen bei Menschen und Tieren führen. Grippeviren vom Typ A enthalten auf ihrer Oberfläche bestimmte Eiweiße, die als Hämagglutin und Neuramidase bezeichnet werden. Bisher kennt man 16 verschiedene H- und 9 verschiedene N-Subtypen. Das Vogelgrippe-Virus A/H5N1 trägt auf seiner Außenhülle das Hämagglutin H 5 und die Neurmidase N 1. Es gehört zu den hochpathogenen aviären Influenza (HPAI)-Viren. Bei einer Infektion mit den aggressiveren Virusstämmen führt sie meist zum Tod der infizierten Vögel, sofern sie nicht zu den Reservoirwirten gehören. Einige Varianten der Geflügelpest-Viren, insbesondere die Variante A/H5N1, sind in Einzelfällen auf Menschen, Zootiere wie Leoparden sowie auf Hauskatzen übertragen worden. Der Begriff Vogelgrippe wurde bis vor kurzem völlig gleichbedeutend mit dem Begriff Geflügelpest verwendet. Als Folge der aktuellen Vogelgrippe-Ausbrüche wird er inzwischen aber immer stärker eingeengt auf den Seuchenzug des Influenza-Subtyps A/H5N1 bezogen. Für Verbraucherinnen und Verbraucher ist Geflügelpest nicht gefährlich – selbst Fleisch und Eier von infiziertem Geflügel können nach Erhitzung ohne Bedenken verzehrt werden. Die Geflügelpest richtet nicht nur bei den erkrankten Tieren selbst großen Schaden an. Verheerend sind auch die großen wirtschaftlichen Folgen aufgrund von Handelssperren, Sperren um den Seuchenherd und schwerwiegenden Problemen im Absatz von Tieren und ihren Produkten auf dem Markt. Die Geflügelpest ist eine hochakut verlaufende, fieberhafte Viruserkrankung, die sich sehr schnell über größere Gebiete ausbreitet. Nach einer kurzen Inkubationszeit (ein bis fünf, maximal 21 Tage) erkranken die Tiere. Betroffene Tiere zeigen folgende Symptome: hohes Fieber, Appetitlosigkeit, drastischer Rückgang der Legeleistung, hochgradige Apathie, ausgeprägtes Kropfödem, Blaufärbung von Kamm und Kehllappen, wässrig-schleimiger, grünlicher Durchfall. Es gibt plötzlich auftretende zahlreiche Todesfälle. Infizierte Vögel scheiden das Virus über die Luftwege sowie über Sekrete und Exkrete aus. Durch den direkten Kontakt von Tier zu Tier im Stall oder auf dem Transport breitet sich das Virus sehr schnell aus.Insbesondere wild lebende Wasservögel sind häufig Virusüberträger. Sie erkranken selbst nicht an Geflügelpest, verschleppen das Virus aber auch über große Entfernungen. Das Virus verbreitet sich auch über die Luft.

Indirekt kann der Seuchenträger über Menschen, Fahrzeuge, Mist, Futter oder Transportkisten übertragen bzw. verschleppt werden. Der Mensch ist ein bedeutsamer Überträger der Seuche: über nicht gereinigte und desinfizierte Kleider, Schuhe oder Hände kann er die Krankheit weiter verbreiten. Geflügelpest ist eine anzeigepflichtige Tierseuche. Ein Verdacht muss sofort dem zuständigen örtlichen Veterinäramt mitgeteilt werden. Verdächtig sind Krankheitserscheinungen, die bei mehreren Hühnern oder Puten gleichzeitig oder in kurzen Abständen mit ähnlichen Anzeichen auftreten. Zur Überprüfung des Verdachtes auf Geflügelpest entnehmen die Veterinärbehörden Proben. Diese werden zur Untersuchung in spezielle amtliche Labore gebracht. Bestätigt sich der Verdacht nach der Untersuchung der Proben, werden vor Ort Maßnahmen für den Seuchenbetrieb, einen 3 km großen Sperrbezirk und ein 10 km großes Beobachtungsgebiet angeordnet. Da der Mensch die Seuche übertragen kann, gilt: im Seuchengebiet unbedingt an die amtlichen Maßnahmen halten, um ein Ausbreiten der Seuche zu verhindern. Die Geflügelpest ist zwar nicht über Geflügelprodukte auf den Menschen übertragbar, bei Personen, die direkten Kontakt mit infiziertem Geflügel haben, kann es aber zu Grippesymptomen kommen. Im Falle eines Ausbruches der Geflügelpest wird diesen Personen daher eine Grippeschutzimpfung und die Einnahme eines Virus hemmenden Mittels empfohlen. (Auszüge aus: www.nlga.niedersachsen.de, zuletzt geprüft am 28.03.2015)

Informationsmaterial 2: Verarbeitungsprozesse von Text-Bild-Informationen

Die Kognitionsforschung geht davon aus, dass Text- und Bild-Informationen in zwei getrennten Gehirnbereichen, den beiden lateralen Gehirnhemisphären gespeichert und von zwei unabhängigen, aber miteinander verbundenen symbolischen Systemen verarbeitet werden. Eine Information wird über die unterschiedlichen Sinnesorgane selektiert und aufgenommen und an das Kurzzeitgedächtnis (Arbeitsgedächtnis) weitergegeben. Das Kurzzeitgedächtnis setzt sich zusammen aus einer zentralen Aufmerksamkeitskontrolle, die die bewusste Verarbeitung von Information steuert sowie zwei Kurzzeitspeichern, nämlich dem sprachlichen Kurzzeitspeicher für sprachliche sequentielle Information und dem visuell-räumlichen Kurzzeitspeicher für bildliche analoge Information. Im Kurzzeitgedächtnis werden etwa sieben Informationseinheiten gleichzeitig gehalten. Werden diese Informationseinheiten nicht wiederholt oder durch neue Informationen ergänzt, werden sie nach wenigen Sekunden durch die Aufmerksamkeitskontrolle aus dem Kurzzeitgedächtnis verdrängt, also ‚vergessen'. Werden sie dagegen durch Wiederholung oder Ausarbeitung (Elaboration) verstärkt, gehen sie zur Speicherung ins Langzeitgedächtnis über. Die sprachlichen Informationen bilden dort eine propositionale Textbasis, die bildlich-räumlichen Informationen eine analoge Bildbasis. In einem Integrationsprozess werden die gespeicherten Einzelinformationen auf einer höheren Stufe des Verstehensprozesses zu mentalen Modellen verarbeitet. In diesen Modellen werden Beziehungen zwischen Einzelinformationen hergestellt, und es wird eine integrierte Vorstellung der Gesamtinformation erzeugt. Schließlich werden die mentalen Modelle mit dem Vorwissen, nämlich dem individuellen Weltwissen, über geeignete Anknüpfungspunkte verbunden. Je mehr Vorwissen und Anknüpfungspunkte vorhanden sind, desto besser kann das mentale Modell in das Weltwissen integriert und im Langzeitgedächtnis verankert werden. Die getrennte Informationsverarbeitung von textlichen und bildlichen Informationen führt dazu, dass Informationen, die sowohl textlich als auch bildlich darzustellen sind, im Gedächtnis doppelt encodiert und in beiden Speichern abgelegt werden. Für die Visualisierung von fachlichen Informationen bedeutet dies, dass in der Expertenkommunikation das durch die bildliche Darstellung erzeugte mentale Modell dem Rezipienten (Fachkollege/in) bekannt ist oder es problemlos mit seinem Weltwissen verknüpfen kann. In der Experten-Laien-Kommunikation hingegen muss das entsprechende Modell und die Verknüpfung mit dem Weltwissen erst geschaffen werden. Deshalb braucht es für eine optimale Vermittlung zur bildlichen Information verbale Erläuterungen und zur textlichen Information bildliche Erläuterungen. Werden textliche und bildliche Informationen miteinander kombiniert, wie dies meistens in Diagrammen der Fall ist, dann fördert diese Verbindung von sprachlichen und nichtsprachlichen Elementen das Zusammenwirken beider Gehirnhälften (doppelte Encodierung) und damit eine bessere Verarbeitung dieser Informationen.

(www.moodle.zhaw.ch, zuletzt geprüft am 28.03.2015)

8 Überzeugungsrede

„Die Überzeugungsmittel müssen beweisend sein." (Aristoteles)

Tiefenstrukturelle Merkmale und Besonderheiten

Der Begriff ‚Überzeugung' beinhaltet zwei Aspekte: Zum einen wird mit dem Substantiv ‚Überzeugung' eine feste Gewissheit in die Richtigkeit der eigenen Anschauung bezeichnet. Ein Redner positioniert sich und bringt seine Überzeugung in der Rede zum Ausdruck. Diese Redeform wird im Folgenden als **rednerzentrierte Überzeugungsrede** bezeichnet.

Zum anderen drückt das Verb ‚jemanden von etwas überzeugen' das Bemühen aus, andere dazu zu bewegen, sich der Überzeugung des Redners anzuschließen. Der Redner nimmt den Hörer, den es zu überzeugen gilt, stärker in den Blick. Diese Redeform wird im Folgenden als **hörerzentrierte Überzeugungsrede** bezeichnet.

Überzeugung – Die rednerzentrierte Überzeugungsrede

Inhaltliche Durchdringung (Logos)

Unter dem Begriff Überzeugung wird die Art und Weise verstanden, wie sich ein Redner zu einem Problem oder einer Fragestellung argumentativ positioniert. ‚Eine Überzeugung zu besitzen' bedeutet demnach, die durch eigenes Urteilen gewonnene Einsicht oder das auf Argumente gestützte Fürwahrhalten von etwas (Handlung, Meinung...).

> „Überzeugungen sind individuelle bzw. kollektive Wahrnehmungs-, Erfahrungs- und Denkmuster, in denen sich Verständnisse des Selbst und des Anderen, Wertungen und Präferenzen ausdrücken." (Sandkühler 2010, 2806)

Persönliche Überzeugungen können von unterschiedlicher Qualität und Intensität sein und kommen in der Verwendung der jeweiligen Argumente zum Ausdruck.

> „Ein Argument ist die Begründung, die uns motivieren soll, den Geltungsanspruch (einer Äußerung) anzuerkennen." (Habermas 1973, 241)

Argumente spiegeln also menschliche Überzeugungen wider (vgl. Kienpointner 1992, 901):

- Mit Plausibilitätsargumenten werden Erfahrungen des ‚gesunden Menschenverstandes' aufgegriffen und Hinweise auf praktische Alltagserfahrungen gegeben. Dazu gehören aber auch Verallgemeinerungen, Majoritätsmeinungen oder Pauschalurteile.
- Moralisch-ethische Argumente orientieren sich an anerkannten Verhaltensmodellen und überzeitlichen Werten und werden häufig mit ‚gelebten' Angemessenheitsnormen und Verhaltensstandards verbunden.
- Eine rationale Argumentation zeigt sich in einer logischen und empirischen Beweisführung (z.B. Statistiken, Gesetze, Vorschriften, nachprüfbare Fakten) sowie in der Aufdeckung und rationalen Bewertung von Alternativen. (vgl. Teigeler 1968, 102-105)

Die eigene Überzeugung mitzuteilen, zielt entweder darauf, einen Diskurs zu initiieren oder sich gegenüber anderen Überzeugungen abzugrenzen. Typisches Beispiel hierfür sind Podiumsdiskussionen, auf denen sich mehrere Redner auf unterschiedliche Art und Weise argumentativ positionieren. Das kann zu einer Überzeugung auf Seiten der Hörer führen, ist aber nicht primär intendiert. Das primäre Ziel besteht darin, die verschiedenen Sichtweisen zu einem Thema bzw. Problem und dessen Komplexität deutlich werden zu lassen.

Der Begriff ‚Überzeugung' im Sinne von „Ich bin überzeugt von..." bzw. „Ich habe die Überzeugung, dass..." ist also stärker auf den Redner und seine persönliche Überzeugung gerichtet. Sie kann daher folgendermaßen dargestellt werden:

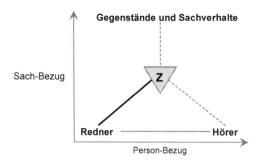

Eine Rede, in der vorrangig die Redeabsicht besteht, dem Hörer die eigene Überzeugung darzulegen, wird als ‚rednerzentrierte Überzeugungsrede' bezeichnet.

Diese rednerzentrierte Überzeugungsrede wird nochmals unterschieden in eine **erkenntnisorientierte** und **handlungsorientierte** Überzeugungsrede:

Eine erkenntnisorientierte Überzeugungsrede („Ich bin überzeugt, dass etwas so und so *ist*") liegt dann vor, wenn ein Redner sich zu einer Fragestellung äußert, die essentielle Bedeutung hat. Essentiell bedeutet in diesem Zusammenhang, die einer Sache inneliegende Wesenhaftigkeit zu thematisieren (z.B.: Was versteht der Redner unter Integration? Unter sozialer Marktwirtschaft? Unter kooperativer Führung?). In ihr wird die Welt-, Werte- und Lebenssicht des Redners argumentativ zum Ausdruck gebracht. Hier handelt es sich also eher um ideell-programmatische Aussagen, die definierenden Charakter besitzen. Sie bilden das argumentative Fundament für daraus abzuleitende adäquate Maßnahmen.

Nicht jedes Problem bedarf jedoch einer grundsätzlichen inhaltlich-ideellen Durchdringung. Häufig ist es allein notwendig, für ein bestehendes Problem eine pragmatische Lösung zu finden und diese im Hinblick auf ihre Umsetzbarkeit zu kommunizieren (z.B. Wie können wir die Kundenzufriedenheit steigern? Wie können wir unsere Produktionsmängel beheben?). Eine Rede, in der ein Redner zu einem konkreten Problem seinen Lösungsvorschlag argumentativ begründet, wird im Folgenden als ‚handlungsorientierte Überzeugungsrede' bezeichnet. Im Gegensatz zur erkenntnisorientierten Überzeugungsrede, die eher eine grundsätzliche Problemdimension in den Blick nimmt, liegt der handlungsorientierten Überzeugungsrede in der Regel ein eher pragmatisches Problem zu Grunde, das es zu lösen gilt („Ich bin überzeugt, dass sich das Problem auf folgende Weise *lösen* lässt").

Hörerorientierung (Pathos)

Da der Schwerpunkt der rednerzentrierten Überzeugungsrede auf der persönlichen Sichtweise liegt, ist es verständlich, dass die inhaltliche Auseinandersetzung mit dem Hörer und die Einbindung der Hörer in seine Rede nur sekundär ist. Trotzdem löst die Überzeugung des Redners etwas bei der Zielgruppe aus (Zustimmung, Ablehnung, Skepsis...). Dessen wird sich der Redner bereits bei der Redeerarbeitung bewusst sein, denn auch seine Überzeugung stellt er nicht in einen situationslosen Kontext. Er weiß um Anlass und Ziel seiner Rede und ist sich bewusst, dass er eine mehr oder weniger intensive Diskussion mit seinem Redebeitrag auslösen wird. Insofern antizipiert er im Blick auf seine Zielgruppe ansatzweise, wie die Rede ‚ankommen' wird. Der Redner einer rednerzentrierten Überzeugungsrede weiß somit von der Sichtweise seiner Zuhörer, bezieht sie aber nicht zwingend auf kooperative Weise ein.

Glaubwürdigkeit (Ethos)

Die Glaubwürdigkeit des Redners ist entscheidend für die rednerzentrierte Überzeugungsrede. Auch sie steht unter dem Anspruch, für den Hörer nachvollziehbar zu sein, auch wenn er die Überzeugung selbst nicht teilt. Für den Redner ist es zwingend, dass seine Überzeugung durch sein eigenes Verhalten abgedeckt wird (z.B. wird es für eine Belegschaft schwer nachvollziehbar sein, wenn eine Führungsperson überzeugt ist von einem partizipativen Führungsstil, selbst jedoch autoritär in allen möglichen Situationen durchgreift). Insoweit hängt die Glaubwürdigkeit vom Vorbildhandeln des Redners ab.

Überzeugen – Die hörerzentrierte Überzeugungsrede

Inhaltliche Durchdringung (Logos)

Während der Redner in der rednerzentrierten Überzeugungsrede seine Überzeugung im Sinne eines Standpunktes zum Ausdruck bringt, drückt das Verb ‚jemanden überzeugen' den Prozess des Bemühens aus, andere dazu zu bewegen, sich einer Überzeugung anzuschließen. Reden, in denen das Überzeugen der Hörer im Zentrum steht, werden als hörerzentrierte Überzeugungsreden bezeichnet.

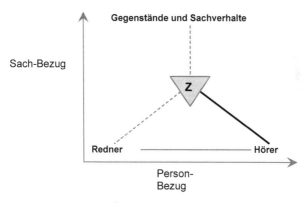

Ziel der hörerzentrierten Überzeugungsrede ist es, den Hörer entweder zu einer Einwilligung und Zustimmung oder zu einer Handlung zu bewegen.

Insofern lässt sich auch diese Redeform in eine **erkenntnisorientierte** („Ich möchte meine Zuhörer überzeugen, dass etwas so und so ist") und eine **handlungsorientierte Überzeugungsrede** („Ich möchte meine Zuhörer motivieren, das Problem auf folgende Weise zu lösen") differenzieren.

Die inhaltliche Durchdringung des zu Grunde liegenden Problems bzw. der Fragestellung erfolgt bei einer hörerzentrierten Überzeugungsrede nicht aus der Rednerperspektive, sondern aus dem situativen Kontext und der Sichtweise der Zielgruppe.

Das bedeutet, dass sich die Auswahl der Inhalte aus der Lebens- bzw. Arbeitswelt der Hörer und deren Problemsicht ergibt. Für den Redner besteht daher die Notwendigkeit, sich diese Ausgangssituation und Problemsicht der Hörer zunächst bewusst zu machen.

So ist es z.B. relevant, ob

- die Lebens- und/oder Arbeitswelt von Redner und Hörer zusammenfallen,
- die Lebens- und/oder Arbeitswelt verschieden sind,
- die Lebens- und/oder Arbeitswelt von Redner und Hörer zusammenfallen, aber die Sicht auf die Problemlage unterschiedlich ausfällt,
- Redner und Hörer unterschiedliche Interessen vertreten,
- der Hörer sich schon Gedanken zu einer Problemlösung gemacht hat,
- der Hörer sich noch keine Gedanken zu einer Problemlösung gemacht hat und ob
- der Redner einen Informationsvorsprung hinsichtlich einer Problemlage besitzt, die dem Hörer nicht bekannt ist.

Jeder dieser Aspekte hat Konsequenzen für die inhaltliche Durchdringung und Dimensionierung: Die Situation des Hörers gibt immer die Inhalte vor.

Beispiel

> Ein Bildungspolitiker, der ein neues pädagogisches Konzept, z.B. die 60-minütige Unterrichtsstunde (statt bisher 45 Minuten) einführen möchte, wird seine Inhalte je nach Ausgangssituation der Zielgruppe (z.B. Schulleitungen, Lehrer, Eltern) anders aufbereiten und sich die Frage stellen müssen, welche thematischen Bereiche für die jeweilige Zielgruppe überhaupt relevant sind.

Aufgrund verschiedener Ausgangssituationen gibt es folglich auch nicht *das* Modell der hörerzentrierten Überzeugungsrede, sondern hier gilt: Die Situation bestimmt Aufbau und Struktur der Rede und nicht umgekehrt.

Aus diesem Grund werden im didaktischen Teil Grundelemente des Überzeugens dargestellt, die variabel der jeweiligen Ausgangssituation und den sich daraus ergebenden Notwendigkeiten angepasst werden.

Hörerorientierung (Pathos)

Den Hörer zu etwas zu bewegen, setzt auf Seiten des Redners eine empathische Haltung voraus, also die Fähigkeit, sich in den anderen einzufühlen und hineinzudenken: Versteht der Redner, was im Hörer vorgeht? Spricht der Redner die Gefühle des Hörers an? Spricht der Redner die Sprache des Hörers?

Nur wenn der Redner versteht, was seine Zielgruppe empfindet, was sie motiviert, was sie sich wünscht oder befürchtet, kann eine Argumentation entstehen, die sich aus der Bedürfnis- und Interessenlage der Hörer heraus entwickelt (vgl. Abb. unten) Erst wenn der Hörer sich verstanden fühlt, kann Vertrauen entstehen. Vertrauen wiederum ist die Grundlage dafür, dass der Hörer bereit ist, den Gedankengang des Redners aktiv mitzugehen.

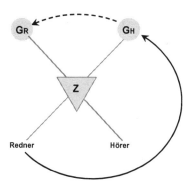

(vgl. ähnlich: Bartsch 2009, 36)

Glaubwürdigkeit (Ethos)

Da es weder die absolute Wahrheit in Fragen der Erkenntnis, noch die absolute Lösung für ein Problem gibt, sind Überzeugungsprozesse immer wieder hinterfragbar und werden nie zu einem endgültigen Abschluss führen können. Insoweit sind hörerzentrierte Überzeugungsreden mit ihrer je eigenen spezifischen Zielrichtung nie Abschluss einer Auseinandersetzung.

Vergangenheit (Anlass) ⟶ Gegenwart (Rede) ⟶ Zukunft (angestrebte gemeinsame Sichtweise/Handlung)

Eine Überzeugungsrede hat immer einen vorausgehenden Anlass (Vergangenheit), auf den der Redner Bezug nimmt (Gegenwart), um mit der Zielgruppe zu einer gemeinsamen Sichtweise bzw. Handlung zu gelangen (Zukunft). Überzeugungsreden lassen von ihrem Selbstverständnis her dem Hörer stets die Freiheit, auf unterschiedliche Weise auf die Überzeugung des Redners reagieren zu können. Sie sind somit als kooperativer Prozess zu verstehen, in dem eine Einigung angestrebt, aber nicht erzwungen wird.

Unter ethischen Aspekten sind Überzeugungsprozesse von ‚Überredungsversuchen' zu unterscheiden: Wovon ein Redner überzeugt ist, kann aus seiner Sicht nicht falsch sein, während man zu einer falschen Sache überredet werden kann (vgl. Sandkühler 2010, 2807). Die rhetorischen Mittel sind für das ‚Überzeugen' und ‚Überreden' die gleichen, die ethische Haltung der Kooperation allerdings verpflichtet den Redner dazu, nur das als richtig oder für wahr Gehaltene zu vertreten.

Didaktisch-methodische Besonderheiten der Überzeugungsrede

Die im Folgenden vorgestellten Strukturmodelle dienen dazu, die verschiedenen Formen der rednerzentrierten, wie auch der hörerzentrierten Überzeugungsrede schrittweise zu erarbeiten. Diese Strukturmodelle bestehen jeweils aus bestimmten funktionalen Bausteinen. Dieses Baustein-System ermöglicht es, einzelne redefunktionale Elemente gesondert bewusst zu machen und in entsprechenden kleinschrittigen Übungen zu erarbeiten. Jedes Strukturmodell ist insofern variabel, als hier je nach Situation und funktionaler Notwendigkeit sowohl Bausteine ausgetauscht als auch ergänzt werden können. Bevor die einzelnen Strukturmodelle und ihre jeweiligen Arbeitsschritte und Übungen vorgestellt werden, wird an dieser Stelle bewusst auf die Komplexität der Überzeugungsrede hingewiesen. Die folgende Übersicht über die Strukturmodelle und deren Bausteine macht den Umfang und die Komplexität dieses Kapitels deutlich.

(DVD-Beispiele Überzeugungsrede: Redegattungen 7-11)

Strukturmodelle der Überzeugungsrede im Überblick

Basic: Rednerzentriert (handlungsorientiert):

Ich bin überzeugt, dass sich das Problem auf folgende Weise *lösen* lässt.

1. Gegenwärtiges Problem aus Rednersicht	Rednersicht
2. Negative Konsequenzen	Rednersicht
3. Problemlösung (Überzeugung des Redners)	Rednersicht
4. Positive Konsequenzen	Rednersicht
5. Schritte in Richtung Umsetzung	Rednersicht

Advanced: Hörerzentriert (handlungsorientiert):

Ich möchte meine Zuhörer motivieren, das Problem auf folgende Weise zu *lösen*.

1. Motivation des Hörers	Hörersicht
2. Problemfrage des Hörers	Hörersicht
3. Lösungsversuche der Hörer/anderer Personen	Hörersicht
4. Überzeugung des Redners	Redner- und Hörersicht
5. Zirkelschluss	Redner- und Hörersicht

Experienced: Rednerzentriert (erkenntnisorientiert)
Ich bin überzeugt, dass etwas so und so *ist*.

1. Gegenwärtiges Problem	Redner- und Hörersicht
2. Negative Konsequenzen	Rednersicht
3. Überzeugung des Redners	Rednersicht
4. Positive Konsequenzen	Rednersicht
5. Zirkelschluss	Redner- und Hörersicht

Experienced: Hörerzentriert (erkenntnisorientiert):
Ich möchte meine Zuhörer überzeugen, dass etwas so und so *ist*.

1. Motivation des Hörers	Hörersicht
2. Problemfrage bzw. Problemstellung	Hörersicht
3. Überzeugungen der Hörer/anderer Personen	Hörersicht
4. Überzeugung des Redners	Rednersicht/Relevanz für den Hörer
5. Zirkelschluss	Redner- und Hörersicht

Die in diesem Kapitel vorgestellte Reihenfolge für die Bearbeitung der verschiedenen Formen der Überzeugungsrede und deren Bausteine empfiehlt sich vor allem deshalb, weil der Weg von einer rednerzentrierten zu einer hörerzentrierten Überzeugungsrede intensiv nachvollzogen werden muss, um den Wirkungsunterschied der beiden Redeformen in seiner Gänze zu erfassen. Dabei entspricht die getroffene Differenzierung in ‚Überzeugung' und ‚Überzeugen' der Erfahrung, dass Lernprozesse im Bereich der Überzeugungsrede immer damit beginnen, dass sich der Redner zunächst seiner eigenen Überzeugung gewiss sein muss, bevor er einen Hörer überzeugen kann. Daraus ergibt sich die didaktische Aufbereitung und Reihenfolge: **Von der rednerzentrierten zur hörerzentrierten Überzeugungsrede.**

Da es sich um aufeinander aufbauende Schritte handelt, wird im Übungsteil unterschieden in Arbeitsschritte und Übungen. Die zusätzlichen Übungen können zum besseren Verstehen und zur Vertiefung der einzelnen Arbeitsschritte beitragen.

Die erkenntnisorientierten Überzeugungsreden sind ausschließlich im experienced-Teil zu finden, da sie zum einen im ‚normalen' Lebens- und Berufsalltag wesentlich seltener vorkommen, zum anderen sie einer besonders intensiven Begleitung durch einen Lehrenden oder Coach bedürfen. Ihre Erarbeitung basiert unbedingt auf den im Vorfeld vermittelten Inhalten der basic- und advanced-Stufe. Eine Vermittlung dieser Strukturmodelle ohne vorherige Bearbeitung dieser Stufen ist nicht zu empfehlen.

Die Überzeugungsreden in ihrer Bearbeitungsabfolge

Basic	Rednerzentrierte Überzeugungsrede (handlungsorientiert)
Advanced	Hörerzentrierte Überzeugungsrede (handlungsorientiert)
	Varianten der hörerzentrierten Überzeugungsrede u. ihre inneren argumentativen Strukturen
Experienced	Rednerzentrierte Überzeugungsrede (erkenntnisorientiert)
	Hörerzentrierte Überzeugungsrede (erkenntnisorientiert)

8.1 Basic (rednerzentriert-handlungsorientierte Überzeugungsrede)

Didaktisch-methodische Hinweise

Im Zentrum dieses Abschnitts steht die rednerzentrierte Überzeugungsrede (handlungsorientiert). Sie spiegelt die Sichtweise des Redners im Blick auf ein vorliegendes Problem wieder, das es für ihn zu lösen gilt. („Ich bin überzeugt, dass sich das Problem auf folgende Weise *lösen* lässt").

Diese Redeform findet sich u.a. bei Diskussionsforen, Besprechungen oder Konferenzen wieder. Für die rednerzentriert-handlungsorientierte Überzeugungsrede wird das folgende Strukturmodell verwendet (vgl. auch Hierhold 2006, 90).

Strukturmodell im Überblick

1. Gegenwärtiges Problem aus Rednersicht	Hier erfasst der Redner zunächst das Problem aus seiner Perspektive.
2. Negative Konsequenzen	Der Redner zeigt negative Auswirkungen und mögliche Konsequenzen auf, die sich ergeben, wenn nicht oder nur unzureichend gehandelt wird.
3. Problemlösung (Überzeugung des Redners)	Der Redner stellt seine Problemlösung vor und begründet sie.
4. Positive Konsequenzen	Der Redner zeigt auf, welche positiven Auswirkungen sich aus seiner vorgeschlagenen Lösung ergeben.
5. Schritte in Richtung Umsetzung	Der Redner macht Vorschläge, durch welche konkreten Maßnahmen oder Schritte die Problemlösung umgesetzt werden kann.

Entscheidend für die Erarbeitung dieser Rede ist es:
- die Anlass-Situation zu erheben (Problemsicht),
- sich seiner eigenen Bedürfnisse und Interessen bewusst zu werden, um darauf basierend
- die eigene Überzeugung (Problemlösung) klar zu definieren.

Die Arbeitsschritte in allen Abschnitten werden anhand einer durchlaufenden Beispielsituation erarbeitet und sind schrittweise aufeinander aufgebaut.

Im 1. Arbeitsschritt wird zunächst eine Exploration der Anlasssituation vorgenommen, um daraus eine Problemstellung zu erheben.

Im 2. Arbeitsschritt wird eine Problemlösung vorgegeben, auf deren Grundlage die Teilnehmer die Bausteine 4 (positive Konsequenzen) und 5 (Schritte in Richtung Umsetzung) erarbeiten.

Im 3. Arbeitsschritt wird herausgearbeitet, dass Lösungen immer bedürfnis- und interessegeleitet sind.

Im 4. Arbeitsschritt werden Möglichkeiten vorgestellt, wie eine stärkere Hörerorientierung in diese Redeform integriert werden kann. Diese Übung dient gleichzeitig als Vorbereitung auf die hörerzentrierte Überzeugungsrede.

(Material: Arbeitsblatt 14 und 16)

Übungsteil

1. Arbeitsschritt: Erarbeitung der rednerzentrierten Problemsicht und der negativen Konsequenzen (Baustein 1 und 2)

1. Gegenwärtiges Problem aus Rednersicht
2. Negative Konsequenzen
3. Problemlösung (Überzeugung des Redners)
4. Positive Konsequenzen
5. Schritte in Richtung Umsetzung

Materialbasis ist die folgende Ausgangssituation:

> Ausgangssituation (Herr Maier)
>
> Herr Maier ist 43 Jahre alt und ist seit zwei Jahren Chorleiter des Chores „Cäcilia Köln" mit einer 50-Prozent-Stelle. Die anderen 50 Prozent nutzt er für freiberufliche Tätigkeiten. Herr Maier wurde damals angestellt, weil ihm ein guter Ruf vorausging und er schon andere Chöre zu beachtlichen Erfolgen geführt hatte.
>
> Der Chor „Cäcilia Köln" ist eine Institution in der Stadt. Der Chor lebt von seinem Image der vergangenen Jahrzehnte, in denen viele Konzerte im In- und Ausland gegeben wurden. Seit einiger Zeit wird der Chor aber nur noch selten angefragt. Dies liegt wesentlich daran, dass bei einigen Sängerinnen und Sängern die Stimme etwas brüchig klingt und die höheren Töne nicht mehr von allen sicher getroffen werden. Dies mag auch der Grund dafür sein, dass die in Eigenregie durchgeführten Konzerte nicht mehr einen so großen Anklang bei der Bevölkerung finden, wie noch vor gut fünf Jahren. Zudem sind die Chormitglieder über die Jahre hinweg gemeinsam älter geworden. Jüngere Interessenten erschienen zwar immer wieder mal zu Proben, blieben dann aber weg.
>
> Herr Maier sieht den Bestand des Chores auf Dauer dann gefährdet, wenn nicht neue Mitglieder hinzukommen. Gleichzeitig leidet auch sein guter Ruf als Dirigent und Chorleiter, da die zusehends schwachen Leistungen auch ihm von der Öffentlichkeit zugeschrieben werden. Dies hätte auch Konsequenzen für seine weitere Karriere.
>
> Aus diesem Grund beschließt Herr Maier, dem Vorstand des Chores darzulegen, wie er sich die Lösung des Problems vorstellt.

Die Teilnehmer nehmen die Rolle des Chorleiters Herrn Maier ein und versuchen mit Hilfe der ersten beiden Redebausteine die Anlass-Situation darzustellen. Die Erarbeitung der ersten Redebausteine kann in Einzel- wie auch in Gruppenarbeit vollzogen werden.

2. Arbeitsschritt: Erarbeitung der positiven Konsequenzen der Schritte in Richtung Umsetzung (Bausteine 4 und 5)

Im zweiten Arbeitsschritt wird den Teilnehmern folgende Problemlösung (Baustein 3) von Herrn Maier vorgegeben:

> Herr Maier ist aufgrund der Ausgangslage zu dem Entschluss gekommen, für alle Chormitglieder eine Gesangsprüfung mit dem 65. Lebensjahr einzuführen. Dies würde aus seiner Sicht wesentlich die Qualität des Chores steigern.
>
> Die Überzeugung von Herrn Meier lautet: Ich bin überzeugt, dass das Problem gelöst werden kann, wenn eine Gesangsprüfung mit dem 65. Lebensjahr eingeführt wird.

1. Gegenwärtiges Problem aus Rednersicht
2. Negative Konsequenzen
3. Problemlösung (Überzeugung des Redners)
4. Positive Konsequenzen
5. Schritte in Richtung Umsetzung

Auf der Basis dieser Problemlösung erarbeiten die Teilnehmer nun die Bausteine 4 (Positive Konsequenzen) und 5 (Schritte in Richtung Umsetzung). Die Erarbeitung kann als Einzel- oder Gruppenarbeit durchgeführt werden.

Das Grundmodell der rednerzentrierten Überzeugungsrede ist damit vollständig erarbeitet, so dass die Teilnehmer im Anschluss ihre Rede im Plenum halten können.

3. Arbeitsschritt: Erarbeitung der Bedürfnisse und Interessen des Redners

In den Arbeitsschritten 3 und 4 kann nun (vorbereitend für die hörerzentrierte Überzeugungsrede) erarbeitet werden, wie der Redner von einer ausschließlichen Rednerorientierung zu einem stärkeren Einbezug des Hörers in die Rede gelangen kann. Den ersten Schritt stellt hierzu das Herausarbeiten der Bedürfnisse und Interessen des Redners dar: In diesem analytisch ausgerichteten Schritt 3 geht es darum zu erkennen, dass hinter jeder Überzeugung Bedürfnisse und Interessen stehen, die in einer Rede nicht unbedingt angesprochen werden.

Im Plenum wird zunächst der Überblick über mögliche Bedürfnisse vorgestellt (vgl. Kapitel 5.2). Im anschließenden Gespräch werden die verschiedenen Bedürfnisse und Interessen von Herrn Maier herausgearbeitet.

Was für den Redner gilt, gilt auch für den Hörer. Um auch dem Hörer mit seinen Bedürfnissen und Interessen gerecht zu werden, werden im 4. Arbeitsschritt die Inhalte des Redners in Beziehung gesetzt zu der Frage: Welche Relevanz hat das, was der Redner sagt, für die Hörer?

4. Arbeitsschritt: Erarbeitung der Relevanz für den Hörer

In diesem Arbeitsschritt wird jeder Baustein der bereits in den vorausgegangenen Arbeitsschritten erarbeiteten Rede um den Aspekt der „Relevanz für den Hörer" erweitert.

Das bedeutet: Die in 1 und 2 erarbeiteten Redebausteine aus Rednersicht werden in Beziehung zur „Relevanz für den Hörer" gesetzt. Es geht darum, die Ich-Zentriertheit einer Aussage um Aussagen wie z.B. „... und das ist für Sie insofern relevant als..." oder „...und das hat für Sie die Auswirkung ..." zu ergänzen.

Damit dies nicht in eine rein formale Formulierungsübung abgleitet, sondern hier eine echte Auseinandersetzung mit dem Hörer geschieht, erfolgt dieser Schritt mithilfe der folgenden Fragen:

Rednersicht	Fragen aus Hörersicht/Relevanz für den Hörer
1. Gegenwärtiges Problem aus Rednersicht	„Was hat deine Problemsicht mit mir zu tun?"
2. Negative Konsequenzen	„Inwieweit betreffen mich die negativen Konsequenzen, die du aufzeigst?"
3. Problemlösung (Überzeugung des Redners)	„Inwieweit hilft mir deine Lösung?"
4. Positive Konsequenzen	„Inwieweit betreffen mich die positiven Konsequenzen, die du aufzeigst?"
5. Schritte in Richtung Umsetzung	„Warum sollte ich die Schritte zur Umsetzung mitgehen?"

Der Blick auf die Bedürfnisse des Redners, die hier mit den Bedürfnissen bzw. der Relevanz für die Hörer in Beziehung gesetzt werden, macht deutlich, dass die Bedürfnis- und Interessenlagen von Redner und Hörer nicht zwingend kompatibel sein müssen. Der Perspektivenwechsel in Richtung der Hörer erfordert somit ein besonderes Interesse an der Zielgruppe.

Die Teilnehmer stellen anschließend die ausschließlich rednerzentrierte und die erweiterte Redevariante im Plenum vor. Im Vergleich können die unterschiedlichen Wirkungen der Reden herausgearbeitet werden.

Transfer

Eine Transferübung zu einem Thema aus der Lebens- und/oder Arbeitswelt der Teilnehmer kann sich sowohl nach Arbeitsschritt 2 als auch 4 anschließen.

8.2 Advanced (hörerzentriert - handlungsorientierte Überzeugungsrede)

Didaktisch-methodische Hinweise

Die hörerzentrierte Überzeugungsrede (handlungsorientiert), die hier erarbeitet wird, konzentriert sich wesentlich auf die Zielgruppe.

Strukturmodell im Überblick

1. Motivation der Hörer	Anlass-Situation (defizitäre Erfahrungen)	Hörersicht
2. Problemfrage der Hörer	Die aus der Anlass-Situation erwachsene Fragestellung	Hörersicht
3. Lösungsversuche der Hörer/anderer Personen	Antworten der Zielgruppe/ anderer Personen im Blick auf die Fragestellung	Hörersicht
4. Überzeugung des Redners	Antwort des Redners auf die Fragestellung unter Einbindung der Zielgruppe	Hörer- und Rednersicht
5. Zirkelschluss	Darstellung einer qualitativen Veränderung für die Zielgruppe im Blick auf die Anlass-Situation	Hörer- und Rednersicht

Dabei steht der Perspektivenwechsel mit folgenden Aspekten im Zentrum der Erarbeitung:

- Anlass-Situation der Zielgruppe
- Bedürfnisse und Interessen der Zielgruppe
- Gefühle der Zielgruppe
- Lösungsversuche der Zielgruppe

Grundsätzlich gilt für Überzeugungsreden diesen Typs: Der Redner übernimmt für eine längere Zeit ausschließlich die Sichtweise seiner Zielgruppe, um sie dann zu seiner Überzeugung weiterführen zu können. Im Bild gesprochen bedeutet dies: Der Redner stellt seiner Zielgruppe einen Spiegel vor Augen, so dass sie sich wiedererkennen kann. Dies kann am ehesten dann geschehen, wenn der Redner bewusst in Beziehung zu seiner Zielgruppe steht, sich für sie interessiert und ihre Anliegen und Sichtweisen ernst nimmt. Erkennt der Hörer, dass er vom Redner verstanden wird, entsteht das nötige Vertrauen, das für den weiteren Prozess von erheblicher Bedeutung ist. Nimmt der Redner die Inhalte, Bedürfnisse, Interessen und die damit verbundenen Gefühle seiner Zielgruppe nicht ernst, sieht der Hörer nicht mehr sein Spiegelbild, sondern nur noch sein Zerrbild. Damit aber schwindet dann auch das Vertrauen des Hörers in den Redner.

Den Teilnehmern wird in diesem komplexen Abschnitt ein Weg aufgezeigt, der es ihnen ermöglicht, Überzeugungsprozesse in Reden auf kooperative Weise zu gestalten.

Ausgangspunkt einer jeden Rede ist die Anlasssituation des Hörers, in der eine Unzufriedenheit zum Ausdruck gebracht wird und die aus seiner Sicht einer Lösung bedarf. Dieser Anlass („defizitäre' Sicht auf eine Situation) kann zwischen Redner und Hörer deckungsgleich sein, in vielen Fällen ist er es jedoch nicht. Insoweit wird der Redner zunächst seine Sicht der Dinge in den Blick nehmen, wie es bereits bei der rednerzentrierten Überzeugungsrede geschehen ist (basic). Die Antwort des Redners bezieht sich stets auf die Interessen der Zielgruppe. Die Aufgabe für den Redner besteht darin, mit Hilfe seiner Überzeugung den Hörer qualitativ weiter zu führen, kurz gesagt: aus der zu Beginn angesprochenen Unzufriedenheit muss mit Hilfe der Rednerüberzeugung ein ‚Mehr' an Zufriedenheit für den Hörer hergestellt werden können. Dieser Prozess, der in der hörerzentrierten Überzeugungsrede durchlaufen wird, kann am Flipchart folgendermaßen demonstriert werden:

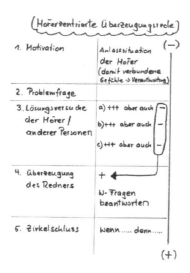

Die Fähigkeit des Redners, die Perspektive der Zielgruppe übernehmen zu können, zeigt sich unter anderem darin, wie der Redner die Anlasssituation des Hörers darstellt und ggf. sogar szenisch entwickelt (z.B. durch wörtliche Rede). Die für diese Rede nötige Kompetenz der Perspektivenübernahme wird in verschiedenen kleinen Arbeitsschritten eingeübt.

Die Redeerarbeitung wird differenziert in

- Vorbereitung: Erarbeitung eines hörerorientierten Überzeugungssatzes und
- Erarbeitung der Bausteine des Grundmodells.

Die Erarbeitung dieser Überzeugungsrede benötigt die kontinuierliche Begleitung durch den Lehrenden. Jeder Teilschritt sollte erfolgreich abgeschlossen sein, um darauf aufbauend weiter arbeiten zu können. Da in der ersten von den Teilnehmern erstellten vollständigen Rede in der Regel die Struktur den Inhalt dominiert, kann es notwendig sein, mehrere Reden zu erarbeiten, bis zusehends die Struktur in den Hintergrund gerät und der Redner mit seinen Inhalten stärker hervortreten kann. Es empfiehlt sich, einfache Anlasssituationen vorzugeben, in die die Teilnehmer thematisch nicht involviert sind. Auf diese Weise können sich die Teilnehmer auf das Erfassen der vorliegenden Struktur und der dahinter liegenden Haltung konzentrieren. Erst wenn bei den Teilnehmern eine Struktursicherheit festzustellen ist, macht eine Anwendung auf berufliche Themen Sinn.

(Material: Arbeitsblätter 15-17, 19a-19c, 20a-20d)

Übungsteil I: Erarbeitung eines hörerzentrierten Überzeugungssatzes (Vorbereitung)

Die folgenden vier Arbeitsschritte beschreiben den Weg, ausgehend von der Anlasssituation des Redners hin zu einem hörerzentrierten Überzeugungssatz. Im Unterschied zum Zielsatz (vgl. 4.3.3 Fünfsatz) enthält der Überzeugungssatz sowohl das Hörerbedürfnis als auch das Ziel des Redners. Auf diesem hörerzentrierten Überzeugungssatz basieren alle weiteren Erarbeitungsschritte der hörerzentrierten Überzeugungsrede. In ihm wird die konsequente Hörerorientierung sichtbar, auf die hin die gesamte Rede ausgerichtet wird. Der Inhalt des 1. Arbeitsschrittes wird im Plenum durch den Lehrenden vorgestellt. Alle weiteren vorbereitenden Arbeitsschritte sind mit Übungen verbunden.

Arbeitsschritte im Überblick

1. Arbeitsschritt: Von der Anlasssituation zum Zielsatz des Redners	Erläuterung durch den Lehrenden im Plenum
2. Arbeitsschritt: Vom Zielsatz zur hörerorientierten Begründung	Erläuterung mit anschließender Übung
3. Arbeitsschritt: Von der hörerorientierten Begründung zur Problemfrage des Hörers	Erläuterung mit anschließender Übung
4. Arbeitsschritt: Von der Problemfrage zum Überzeugungssatz	Erläuterung mit anschließender Übung

1. Arbeitsschritt: Von der Anlasssituation zum Zielsatz des Redners

Der Lehrende erläutert zunächst im Plenum, worin der Unterschied zwischen der Problemlösung des Redners in der rednerzentrierten Überzeugungsrede („Ich bin überzeugt, dass das Problem auf folgende Weise gelöst werden kann.") und dem Zielsatz in einer hörerzentrierten Überzeugungsrede besteht („Ich möchte meine Zuhörer motivieren, Folgendes zu tun..."). Stellt der Redner in der rednerzentrierten Überzeugungsrede seine persönliche Sichtweise in den Vordergrund, so nimmt er in der hörerzentrierten Überzeugungsrede seine Zielgruppe stärker in den Blick. Da er weiß, dass er das Problem nicht alleine lösen kann, muss er seine jeweilige Zielgruppe von seiner Lösung überzeugen. Der Zielsatz formuliert das ‚Wozu' des Überzeugen-Wollens. Mit dem Zielsatz rückt eine Handlung ins Zentrum, die beim Hörer ausgelöst werden soll. Aus diesem Grund lautet die standardisierte Formulierung eines Zielsatzes: „Ich möchte meine Zuhörer (Zielgruppe) motivieren, Folgendes zu tun..." (Handlung).

Bei der Zielsatzformulierung ist grundsätzlich darauf zu achten,

- dass Zielsätze stets positiv formuliert werden:

Beispiel

> Nicht: Ich möchte meine Zuhörer motivieren, nicht mehr zu spät zur Chorprobe zu kommen.
>
> Sondern: Ich möchte meine Zuhörer motivieren, zukünftig pünktlich zur Chorprobe zu kommen.

- und dass allein ein Ziel innerhalb einer Rede verfolgt wird, da ansonsten nicht nur die Prägnanz, sondern auch die Eindeutigkeit im Blick auf die zu erzielende Wirkung leiden würde.

Am bereits in 8.1 bearbeiteten „Chorbeispiel" kann dies noch einmal vorgeführt werden. Die Ausgangssituation (Herr Maier) liegt den Teilnehmern als Arbeitsblatt vor:

> Ausgangssituation (Herr Maier)
>
> Herr Maier ist 43 Jahre alt und ist seit zwei Jahren Chorleiter des Chores „Cäcilia Köln" mit einer 50-Prozent-Stelle. Die anderen 50 Prozent nutzt er für freiberufliche Tätigkeiten. Herr Maier wurde damals angestellt, weil ihm ein guter Ruf vorausging und er schon andere Chöre zu beachtlichen Erfolgen geführt hatte.
>
> Der Chor „Cäcilia Köln" ist eine Institution in der Stadt. Der Chor lebt von seinem Image der vergangenen Jahrzehnte, in denen viele Konzerte im In- und Ausland gegeben wurden. Seit einiger Zeit wird der Chor aber nur noch selten angefragt. Dies liegt wesentlich daran, dass bei einigen Sängerinnen und Sängern die Stimme etwas brüchig klingt und die höheren Töne nicht mehr von allen sicher getroffen werden. Dies mag auch der Grund dafür sein, dass die in Eigenregie durchgeführten Konzerte nicht mehr einen so großen Anklang bei der Bevölkerung finden, wie noch vor gut fünf Jahren. Zudem sind die Chormitglieder über die Jahre hinweg gemeinsam älter geworden. Jüngere Interessenten erschienen zwar immer wieder mal zu Proben, blieben dann aber weg.
>
> Herr Maier sieht den Bestand des Chores auf Dauer dann gefährdet, wenn nicht neue Mitglieder hinzukommen. Gleichzeitig leidet auch sein guter Ruf als Dirigent und Chorleiter, da die zusehends schwachen Leistungen auch ihm von der Öffentlichkeit zugeschrieben werden. Dies hätte auch Konsequenzen für seine weitere Karriere.
>
> Aus diesem Grund beschließt Herr Maier, den Vorstand des Chores und die Chormitglieder zu überzeugen, sich seiner Problemlösung anzuschließen.

Die Überzeugung des Chorleiters bestand darin, eine Gesangsprüfung mit dem 65. Lebensjahr einzuführen, weil aus seiner Sicht dadurch die

Qualität des Chores gesteigert werden kann. Er steht nun vor der Aufgabe, sowohl den Vorstand des Chores als auch die Mitglieder auf der Jahresversammlung dahingehend zu überzeugen, dass eine Gesangsprüfung mit dem 65. Lebensjahr eingeführt wird.

Der Zielsatz würde in diesem Fall lauten:

> Ich möchte den Vorstand (bzw. die Chormitglieder) motivieren, sich für eine Gesangsprüfung ab dem 65. Lebensjahr einzusetzen.

Basierend auf diesem Zielsatz wird nun in den folgenden Übungen jeweils für die Zielgruppe „Vorstand" und „Chormitglieder" schrittweise eine hörerzentrierte Überzeugungsrede erarbeitet.

2. Arbeitsschritt: Vom Zielsatz zur hörerorientierten Begründung

Um den Zielsatz aus der Bedürfnissicht der Hörer begründen zu können, bedarf es der Kenntnis der jeweiligen Zielgruppe. Hier beginnt für die hörerzentrierte Überzeugungsrede der entscheidende Schritt des Perspektivenwechsels. Wie erlebt die Zielgruppe die momentane Situation? Wie trifft/antwortet der Zielsatz des Redners auf die Bedürfnislage der Hörer in ihrer Situation?

Da Herr Maier sowohl vor dem Vorstand als auch den Chormitgliedern sprechen wird, sind zwei verschiedene Perspektivenwechsel notwendig.

Methodisch wird ab diesem Zeitpunkt so vorgegangen, dass der Lehrende die Erarbeitungsschritte zunächst anhand der Zielgruppe ‚Vorstand' am Flipchart veranschaulicht und entwirft.

Im Anschluss daran erarbeiten die Teilnehmer ihre Rede analog für die Zielgruppe „Chormitglieder". Durch diese analoge Vorgehensweise erleben die Teilnehmer im weiteren Verlauf immer deutlicher, wie sich die beiden Reden voneinander unterscheiden.

Lehr-Beispiel

Der Lehrende stellt im Plenum zunächst vor, wie der Vorstand die Situation des Chores möglicherweise sieht und einschätzt:

> Material: Perspektivenwechsel in Richtung Zielgruppe ‚Vorstand'
>
> Der Vorstand beklagt seit einigen Jahren, dass die Mitgliederbeiträge kontinuierlich sinken. Dies liegt zum einen am hohen Altersdurchschnitt und den damit verbundenen Sterbefällen, zum anderen an Wegzügen von Mitgliedern in andere Stadtbezirke. Neue Mitglieder sind häufig nur für eine kurze Zeit dabei geblieben. Auch hier konnten keine dauerhaften Einnahmen gesichert werden. Zusätzliche Einnahmen sind seit einiger Zeit auch nicht mehr zu verbuchen. Die Konzerte, die gegeben wurden, waren zumeist ein Verlustgeschäft, und auch die letzte CD-Produktion hat mehr Kosten als Einnahmen erbracht. Gelder zum Erwerb für neue Noten sind kaum noch vorhanden und Chorreisen sind nur noch möglich, wenn alle den vollen Betrag bezahlen. Soziale Unterstützungen sieht das Budget nicht mehr vor. Insoweit sieht sich der Vorstand fast nur noch als Mangelverwalter. Die Freude am Planen und Entwickeln wird zusehends durch eine resignative Stimmung verdrängt. Versuche von zwei Mitgliedern des Vorstands, Sponsoren zu akquirieren sind zwar noch nicht gescheitert, doch zieht sich das Ganze schleppend hin. Auch mit Hilfe eines Basars die kommende Chorfreizeit zu finanzieren, führte nicht zum erwünschten Erfolg: Einnahmen und Ausgaben hielten sich die Waage.

Der Perspektivenwechsel ergibt, dass für den Vorstand die schlechte finanzielle Situation des Chores ein großes Problem darstellt. Aus dieser Defizitsituation lässt sich gleichzeitig das zentrale Hörerbedürfnis beschreiben: „Der Vorstand hat ein Interesse daran, dass der Chor finanziell wieder besser aufgestellt ist." Der Lehrende erläutert nun, wie der Zielsatz in Beziehung zu diesem zentralen Hörerbedürfnis gesetzt wird.

Lehr-Beispiel

Der Zielsatz mit hörerorientierter Begründung für den Vorstand lautet:

> Ich (Herr Maier) möchte den Vorstand motivieren, sich für eine Gesangsprüfung ab dem 65. Lebensjahr einzusetzen, *weil sie sich dadurch wieder finanziell besser aufstellen (Komparativ) können.*

Der Komparativ ‚finanziell besser aufstellen können' spiegelt das Interesse des Vorstands wieder, mehr Geld für verschiedene Projekte zur Verfügung haben zu können. Die Gesangsprüfung ist die Lösung des Redners. Die Beziehung zwischen der Lösung des Redners und dem Bedürfnis der Zielgruppe eröffnet eine neue Dimension, wie ein Problem gelöst werden kann. Es entsteht zunächst ein gewisses Spannungsverhältnis: „Was hat das eine mit dem anderen zu tun?" Aber genau davon lebt die Überzeugungsrede, da der Redner im Verlauf seiner Rede diese Spannung für seine Zielgruppe auflöst.

Nach dieser Einführung schließt sich nun die Übung für die Teilnehmer an. Als Material erhalten diese folgende Hinweise zur Perspektive der Chormitglieder und entwerfen nun einen Zielsatz mit hörerorientierter Begründung für die Zielgruppe ‚Chormitglieder'.

> Material: Perspektivenwechsel in Richtung Zielgruppe ‚Chormitglieder'
>
> Ein großer Teil der Chormitglieder kennt sich bereits seit über zwanzig Jahren. Zwar sind immer wieder einige neue Chormitglieder hinzugekommen, doch sie blieben nur für eine überschaubare Zeit. So versteht sich der Chor wie eine große Familie und lebt insbesondere aus den Erlebnissen der vergangenen Jahre. Die großen Konzerte haben sie zusammengeschweißt und eine Feierkultur etabliert, die bis heute nach den Chorproben ihresgleichen sucht. Enttäuscht sind viele Mitglieder, dass sie nicht mehr so zahlreich zu Konzerten eingeladen werden und die Konkurrenz immer größer wird. Auch die eigenständig organisierten Konzerte und ihr jährliches Weihnachtskonzert mit anschließendem Basar wurden nur noch von wenigen besucht. Eigentlich kamen zumeist Angehörige von Chormitgliedern zu den immer spärlicher werdenden Chorveranstaltungen.
>
> Deshalb wurde ein Öffentlichkeitsausschuss ins Leben gerufen, der eine eigene Homepage für den Chor gestalten soll. Diese Arbeit ist seit zwei Monaten abgeschlossen, hat aber noch nicht zu dem gewünschten Erfolg geführt. Außerdem kommen neue Kosten auf den Chor zu, da niemand fähig ist, die Homepage zu aktualisieren.
>
> Als im letzten Jahr der Vorstand über die finanzielle Situation berichtete, waren alle sehr betroffen, so dass man von verschiedener Seite hören konnte: „Der Letzte macht das Licht aus. So haben wir ja keine Zukunft."

Für die Chormitglieder hieße der Zielsatz mit hörerorientierter Begründung daher:

Ich möchte meine Zuhörer motivieren, sich für eine Gesangsprüfung ab dem 65. Lebensjahr einzusetzen,

weil sie dadurch _____ (Komparativ)

_____

_____ .

3. Arbeitsschritt: Von der hörerorientierten Begründung zur Problemfrage des Hörers

Um kontrollieren zu können, ob das Hörerbedürfnis wirklich erfasst wurde, wird in einem weiteren Schritt die hörerorientierte Begründung in eine Fragestellung des Hörers umformuliert.

Diese Fragestellung wird standardisiert mit der Formel „Was können *wir* (bzw. *ich* bei Einzelnen) tun, um...?" eingeleitet.

Der Redner kann an dieser Stelle überprüfen, inwieweit der Hörer sich eine solche Frage realistisch stellen würde. Kommt der Redner zu der Auffassung, dass sich der Hörer eine solche Frage nicht stellt, muss er eine neue hörerorientierte Begründung entwerfen.

Da die Problemfrage des Hörers der Dreh- und Angelpunkt der hörerzentrierten Überzeugungsrede ist, und alle späteren Bausteine von dort ausgehend erarbeitet werden, ist eine sorgfältige Formulierung unbedingt notwendig.

Lehr-Beispiel

Der Lehrende stellt die Problemfrage aus Sicht des Vorstands vor:

> „Was können wir tun, um uns finanziell wieder besser aufstellen zu können?"

Die Teilnehmer erarbeiten die Problemfrage des Chores:

Was können wir tun, um _____

_____?

_____?

4. Arbeitsschritt: Von der Problemfrage zum Überzeugungssatz

Der Redner hat nun seine präferierte Problemlösung (Gesangsprüfung ab dem 65. Lebensjahr), als Antwort auf die eruierte und formulierte Problemfrage des Hörers zu beziehen. So wird aus dem Zielsatz der Überzeugungssatz des Redners, der eingeleitet wird mit dem Hörerbedürfnis und dann zum Zielsatz des Redners führt.

Lehr-Beispiel

Der Lehrende stellt den Überzeugungssatz für die Zielgruppe „Vorstand" vor:

> „Ich bin überzeugt, dass Sie sich finanziell wieder besser aufstellen können, (hörerorientierte Begründung), wenn Sie sich für eine Gesangsprüfung ab dem 65. Lebensjahr einsetzen (Zielsatz des Redners)."

Die Teilnehmer entwerfen den Überzeugungssatz für die Chormitglieder:

Ich bin überzeugt, dass_____

_____(hörerorientierte Begründung),

_____,

wenn_____

_____.

(Zielsatz).

Übungsteil II: Erarbeitung der Bausteine der Überzeugungsrede

Im folgenden Abschnitt werden die Bausteine für das Grundmodell der hörerorientierten Überzeugungsrede erarbeitet. Die Erarbeitung der Redebausteine erfolgt immer in zwei Phasen, indem zunächst eine Erläuterung durch den Lehrenden erfolgt. Diese Erklärung führt in die Funktion und die Besonderheiten der jeweiligen Redebausteine ein und wird am Chorbeispiel (Zielgruppe „Vorstand") durchdekliniert.

Die Erläuterungen können im Lehrkontext unterschiedlich gestaltet werden. Hier muss jeder Lehrende seine eigene Methode finden, auf welche Weise er die Inhalte für die Teilnehmer aufbereitet und vorstellt. Die folgenden Erläuterungen zu den Redebausteinen bilden ab, wie die Autoren dieses Buches die Inhalte in der Seminarpraxis vermitteln. Daran schließt sich unmittelbar die Anwendung durch die Teilnehmer an, die dazu für jeden Redebaustein ein Arbeitsblatt erhalten (Arbeitsblätter 20a-20d).

Die Erarbeitung der Redebausteine unterscheidet sich davon, wie die Rede später gehalten wird:

Reihenfolge der Erarbeitung	Redeaufbau des Grundmodells
II	1. Motivation der Hörer
I	2. Problemfrage des Hörers
III	3. Lösungsversuche der Hörer
IV	4. Überzeugung des Redners
V	5. Redeschluss

1. Arbeitsschritt: Erarbeitung des Bausteins 2 (Problemfrage des Hörers)

1. Motivation des Hörers	Hörersicht
2. Problemfrage des Hörers	Hörersicht
3. Lösungsversuche der Hörer	Hörersicht
4. Überzeugung des Redners	Redner- und Hörersicht
5. Zirkelschluss	Redner- und Hörersicht

Die Problemfrage, die bereits in der Vorbereitung erarbeitet wurde, wird übernommen und von den Teilnehmern auf das Arbeitsblatt übertragen. Sie bildet den Dreh- und Angelpunkt für die Bearbeitung aller weiteren Bausteine. Alle weiteren Redebausteine werden daraufhin angelegt und immer wieder überprüft, ob sie sich auf die Problemfrage beziehen bzw. auf die Problemfrage eine adäquate Antwort geben.

2. Arbeitsschritt: Erarbeitung des Bausteins 1 (Motivation des Hörers)

1. Motivation des Hörers	Hörersicht
2. Problemfrage des Hörers	Hörersicht
3. Lösungsversuche der Hörer	Hörersicht
4. Überzeugung des Redners	Redner- und Hörersicht
5. Zirkelschluss	Redner- und Hörersicht

Erläuterung des Lehrenden

Die Problemfrage des Hörers resultiert aus einer als nicht zufriedenstellend und defizitär erlebten Ausgangssituation, die im positiv formulierten Komparativ der Problemfrage zum Ausdruck kommt („Was können wir tun, um uns finanziell wieder besser aufstellen zu können?").

Diese Ausgangssituation der Hörer wird nun vom Redner zunächst in der Rede skizziert, um dem Hörer zu signalisieren: „Ich kenne deine Situation." Von zentraler Bedeutung ist hier, nicht nur die faktisch gegebene Situation zu thematisieren, sondern gleichermaßen zu versuchen, die Gefühlslage der Hörer in dieser Situation mitzuerfassen. Dies ist einerseits eine grundlegende Voraussetzung, um auf Seiten des Hörers Vertrauen zu schaffen, andererseits schafft es eine Motivation, dem Redner zuzuhören, weil die Hörer sich in ihrer Situation, mit ihrer Befindlichkeit ‚abgeholt' fühlen.

Der Baustein „Motivation der Hörer" enthält deshalb folgende Aspekte:

- Anlasssituation des Hörers aufgreifen
- Die mit der Anlasssituation verbundenen Gefühle ansprechen
- Die Angemessenheit der Gefühle unter dem Werte-Aspekt der „Verantwortung" rational bestätigen

Anlass-Situation des Hörers aufgreifen

Die Schilderung der Anlass-Situation wirkt besonders motivierend durch einen szenischen Einstieg mit wörtlicher Rede.

Wenn sich der Vorstand des Chores im vorliegenden Beispiel fragt, wie er sich *finanziell wieder besser aufstellen* kann, spiegelt dies die momentane faktische Situation wider: Die Einnahmen des Chores sinken kontinuierlich und notwendige Anschaffungen und Unternehmungen sind nicht mehr finanzierbar.

Lehr-Beispiel: Perspektive „Vorstand"

> „Wir bräuchten für die nächste Chorfahrt noch finanzielle Zuschüsse für einige Chormitglieder." (Mitglied) „Das glaube ich euch gerne, aber die Kassen geben das nicht her." (Vorstand) „Aber aus dem CD-Verkauf müssen doch noch Gelder übrig sein." (Mitglied) „Die CD hat mehr Kosten verursacht, als wir bisher eingenommen haben." (Vorstand)

Was erlebt der Vorstand angesichts der finanziell prekären Lage? In welchen Situationen wird diese Problematik deutlich? Was wird in diesen Situationen gesagt?

Derartige Dialoge kennt der Vorstand und weiß, an welchem Ort sie in der Regel stattfinden. Deshalb folgt hier im Rahmen der Motivation eine kurze ‚Ortsbeschreibung'; das situative Umfeld wird beleuchtet.

Lehr-Beispiel: Perspektive „Vorstand"

> Gespräche dieser Art finden meist nach Proben statt, wenn das Bier auf den Tischen steht und man es sich ein wenig gemütlich machen will.

Die mit der Anlass-Situation verbundenen Gefühle ansprechen

Wie fühlen sich die Hörer in einer solchen Situation?

Lehr-Beispiel: Perspektive „Vorstand"

> „Es ist in solchen Situationen nicht verwunderlich, wenn Sie zusehend frustriert sind ob der klammen Kassen und eine wirkliche Verbesserung nicht in Sicht ist. Zugleich müssen Sie die Mitglieder immer wieder um Verständnis bitten, dass Sie keine zusätzlichen Gelder ausgeben können. Solche Gespräche sind für Sie häufig unangenehm, weil Sie ja gerne helfen würden, es aber nicht können."

Die rationale Bestätigung der Angemessenheit der Gefühle unter dem Werte-Aspekt der „Verantwortung"

Da mit einer als defizitär erlebten Situation immer unangenehme, negative Gefühle auf Seiten der Hörer verbunden sind, braucht es einen konstruktiven Umgang mit diesen Gefühlen, damit die Hörer sich nicht ‚bloßgestellt' oder ‚vorgeführt' vorkommen. Aus diesem Grund bestätigt der Redner die Angemessenheit der Gefühle, indem er sie wertschätzend als verantwortungsvolles Handeln anerkennt. Dadurch nimmt er diesen Gefühlen ihren destruktiven Charakter und wertschätzt sie als Ausdruck für einen konstruktiven Veränderungswillen auf Seiten der Hörer.

Lehr-Beispiel: Perspektive „Vorstand"

> „Und die hier angesprochenen Gefühle sind nachvollziehbar, da Sie als Vorstand Verantwortung für Ihren Chor übernommen haben und etwas bewegen wollen."

Mit der sich anschließenden Ergänzung der bereits erarbeiteten Problemfrage sind die Erläuterungen der beiden ersten Redebausteine abgeschlossen.

Lehr-Beispiel: Perspektive „Vorstand"

> Aus diesem Grund stellen Sie sich die Frage: „Was können wir tun, um uns finanziell wieder besser aufstellen zu können?"

Erarbeitung durch die Teilnehmer

Die Lernenden erarbeiten nun den Baustein „Motivation der Hörer" für die Zielgruppe der Chormitglieder.

Vertiefende Hinweise

Da dieser Arbeitsschritt erfahrungsgemäß von Teilnehmern häufig komplex und schwierig erlebt wird, empfiehlt es sich, mit Hilfe verschiedener Problemfragen den Arbeitsschritt isoliert und vertiefend einzuüben (Arbeitsblatt 18).

3. Arbeitsschritt: Erarbeitung des Bausteins 3 (Lösungsversuche der Hörer)

1. Motivation des Hörers	Hörersicht
2. Problemfrage des Hörers	Hörersicht
3. Lösungsversuche der Hörer	Hörersicht
4. Überzeugung des Redners	Redner- und Hörersicht
5. Zirkelschluss	Redner- und Hörersicht

Erläuterungen des Lehrenden

Um in der Überzeugungsrede eine konsequente Hörerorientierung umzusetzen, ist es notwendig und sinnvoll, zunächst die möglichen Lösungsversuche der Hörer anzusprechen. Die in diesem Schritt sichtbare Perspektivenübernahme zeigt den Hörern, dass der Redner sich tatsächlich mit deren Sichtweise auseinandergesetzt hat. Bei diesem Arbeitsschritt offenbart sich, wie ernst der Redner seine Zielgruppe nimmt und wie sehr er eine kooperative Haltung verinnerlicht hat. Hier geht es jedoch nicht darum, die Lösungsansätze der Hörer nur anzusprechen, um ihre Defizite aufzuzeigen. In diesem Fall würde der Hörer sich nicht ernst genommen oder bloßgestellt fühlen und dem Redner wahrscheinlich nicht mehr folgen. Das Thematisieren der Lösungsansätze erfordert insbesondere, die hinter den Lösungsansätzen liegenden Begründungen aufzugreifen und zu benennen.

Da jeder Lösungsansatz in der Regel auch kritische Aspekte beinhaltet, kann der Redner diese ebenfalls thematisieren, allerdings nicht aus seiner Perspektive, sondern auch hier konsequent aus Hörerperspektive. Diese kritische Würdigung der beim Hörer vorhandenen Unzufriedenheit bzw. Unzulänglichkeit gegenüber seinen Lösungsvorstellungen schafft den Übergang zum Lösungsansatz des Redners.

Dieser Arbeitsschritt erweist sich in der praktischen Umsetzung als einer der schwierigsten, da das Sich-Hineindenken in fremde Sichtweisen oft mit Widerständen verbunden ist und es aus diesem Grund einer intensiven Auswertung der Übungen bedarf.

Folgende Aspekte sind Bestandteil dieses Bausteins:

- Lösungsversuche der Hörer,
- die positive Begründung aus Hörersicht und
- die dennoch aus Hörersicht nicht vollständige Zufriedenheit mit dem Lösungsversuch.

Ausgangspunkt ist wiederum die Frage der Hörer, die auf unterschiedliche Weise von ihnen beantwortet wird. Ausgehend von der Frage: „Was können wir tun, um uns finanziell wieder besser aufstellen zu können?", werden die Antwortvorschläge aus der Hörerschaft (in unserem Fall des Vorstands) genannt. Dabei können einzelne Personen, bzw. Personengruppen genannt und ihre Sichtweisen in wörtlicher Rede vorgestellt werden.

Lehr-Beispiel: Perspektive „Vorstand"

Lösungsversuch des Hörers:

„Herr Schulz, Sie haben in den vergangenen Sitzungen immer wieder gesagt: ‚Wenn wir es schaffen, einen Sponsor für unseren Chor zu finden, dann kommen wir aus den größten Schwierigkeiten raus.'"

Die unterstützende (+) Begründung des Lösungsversuchs aus Hörersicht:

> + „Der Chor unserer Partnerstadt hat es mit einem Sponsor geschafft, wieder stärker den Belangen des Chores gerecht werden zu können."
>
> + „Mit einem Sponsor hätten wir zugleich einen Werbeträger, der uns nach außen wieder stärker präsent machen könnte."
>
> + „Dann könnten wir auch wieder einigen Mitgliedern Zuschüsse für besondere Aktivitäten zukommen lassen."

Die Überleitung zu der vom Hörer gesehenen oder vermuteten Unzufriedenheit (-) wird auf folgende Weise eingeleitet:

> − „Allerdings haben Sie, Herr Schulz, auch zu bedenken gegeben: ‚Einen Sponsor findet man nicht in so kurzer Zeit und deshalb lassen sich die Probleme auch nicht so kurzfristig lösen.'"

In ähnlicher Form können auch die anderen Lösungsvorschläge aus der Zielgruppe darlegt werden.

Der Baustein „Lösungsversuche aus Hörersicht" sieht jetzt wie folgt aus:

> „Herr Schulz, Sie haben in den vergangenen Sitzungen immer wieder gesagt: ‚Wenn wir es schaffen, einen Sponsor für unseren Chor zu finden, dann kommen wir aus den größten Schwierigkeiten raus.'"
>
> + „Der Chor unserer Partnerstadt hat es mit einem Sponsor geschafft, wieder stärker den Belangen des Chores gerecht werden zu können."
>
> + „Mit einem Sponsor hätten wir zugleich einen Werbeträger, der uns nach außen wieder stärker präsent machen könnte."
>
> + „Dann könnten wir auch wieder einigen Mitgliedern Zuschüsse für besondere Aktivitäten zukommen lassen."
>
> − „Allerdings haben Sie, Herr Schulz, auch zu bedenken gegeben: ‚Einen Sponsor findet man nicht in so kurzer Zeit und deshalb lassen sich die Probleme auch nicht so kurzfristig lösen.'"

Erarbeitung durch die Teilnehmer

Die Teilnehmer können jetzt zwei mögliche Lösungsversuche des Chores erarbeiten.

Vertiefende Hinweise

Da auch dieser Arbeitsschritt erfahrungsgemäß von Teilnehmern häufig als komplex und schwierig erlebt wird, empfiehlt es sich, mit Hilfe verschiedener Problemfragen den Arbeitsschritt isoliert und vertiefend einzuüben (Arbeitsblatt 18).

4. Arbeitsschritt: Erarbeitung des Bausteins 4 (Überzeugung des Redners)

1. Motivation des Hörers	Hörersicht
2. Problemfrage des Hörers	Hörersicht
3. Lösungsversuche der Hörer/anderer	Hörersicht
4. Überzeugung des Redners	Redner- und Hörersicht
5. Zirkelschluss	Redner- und Hörersicht

Erläuterungen des Lehrenden

Nachdem die Lösungsansätze dargelegt wurden, antwortet der Redner auf die Problemfrage des Hörers. Ausgangspunkt hierfür ist der Überzeugungssatz des Redners.

Dieser wird nun für den Hörer entfaltet. Der Hörer, der mit der Überzeugung des Redners konfrontiert wird, stellt sich normalerweise Fragen, die der Redner im Vorfeld mit zu bedenken hat. Fragen wie: „Warum soll ich das machen?", „Was kostet das?", „Welche Auswirkungen hat das für meine spätere Arbeit?" etc.

Der Redner wird dementsprechend seinen Überzeugungssatz mit Hilfe von W-Fragen entfalten und dies so anschaulich wie möglich erörtern.

Lehr-Beispiel: Perspektive "Vorstand"

Der Überzeugungssatz des Chorleiters mit Blick auf den Vorstand lautete:

> „Ich bin überzeugt, dass Sie sich finanziell wieder besser aufstellen können, wenn Sie sich für eine Gesangsprüfung ab dem 65. Lebensjahr einsetzen."

Hörerfragen hierzu könnten lauten:

> Warum gerade eine Gesangsprüfung ab dem 65. Lebensjahr?
>
> Was würde sich dadurch verändern?
>
> Wie ließe sich das kommunizieren?
>
> Welchen finanziellen Mehrwert hätte ein solches Vorgehen?

Dies ist nur eine Auswahl von Fragen. Die Aufgabe des Redners besteht darin, möglichst viele Fragen des Hörers im Vorfeld zu sammeln, um nahe genug bei seiner Zielgruppe sein zu können. Die Fragen selbst dienen nur zur Erarbeitung dieses Bausteins. In der gesprochenen Rede werden ausschließlich die Antworten genannt.

> Also nicht: „Warum gerade eine Gesangsprüfung ab dem 65. Lebensjahr?"
>
> Sondern: „Mit einer Gesangsprüfung ab dem 65. Lebensjahr wird folgendes gewährleistet."

Der Versuch von Rednern, die Rede mit Fragestellungen zu gliedern, kann beim Hörer zu dem Gefühl führen, ‚beschult' zu werden. Deshalb ist es in den meisten Situationen hilfreicher, Fragestellungen in Aussagen umzuformulieren.

Bevor die W-Fragen durch den Redner beantwortet werden, nimmt er noch kurz Bezug auf die Lösungsvorschläge der Hörer. Die vom Hörer benannten ‚Unzufriedenheiten' müssen in der Lösung des Redners beseitigt sein, damit eine wirkliche Weiterführung ersichtlich ist.

Der Aufbau im Lösungsteil sieht daher folgendermaßen aus:

- Der Überzeugungssatz des Redners
- Die positive Umwandlung der ‚Unzufriedenheiten' der Hörer
- Die Beantwortung der W-Fragen

Lehr-Beispiel: Perspektive „Vorstand"

Die Überzeugung des Redners

Ich bin überzeugt, dass Sie sich finanziell wieder besser aufstellen können, wenn Sie sich für eine Gesangsprüfung ab dem 65. Lebensjahr einsetzen.

Die positive Umwandlung der ‚Unzufriedenheiten'

Denn dadurch wird unser Chor innerhalb kurzer Zeit wieder zu Konzertanfragen kommen, die uns die nötigen Gelder in die Kasse spielen werden.

Die Beantwortung der W-Fragen

(Warum gerade eine Gesangsprüfung ab dem 65. Lebensjahr?)

Durch eine Gesangsprüfung ab dem 65. Lebensjahr haben wir die Gewähr, dass die Chorsängerinnen und -sänger die notwendige Stimmqualität besitzen, um dem Anspruch an das notwendige Niveau gerecht werden zu können. Nur auf einem hohen Niveau können wir die Erfolge der früheren Jahre wieder erreichen. Das Image wird wieder steigen und Sponsoren können auf diese Weise besser mit ins Boot geholt werden.

(Was würde sich verändern?)

Dies würde zu einem veränderten ‚Chorbewußtsein' führen. Klar wäre, dass wir nicht vorrangig ein geselliger Verein sind, sondern ein auf Leistung hin konzentrierter Chor, der ein breites Repertoire abdecken kann, was mit den momentanen Stimmen nicht mehr möglich ist. Das Selbstbewusstsein des Chores würde wieder steigen. Es würde nicht mehr die Erinnerung an die ‚guten alten Zeiten' vorherrschen, sondern Gegenwart und Zukunft stünden wieder mehr im Zentrum. Letztlich werden die Chormitglieder wieder mehr Freude am Singen haben, wenn sie merken, dass sie wieder Erfolg haben.

(Wie ließe sich das kommunizieren?)

Wir werden diesen Schritt am besten auf einer unser Chortage ansprechen. Dabei wird es darauf ankommen, dass die Mitglieder unseres Chores nicht das Gefühl vermittelt bekommen, dass sie bei nicht mehr ausreichender Stimmqualität den Chor verlassen müssen. Vielmehr wird es darum gehen, den Sängerinnen und Sängern

> deutlich zu machen, dass wir eine große Chorfamilie sind, in der jeder willkommen ist – aber nicht nur aktiv, sondern auch passiv in den vielen Bereichen, die für unseren Chor notwendig sind, wie z.B. Öffentlichkeitsarbeit, Konzertorganisation, Vorbereitung und Durchführung von Konzertreisen etc.
>
> (Welchen finanziellen Mehrwert hätte ein solches Vorgehen?)
>
> Wenn wir diesen Weg einschlagen, werden wir einen Chor haben, der sich wieder finanziell tragen wird. Die Anfragen nach Konzerten werden wieder kommen, neue Sängerinnen und Sänger werden sich bewerben – und damit natürlich auch Mitgliederbeiträge zahlen, nicht mehr aktive Sängerinnen und Sänger können in der Öffentlichkeitsarbeit mitwirken, was eine Kostenersparnis mit sich bringen wird – wir benötigen nicht mehr im großen Maß fremde Hilfen, die bezahlt werden müssen…

Dieser Baustein nimmt den größten Raum in einer Überzeugungsrede ein.

Erarbeitung durch die Teilnehmer

Die Lernenden erarbeiten in analoger Weise den Baustein „Überzeugung des Redners" für die Zielgruppe „Chormitglieder".

5. Arbeitsschritt: Erarbeitung des Bausteins 5 (Zirkelschluss/ Redeschluss)

1. Motivation des Hörers	Hörersicht
2. Problemfrage des Hörers	Hörersicht
3. Lösungsversuche der Hörer	Hörersicht
4. Überzeugung des Redners	Redner- und Hörersicht
5. Zirkelschluss	Redner- und Hörersicht

Erläuterungen des Lehrenden

Die Überzeugung des Redners zielt auf eine Veränderung der Ausgangslage, die zu Beginn der Rede in der „Motivation des Hörers" dargelegt wurde. Am Ende einer Überzeugungsrede wird daher die Anfangssituation aufgegriffen und die durch die Überzeugung des Redners zu erwartende positive Veränderung für die Zielgruppe aufgezeigt. Aus diesem Grund empfiehlt es sich mit einer „wenn-dann-Argumentation" die Rede abzuschließen (Zirkelschluss).

In der Motivation hieß es:

Lehr-Beispiel: Perspektive „Vorstand"

> „Wir bräuchten für die nächste Chorfahrt noch finanzielle Zuschüsse für einige Chormitglieder." (Mitglied) „Das glaube ich euch gerne, aber die Kassen geben das nicht her." (Vorstand) „Aber aus dem CD-Verkauf müssen doch noch Gelder übrig sein." (Mitglied) „Die CD hat mehr Kosten verursacht, als wir bisher eingenommen haben." (Vorstand)
>
> Gespräche dieser Art finden meist nach Proben statt, wenn das Bier auf den Tischen steht und man es sich ein wenig gemütlich machen will.
>
> Es ist in solchen Situationen nicht verwunderlich, wenn Sie zusehend frustriert sind ob der klammen Kassen und eine wirkliche Verbesserung nicht in Sicht ist. Zugleich müssen Sie die Mitglieder immer wieder um Verständnis bitten, dass Sie keine zusätzlichen Gelder ausgeben können. Solche Gespräche sind für Sie häufig unangenehm, weil Sie ja gerne helfen würden, es aber nicht können.
>
> Und die hier angesprochenen Gefühle sind nachvollziehbar, da Sie als Vorstand Verantwortung für Ihren Chor übernommen haben und etwas bewegen wollen.

Der Redeschluss nimmt diese Aspekte auf und verwandelt sie ins Positive.

Lehr-Beispiel: Perspektive „Vorstand"

> Wenn Sie sich für eine Gesangsprüfung ab dem 65. Lebensjahr einsetzen, dann werden Sie Ihren Mitgliedern wieder einen Zuschuss für bestimmte Choraktivitäten geben können. CD-Produktionen werden wieder kostendeckend sein und Sie haben die Möglichkeit, wieder aktiv als Vorstand etwas zu bewegen, indem Sie die Arbeit des Chores nach innen und außen mit gestalten können.

Erarbeitung durch die Teilnehmer

In gleicher Weise erarbeiten die Lernenden den Redeschluss für ihre Zielgruppe (Chormitglieder). Bei der Erarbeitung ist es hilfreich, sich vorher noch einmal den Redebaustein „Motivation des Hörers" anzuschauen.

Die komplette Überzeugungsrede in ihrem Verlauf

Alle Bausteine der Überzeugungsrede sind nun erstellt und müssen nur noch in die richtige Reihenfolge gebracht werden:

Die komplette Überzeugungsrede des Chorleiters gegenüber seinem Vorstand sieht demnach folgendermaßen aus:

> Liebe Vorstandskollegen und Kolleginnen,
>
> Motivation der Hörer
>
> „Wir bräuchten für die nächste Chorfahrt noch finanzielle Zuschüsse für einige Chormitglieder." (Mitglied) „Das glaube ich euch gerne, aber die Kassen geben das nicht her." (Vorstand) „Aber aus dem CD-Verkauf müssen doch noch Gelder übrig sein." (Mitglied) „Die CD hat mehr Kosten verursacht, als wir bisher eingenommen haben." (Vorstand)
>
> Gespräche dieser Art finden meist nach Proben statt, wenn das Bier auf den Tischen steht und man es sich ein wenig gemütlich machen will.
>
> Es ist in solchen Situationen nicht verwunderlich, wenn Sie zusehend frustriert sind ob der klammen Kassen und eine wirkliche Verbesserung nicht in Sicht ist. Zugleich müssen Sie die Mitglieder immer wieder um Verständnis bitten, dass Sie keine zusätzlichen Gelder ausgeben können. Solche Gespräche sind für Sie häufig unangenehm, weil Sie ja gerne helfen würden, es aber nicht können.
>
> Und die hier angesprochenen Gefühle sind nachvollziehbar, da Sie als Vorstand Verantwortung für Ihren Chor übernommen haben und etwas bewegen wollen.
>
> Problemfrage des Hörers
>
> Aus diesem Grund stellen Sie sich die Frage: „Was können wir tun, um uns finanziell wieder besser aufstellen zu können?"
>
> Lösungsversuche des Hörers
>
> Herr Schulz, Sie haben in den vergangenen Sitzungen immer wieder gesagt: „Wenn wir es schaffen, einen Sponsor für unseren Chor zu finden, dann kommen wir aus den größten Schwierigkeiten raus."
>
> + „Der Chor unserer Partnerstadt hat es mit einem Sponsor geschafft, wieder stärker den Belangen des Chores gerecht werden zu können."
>
> + „Mit einem Sponsor hätten wir zugleich einen Werbeträger, der uns nach außen wieder stärker präsent machen könnte."

+ „Dann könnten wir auch wieder einigen Mitgliedern Zuschüsse für besondere Aktivitäten zukommen lassen."

− Allerdings haben Sie, Herr Schulz, auch zu bedenken gegeben: „Einen Sponsor findet man nicht in so kurzer Zeit und deshalb lassen sich die Probleme auch nicht so kurzfristig lösen."

Die Überzeugung des Redners

Ich bin überzeugt, dass Sie sich finanziell wieder besser aufstellen können, wenn Sie sich für eine Gesangsprüfung ab dem 65. Lebensjahr einsetzen.

Denn dadurch wird unser Chor innerhalb kurzer Zeit wieder zu Konzertanfragen kommen, die uns die nötigen Gelder in die Kasse spielen werden.

(Warum gerade eine Gesangsprüfung ab dem 65. Lebensjahr?)

Durch eine Gesangsprüfung ab dem 65. Lebensjahr haben wir die Gewähr, dass die Chorsängerinnen und -sänger die notwendige Stimmqualität besitzen, um dem Anspruch an das notwendige Niveau gerecht werden zu können. Nur auf einem hohen Niveau können wir die Erfolge der früheren Jahre wieder erreichen. Das Image wird wieder steigen und Sponsoren können auf diese Weise besser mit ins Boot geholt werden.

(Was würde sich verändern?)

Dies würde zu einem veränderten ‚Chorbewußtsein' führen. Klar wäre, dass wir nicht vorrangig ein geselliger Verein sind, sondern ein auf Leistung hin konzentrierter Chor, der ein breites Repertoire abdecken kann, was mit den momentanen Stimmen nicht mehr möglich ist. Das Selbstbewusstsein des Chores würde wieder steigen. Es würde nicht mehr die Erinnerung an die ‚guten alten Zeiten' vorherrschen, sondern Gegenwart und Zukunft stünden wieder mehr im Zentrum. Letztlich werden die Chormitglieder wieder mehr Freude am Singen haben, wenn sie merken, dass sie wieder Erfolg haben.

(Wie ließe sich das kommunizieren?)

Wir werden diesen Schritt am besten auf einer unser Chortage ansprechen. Dabei wird es darauf ankommen, dass die Mitglieder unseres Chores nicht das Gefühl vermittelt bekommen, dass sie bei nicht mehr ausreichender Stimmqualität den Chor verlassen müssen. Vielmehr wird es darum gehen, den Sängerinnen und Sängern deutlich zu machen, dass wir eine große Chorfamilie sind, in der jeder willkommen ist – aber nicht nur aktiv, sondern auch passiv in den vielen Bereichen, die für unseren Chor notwendig sind, wie z.B. Öffentlichkeitsarbeit, Konzertorganisation, Vorbereitung und Durchführung von Konzertreisen etc.

(Welchen finanziellen Mehrwert hätte ein solches Vorgehen?)

> Wenn wir diesen Weg einschlagen, werden wir einen Chor haben, der sich wieder finanziell tragen wird. Die Anfragen nach Konzerten werden wieder kommen, neue Sängerinnen und Sänger werden sich bewerben – und damit natürlich auch Mitgliederbeiträge zahlen, nicht mehr aktive Sänger können in der Öffentlichkeitsarbeit mitwirken, was eine Kostenersparnis mit sich bringen wird – wir benötigen nicht mehr im großen Maß fremde Hilfen, die bezahlt werden müssen…
>
> Zirkelschluss
>
> Wenn Sie sich für eine Gesangsprüfung ab dem 65. Lebensjahr einsetzen, dann werden Sie wieder Mitgliedern einen Zuschuss für bestimmte Choraktivitäten geben können. CD-Produktionen werden wieder kostendeckend sein und Sie haben die Möglichkeit, wieder aktiv als Vorstand etwas zu bewegen, indem Sie die Arbeit des Chores nach innen und außen mit gestalten können.

Die Teilnehmer können in gleicher Weise ihre Rede zusammenstellen und vor den anderen Teilnehmern halten.

Vertiefungsübungen zu den Arbeitsschritten „Motivation des Hörers" und „Lösungsversuche der Hörer"

Die Erarbeitung der Redebausteine „Motivation der Hörer" und „Lösungsversuche der Hörer" sind aus Erfahrung für den Lernenden eine gewisse Herausforderung, da es hier ausschließlich darum geht, aus Hörersicht zu sprechen. Um mit diesen Redebausteinen sicherer umgehen zu können, gibt der Lehrende den Teilnehmern jeweils eine Problemfrage aus Hörersicht vor und lässt diese von den Teilnehmern im Blick auf die Motivation der Hörer und auf ihre Lösungsversuche hin erarbeiten (Arbeitsblatt 18).

Folgende Beispiele dienen als Anregung für diese Vertiefungsübungen:

Beispiel 1:

> Problemfrage: „Was können wir tun, um im Alter finanziell besser dazustehen?"
>
> Zielgruppe: Junge Familien
>
> Redner: Direktor eines Bankhauses

Beispiel 2:

> Problemfrage: „Was können wir tun, um wieder selbständiger handeln zu können?"
>
> Zielgruppe: Patienten in einer Rehabilitationseinrichtung
>
> Redner: Ärztlicher Direktor einer Rehabilitationseinrichtung

Beispiel 3:

> Problemfrage: „Was können wir tun, um effektiver Konferenzen zu führen?"
>
> Zielgruppe: Lehrer
>
> Redner: Schulleiter

Varianten und Erweiterungen

Die im Folgenden vorgestellten Varianten helfen dem Redner, die Überzeugungsrede noch differenzierter an die Ausgangssituation und die Zielgruppe anzupassen. Dabei werden zum einen weitere ‚Baustein-Varianten' erläutert. Zum anderen werden hier die Einsatzmöglichkeiten der bereits aus dem Kapitel Sprache (4.3.3) bekannten 5-Satz-Argumentationsstrukturen für den Redeeinstieg und die Phase „Lösungsversuche der Hörer" aufgezeigt. Die in diesem Zusammenhang angewandten 5-Satz-Schemata dienen der argumentativen Ordnung einer Überzeugungsrede. Es gilt zu beachten, dass die fünf Schritte jedoch nicht mit den fünf Schritten der Überzeugungsrede gleich zu setzen sind, wie an den einzelnen Beispielen zu sehen sein wird. Die folgenden Varianten für hörerzentrierte Überzeugungsreden können im Rahmen weiterer Übungen erprobt werden. Dabei ist es sinnvoll, stets die Zielgruppe und die situativen Faktoren im Blick zu behalten. Diese können dem Redner Auskunft geben, welche Varianten in welchem Kontext zur Erarbeitung einer Überzeugungsrede notwendig sind.

Konkrete Übungen werden an dieser Stelle nicht mehr vorgeschlagen. Jeder Teilnehmer kann in diesem Stadium seine bisher erworbenen rhetorischen Kenntnisse und Fähigkeiten eigenständig vertiefen. Der

Lehrende bietet in diesem Kontext flankierende Hilfen an und gibt das notwendige Feedback an den Lernenden.

Baustein-Varianten/Erweiterungen

Zum Baustein: Motivation der Hörer

Erweiterter Redeeinstieg zu „Motivation der Hörer" durch:
Hintergründe, die zum Problem führten
In manchen Situationen ist es sinnvoll, die Hintergründe aufzuzeigen, die zu der momentanen Lage geführt haben.
Negative Konsequenzen, wenn nicht gehandelt wird
Wenn die momentane Situation von der Zielgruppe zwar als schwierig angesehen wird, sie sich aber mit dem Problem arrangiert hat
Gegenwärtiges Problem aus Rednersicht + Relevanz für den Hörer
Wenn die Zielgruppe über ein Problem nicht informiert ist, das sie aber wesentlich betrifft. Dieser Baustein wird stets mit dem Aspekt „Relevanz für den Hörer" verbunden.

Zum Baustein: Problemfrage der Hörer

Erweiterung der Problemfrage der Hörer durch Darlegung einer Problemstellung
Neben der bekannten Problemfrage („Was können wir tun, um…?") ist auch die Darlegung einer Problemstellung möglich („Das Problem besteht demnach darin, dass…"). Dies empfiehlt sich, wenn zwar das Problem den Hörern bekannt ist, als Frage von der Zielgruppe selbst aber bisher nicht öffentlich ausgesprochen wurde.

Zum Baustein: *Lösungsversuche der Hörer*

Erweiterung der Lösungsversuche der Hörer durch:
Lösungsversuche aus der Vergangenheit   Für den Fall, dass sich aus der Perspektive der Zielgruppe keine Lösungsvorschläge ermitteln lassen, aber bereits aus der Vergangenheit Lösungsversuche bekannt sind, die jedoch nicht zur vollen Zufriedenheit geführt haben
Lösungsversuche anderer Personen/Gruppen   Für den Fall, dass sich aus der Perspektive der Zielgruppe keine Lösungsvorschläge ermitteln lassen.

Zum Baustein: *Überzeugung des Redners*

Erweiterung der Überzeugung des Redners durch: **Schritte in Richtung Umsetzung**
Soweit die Überzeugung des Redners nur die Problemlösung und ihre positiven Auswirkungen benennt, kann dieser Baustein hinzugefügt werden.

Argumentative Struktur-Varianten/Erweiterungen

Zum Baustein: Motivation der Hörer

Der Baustein „Motivation des Hörers" lässt sich mit folgenden Varianten noch erweitern:

- Vom Allgemeinen zum Besonderen
- Ausklammerungsschema

Schematisch lassen sich die Modelle folgendermaßen darstellen:

Vom Allgemeinen zum Besonderen

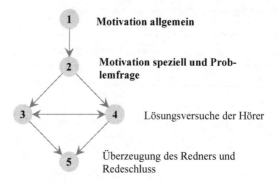

Dieses Modell lässt sich dort sinnvoll einsetzen, wo sich die konkrete Situation wesentlich von einer allgemeinen Situation unterscheidet. Angenommen, die allgemeine Autoproduktion in Deutschland expandiert, nur ein Konzern hat enorme Absatzschwierigkeiten: In einem solchen Fall kann es sinnvoll sein, mit der allgemeinen Stimmungslage zu beginnen (1), um daraus die Situation der Zielgruppe stärker konturieren, die Problemfrage präziser formulieren und in ihren situativen Kontext klarer integrieren zu können (2).

Ausklammerungsmodell

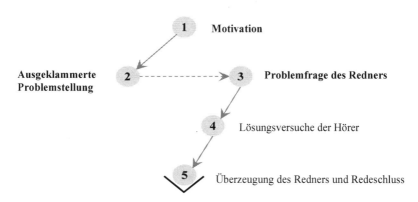

Diese Form des Redeeinstiegs bietet sich für Anlässe an, bei denen sich die Zielgruppe vorrangig mit einer Fragestellung auseinandersetzt, andere Fragen aber nicht mehr ausreichend in den Blick genommen werden. Der Redner wird diese dominierende Fragestellung der Hörer zunächst aufgreifen, um dem Bedürfnis der Zielgruppe gerecht zu werden. Gleichzeitig signalisiert er damit, dass ihm die Fragestellung bekannt ist und er sie als bedeutsam für die Zielgruppe anerkennt. Diese Frage nennt der Redner und stellt sie bewusst zur Seite, um die Aufmerksamkeit auf einen anderen Aspekt zu lenken (1+2). Angenommen, in einem Unternehmen steht die Frage nach einer Verbesserung der Arbeitsleistung der Mitarbeiter im Vordergrund, dann gilt es, diese zunächst anzusprechen, sie zur Seite zu stellen und die neue Frage zu formulieren. Dies kann beispielsweise die Frage nach einer neuen Unternehmenskultur sein oder die Frage danach, wie eine neue Unternehmenskultur im Unternehmen implementiert werden kann. (3). Diese neue Fragestellung ist eine Frage, die der Redner einbringt, wohl wissend, dass sie zurzeit nicht im Vordergrund der Diskussion steht. Hier verlässt der Redner kurzfristig den bisher durchgängigen kooperativen Charakter der Überzeugungsrede. Dennoch kann es aus Verantwortung gegenüber der Zielgruppe in manchen Fällen geboten sein, diese Variante in der Rede einzusetzen.

Zum Baustein: Lösungsversuche der Hörer

Für die Bearbeitung des Bausteins „Lösungsversuche des Hörers" lassen sich folgende drei Varianten sinnvoll einsetzen:

- Logisch/chronologisches Modell
- Interessengeleitetes Modell
- Kompromissmodell

Schematisch lassen sich die Modelle wie folgt darstellen:

Logisch/chronologisches Modell

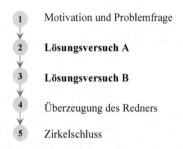

Dieses Modell ist insbesondere geeignet, wenn die Lösung des Redners in einer logischen bzw. chronologischen Entwicklung steht, die die Zielgruppe bereits erlebt und durchlaufen hat. Auch hierzu ein Beispiel: Im Rahmen eines Veränderungsprozesses innerhalb eines Unternehmens wurden in der Vergangenheit bereits einige Reformen durchgeführt, die allerdings bisher nicht das erwünschte Ergebnis erzielt haben. In diesem Fall ist es sinnvoll, den aktuellen Lösungsansatz in einen chronologischen bzw. logischen Kontext zu stellen. Die bisherigen Lösungsversuche lassen sich auch in wörtlicher Rede präsentieren, wie dies bereits im Rahmen der Überzeugungsrede eingeübt wurde. Dies könnte folgendermaßen lauten: Vor fünf Jahren hatte die Beratungsfirma A gesagt: „Wir müssen den Bereich X aus dem Unternehmen ausgliedern. Das hat folgende positive Konsequenzen...". Nach einiger Zeit haben Sie allerdings festgestellt: „Diese Maßnahme reicht für uns überhaupt nicht aus." (2). Deshalb haben Sie vor zwei

Jahren gesagt: „Wir lösen das Problem eigenständig, indem wir... machen. Das hat folgende Stärken..." Vor kurzem mussten Sie jedoch erkennen: „Unsere Mitarbeiter setzen die Maßnahmen nicht in ausreichender Form um." (3) „Deshalb bin ich überzeugt... (4)."

Interessengeleitetes Modell

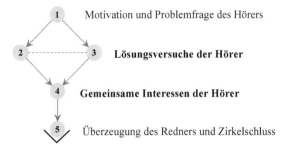

Dieses Modell lässt sich in Situationen einsetzen, in denen unterschiedliche Lösungsvorschläge im Raum stehen, die nicht miteinander verbunden werden können und die auch nicht kompatibel mit dem Lösungsansatz des Redners sind. Ein Beispiel: Zwei Parteien verfolgen unterschiedliche Problemlösungen, der Redner offeriert eine dritte Problemlösungssicht. In diesem Fall ist es sinnvoll, vor die Überzeugung des Redners noch einmal das allen gemeinsame leitende Interesse in den Blick zu nehmen. Dies dient dazu, nicht mehr so stark in einer Position zu verharren, sondern sich wieder der gemeinsamen Interessen und Bedürfnisse bewusst zu werden. Nachdem die verschiedenen Lösungsansätze durch den Redner vorgestellt wurden (2+3), wird nun bei aller Unterschiedlichkeit das gemeinsame Interesse erneut hervorgehoben (4), bevor der Redner mit seinem Lösungsansatz weiterführt (5).

Kompromissmodell

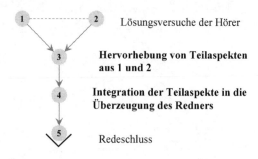

In diesem Fall ist die Ausgangslage ähnlich der Vorherigen. Es liegen zwei unterschiedliche Lösungsansätze bei der Zielgruppe vor (1+2). Allerdings lassen sich Teilaspekte in die Lösung des Redners integrieren. In diesem Fall werden die Aspekte, die in die Lösung des Redners mit einfließen, zunächst einmal in ihrer Wichtigkeit und Bedeutung hervorgehoben (3) und anschließend in die Gesamtlösung des Redners eingebunden (4).

8.3 Experienced (erkenntnisorientierte Überzeugungsrede)

Der zentrale Unterschied zwischen den bisher erarbeiteten handlungsorientierten und den nun vorgestellten erkenntnisorientierten Überzeugungsreden besteht in der Problemfrage. Stand bisher eine Problemfrage im Mittelpunkt, die persönlich (Was kann *ich tun,...*) und bedürfnisorientiert formuliert wurde (um *effektiver* Konferenzen zu leiten?), richtet sich der Blick jetzt auf grundsätzliche Fragestellungen und Erkenntnisse grundsätzlicher Art.

Die persönliche Erkenntnis ist im Regelfall das Leitbild für das eigene Handeln, d.h. das als essentiell, also als wesentlich Erkannte, dient als Grundlage für die existentielle Konkretisierung. So führt beispielsweise die Definition bzw. das Verständnis des Begriffs ‚soziale Gerechtigkeit' zu unterschiedlichen Handlungskonsequenzen der verschiedenen politischen Parteien. Auch der Begriff ‚Würde des Menschen' wird von Einzelnen, wie von Gruppen unterschiedlich definiert und führt dementsprechend zu unterschiedlichen Konsequenzen in den Bereichen der Medizin und der Wirtschaft. Insoweit steht eine essentielle Überzeugung immer in Relation zu konkreten Handlungen.

Die Fragestellung in dieser Form der Überzeugungsrede ist daher essentiell geprägt und fragt nach dem Wesen einer Sache. Dies kann sowohl allgemeiner als auch konkreter Natur sein:

Was ist Gerechtigkeit? (Wie lässt sich der Begriff Gerechtigkeit von seiner Wesenhaftigkeit her definieren?)

Wie *gerecht* ist Hartz IV? Oder: „Ist Hartz IV gerecht?" (Welche Konsequenzen hat die Begriffsdefinition von ‚Gerechtigkeit' im Blick auf ‚Hartz IV'?)

Die Antwort auf eine grundsätzliche Frage kann beispielsweise lauten: „Ich bin überzeugt, dass Hartz IV gerecht ist." Der Redner wird im Blick auf seine Überzeugung erläutern müssen, was er unter ‚gerecht' versteht, um von hierher seine Überzeugung im Blick auf Hartz IV ableiten zu können. Aus dieser Überzeugung heraus kann in einem weiteren Schritt die bereits ausführlich vermittelte handlungsorientierte Überzeugungsrede anschließen, die die aus der Erkenntnis heraus gewonnenen Handlungsnotwendigkeiten erörtert und aufzeigt. Auf eine erkenntnisorientierte Überzeugungsrede lässt sich demnach in einem zweiten Schritt unmittelbar eine handlungsauslösende Überzeugungsrede anschließen. Analog zu den handlungsorientierten Reden werden auch die beiden erkenntnisorientierten Überzeugungsreden in rednerzentriert und hörerzentriert unterschieden.

Diese Formen der Überzeugungsrede sind aufgrund ihrer philosophischen, theologischen bzw. gesellschafts- und wirtschaftspolitischen Inhalte in der Vorbereitung arbeitsintensiv und anspruchsvoll, da es sich um Grundsatzentscheidungen (Überzeugungen) handelt, die als Fundament des persönlichen Handelns dienen.

Die hierfür in Ansätzen notwendigen Grundlagen und Grundkenntnisse zentraler Begriffsdefinitionen verdeutlichen an dieser Stelle den in der Einleitung bereits angesprochenen Anspruch an einen Redner, ein

‚vir bonus' zu sein, d.h. ein guter Mensch zu sein, der gebildet ist und seine Umwelt inhaltlich immer mehr durchdringen will und nach dem Guten trachtet.

Um sich diesem Ideal annähern zu können ist es hilfreich, sich unter anderem mit Grundbegriffen der Tugendlehre und der Ethik auseinanderzusetzen. Eine Einübung in diese Redeform gelingt am ehesten, wenn der Teilnehmer sich mit Themen aus der Tagespolitik auseinandersetzt und die Überzeugungen anderer nach ihren Stärken und Schwächen analysiert, um im Anschluss eine eigene Überzeugung präsentieren zu können.

Didaktisch-methodische Hinweise

Die Erarbeitung der erkenntnisorientierten Überzeugungsrede orientiert sich an den Übungsschritten der handlungsorientierten Überzeugungsrede.

Rednerzentriert-erkenntnisorientierte Überzeugungsrede

In der rednerzentrierten Überzeugungsrede kommt das *Selbst*verständnis des Redners vorrangig zum Ausdruck. Das Erleben einer problematischen Situation im gesellschaftlichen Kontext ist in der Regel der Ausgangspunkt dieser Redeform. Der Redner kann beispielsweise darlegen, wie die Bereitschaft der Bürger, sich für das Gemeinwesen einzusetzen, zusehends abnimmt und welche Konsequenzen ein solches, aus seiner Sicht verantwortungsloses Verhalten nach sich ziehen wird. In diesem Kontext kann er dann die Überzeugung vertreten, dass die Verantwortung des Einzelnen gegenüber dem Gemeinwohl die Grundlage gesellschaftlichen Lebens *ist*. Diese Überzeugung und die sich daraus ergebenden Konsequenzen gilt es daraufhin darzulegen, verbunden beispielsweise mit einer semantischen Entfaltung und Klärung der Begriffe ‚Gemeinwohl', ‚Gemeinwesen' und ‚Verantwortung'. Eine Auseinandersetzung mit anderen Sichtweisen findet in dieser Redeform nicht statt. Auch ist die Einbindung der Zielgruppe nur sekundär.

Das Strukturmodell für diese Redeform sieht folgendermaßen aus:

Strukturmodell im Überblick

1. Gegenwärtiges Problem	Redner- und Hörersicht
2. Negative Konsequenzen	Rednersicht
3. Überzeugung des Redners	Rednersicht
4. Positive Konsequenzen	Rednersicht
5. Zirkelschluss	Redner- und Hörersicht

Diese Redeform stellt die persönliche Überzeugung in den Mittelpunkt und kann eine Ausgangslage für anschließende Diskussionen bieten. Das Zusammentreffen verschiedener Überzeugungen kann der Ausgangspunkt für ein Streitgespräch sein, in dem das ‚gemeinsam Strittige' in den Vordergrund gerückt und nach einer gemeinsamen Lösung gesucht wird.

Hörerzentriert-erkenntnisorientierte Überzeugungsrede

In der Auseinandersetzung um die ‚richtige' Sichtweise wird der Redner sich immer wieder unterschiedlichen Überzeugungen zu stellen haben. Diese ernst zu nehmen, ihre Stärken und Schwächen zu diskutieren, um dann zu einer für den Hörer intellektuell nachvollziehbaren anderen Überzeugung zu gelangen (die der Hörer deshalb noch lange nicht übernehmen wird oder muss), ist Ziel dieses Redetyps. Die vorrangig inhaltliche Auseinandersetzung mit der Zielgruppe, bzw. mit Überzeugungen, die gesellschaftlich in verschiedenen Kontexten vertreten werden, steht im Mittelpunkt der Redeerarbeitung. Der Aufbau dieser Rede ähnelt der handlungsorientierten Überzeugungsrede, da auch eine grundsätzliche Frage stets motiviert ist und unterschiedliche Antworten auf Seiten der Hörer findet.

Strukturmodell im Überblick

1. Motivation der Hörer	Hörersicht
2. Problemfrage bzw. Problemstellung	Hörersicht
3. Überzeugungen der Hörer/anderer Personen/Gruppen	Hörersicht
4. Überzeugung des Redners	Rednersicht/Relevanz für den Hörer
5. Zirkelschluss	Redner- und Hörersicht

Der entscheidende Unterschied zur handlungsorientierten Überzeugungsrede liegt:

- in der Fragestellung (Wie *gerecht ist*...?)
- in den Überzeugungen der Hörer (nicht Lösungsversuche, wie in der handlungsorientierten Überzeugungsrede)
- in der Überzeugung des Redners (Ich bin überzeugt, dass ... *gerecht ist*.)
- in der Entfaltung des Überzeugungssatzes (Klärung des zentralen Begriffes ‚gerecht' und Verknüpfung mit der Konkretion innerhalb der Fragestellung „Hartz IV").

Das Besondere an dieser Rede liegt im Anspruch des Redners, sich mit Grundfragen des menschlichen Lebens auseinandergesetzt zu haben und die unterschiedlichen Sichtweisen in ihrer Tiefendimension zu durchdringen. Da im gesellschaftlichen Leben keine absoluten Definitionen existieren, die das menschliche Zusammenleben auf ein gemeinsames Fundament stellen, verlangt diese Rede dem Redner ab, seine Definition und damit seine Sicht auf die Dinge dem Hörer intellektuell nachvollziehbar darzulegen. Auf die Frage: „Ist aktive Sterbehilfe ethisch legitim?" wird der Redner vorerst die Sichtweisen und Definitionen anderer erheben und vorstellen. Die damit verbundene Diskussion der Stärken und Schwächen jener Definitionen und Sichtweisen und der damit verbundenen Argumente gilt es in einer Weise anzusprechen, dass die ‚Andersdenkenden' sich verstanden fühlen und bereit bleiben, dem Gesagten zu folgen. Erst nach der Darlegung anderer Überzeugungen bezieht der Redner Stellung und präsentiert seine eigene Überzeugung („Ich bin überzeugt, dass aktive Sterbehilfe ethisch vertretbar bzw. nicht vertretbar ist."). Dabei wird er Grundbegriffe wie beispielsweise ‚Menschenwürde', ‚Leben' und ‚Ethik' zunächst zu entfalten haben, um in einem weiteren Schritt diese Aspekte seiner Überzeugung in Beziehung zum Thema Sterbehilfe setzen zu können.

Diese Überzeugungsrede kommt vorwiegend dort zum Einsatz, wo es darum geht, eine ‚Grundsatzrede' zu halten, zentrale (wesentliche) Inhalte zu vertreten und damit ein Fundament für ein gemeinsames Verständnis (und ein gemeinsames Handeln) zu legen. Dies können programmatische Reden sowohl in parteipolitischen als auch anderen gesellschaftlichen Kontexten sein. Das Ziel der erkenntnisorientierten Überzeugungsrede liegt zusammenfassend darin, ein inhaltliches Fundament zu legen, das als Ausgangspunkt dient, aktuellen Fragen gegenüber mit einer angemessenen inhaltlichen Durchdringung zu begegnen und ein verantwortetes Handeln sicher zu stellen.

Übungsteil

Übung: Inhaltliche und argumentative Durchdringung eines Begriffs

Als Ausgangspunkt dieser Übung dient jeweils eine Thematik, die in der Öffentlichkeit aktuell diskutiert wird. Die Herangehensweise wird hier beispielhaft skizziert und eröffnet dem Lehrenden die Möglichkeit, situationsangemessen eigene Themen im Seminar zu behandeln.

> Ausgangspunkt (Anlass):
>
> In der Presse wird der Suizid einer unheilbar Kranken besprochen, die ihren Suizid öffentlich angekündigt hat. Diese Tat wird von einer großen Tageszeitung als ‚tapfer' kommentiert.

Aufgaben des Redners:

Begriffsdefinition

Um die eigene Überzeugung als Redner herausstellen zu können, gilt es zunächst, den Begriff ‚tapfer' in seiner unterschiedlichen Ausprägung zu untersuchen. Ein mögliches Vorgehen könnte folgendermaßen aussehen (für diesen Arbeitsschritt kann die Auseinandersetzung mit philosophischen Handbüchern eine Hilfe sein):
- Wie definiert beispielsweise Aristoteles den Begriff ‚Tapferkeit' in seiner Nikomachischen Ethik?
- Welche weiteren Definitionen und Sichtweisen lassen sich zu diesem Begriff finden?
- Wie wird der Begriff im öffentlichen Sprachgebrauch verwendet?
- Wie wird der Begriff von unterschiedlichen Zielgruppen konnotiert?

Fragestellung und Überzeugung (Erkenntnisurteil)

Nachdem der Redner die verschiedenen Definitions- und Argumentationsweisen des Begriffs ‚tapfer' durchdrungen hat, wird er zu einem eigenen Urteil gelangen können. Diese Überzeugung (Erkenntnisurteil) ist Antwort auf eine Fragestellung, die in der Öffentlichkeit diskutiert wird. Die Fragestellung im hier gewählten Beispiel kann beispielsweise folgendermaßen lauten: „Ist die Handlung der suizidalen Person tapfer?" Die Antwort des Redners mag hier sein: „Die Handlung ist nicht tapfer, sondern feige."

Argumentative Entfaltung des Erkenntnisurteils

Diese Antwort muss der Redner klar begründen. Hierzu können ihm folgende Fragen helfen:
- Was ist eine mögliche Begründung für diese Antwort?
- Auf welchen Annahmen beruht die Begründung?

- Welche Konsequenzen ergeben sich aus der Antwort?
- Ist diese Antwort rational nachvollziehbar?

Redeeinstieg und Zirkelschluss

Abschließend erhebt der Redner die öffentliche Stimmung angesichts des vorliegenden Themas. Die mit dieser Thematik verbundene Emotionalität gilt es zu Beginn der Rede anzusprechen (Motivation), ebenso die unterschiedlichen Antwortversuche in der Öffentlichkeit, die nicht mit seiner Überzeugung übereinstimmen (Überzeugungen der Hörer).

Der Redner wird die Sichtweisen der anderen mit den eigenen kontrastieren und aufzeigen, warum seine Überzeugung angesichts der vorliegenden Fragestellung weiterführender ist. Im Zirkelschluss (Redeschluss) nimmt er erneut die Emotionalität des Anfangs auf und verweist auf Konsequenzen, die aus seiner Überzeugung hervorgehen können.

Beispielrede (Experienced)

> Motivation
>
> Das beherrschende Thema in den Medien zum Thema Innenpolitik ist in den letzten Jahren immer wieder der NSU. Auch heute lesen wir in Zeitungen fast täglich neue Schlagzeilen, in denen es heißt „Neues zum NSU Prozess..." oder „Schon wieder Ermittlungsfehler der Thüringer Polizei bekannt gegeben" usw. Durch ihr brutales Vorgehen und die rassistisch motivierten Anschläge bleibt der NSU und die Neonazi-Bewegung im Bewusstsein der Öffentlichkeit. Wenn ihr euch mit Freunden und der Familie unterhaltet, dann heißt es immer wieder „Also, dass sowas bei uns nach 1945 überhaupt noch passieren kann, das ist doch kaum vorstellbar".
>
> Natürlich hört man auch immer wieder Forderungen von verschiedensten Seiten: „Man muss solchen nationalsozialistischen Umtrieben auf allen Ebenen begegnen, und dazu gehört auch ein Verbot der NPD."
>
> Allerdings ist uns allen klar, dass ein Parteiverbot in einem demokratisch freien Land, wie Deutschland es ist, ein schwieriges und komplexes Thema darstellt. Zumal in Deutschland Meinungsfreiheit herrscht und eine Partei so auch Ihr Parteiprogramm eigens festlegen kann.

Problemstellung

Das Problem, das sich hier also stellt, ist: Spricht ein Parteienverbot gegen die Freiheit?

Überzeugung der Hörer/anderer Personen/Gruppen

Gregor Gysi von den Linken sagt: „Ich bin bei Parteiverboten sehr vorsichtig und mache nur bei der NPD eine Ausnahme. Die NPD muss verboten werden, da die Partei verfassungswidrig ist und sich gegen die Freiheit unserer demokratischen Grundordnung richtet." Es gilt somit das Prinzip: Keine Freiheit für die Feinde der Freiheit. Das Parteiprogramm der NPD ergibt ein Bild, dass gegen Ausländer und Juden hetzt und für das ‚Dritte Reich' schwärmt. Die NPD kündigt notfalls an, das Land mit Gewalt zu verändern. Somit will diese Partei die Demokratie überwinden. Dadurch wäre die Freiheit enorm für die gesamte deutsche Bevölkerung in Gefahr. Man darf weit gehen, aber hier ist die Grenze erreicht. Die Linke hat im Bundestag auch angefragt: „Welche juristischen und politischen Möglichkeiten zur Aufhebung des KPD-Verbots bestehen nach Kenntnis der Bundesregierung?" Sie fordern also in diesem Fall eine Rücknahme des Parteiverbots. Daraus lässt sich schließen, dass die Linke das Verbot von Parteien im Hinblick auf die Freiheit nicht vereinheitlichen, sondern dies im Einzelfall entscheiden möchte.

Hans Kelsen, einer der bedeutendsten Rechtswissenschaftler des 20. Jahrhunderts, sagt: „Ja, ein Parteiverbot spricht gegen die Freiheit. Die Parteienfreiheit haben wir uns erkämpft, um uns gegen totalitäre Systeme zur Wehr zu setzen. Somit stellt jeder Eingriff in die Parteienfreiheit eine Verzerrung des politischen Wettbewerbs dar. Eine Partei allein als Präventionsmaßnahme zu verbieten, verletzt verfassungsmäßige Rechte. Es stellt sich nur dann die Frage, wenn von der Partei konkrete Gefahren ausgehen." Kelsen sagt aber auch: „Es mag mitunter schwierig sein, eine klare Grenzlinie zu ziehen zwischen der Verbreitung gewisser Ideen und der Vorbereitung eines revolutionären Umsturzes."

Überzeugung des Redners

Ich bin überzeugt, dass durch ein Parteienverbot die Freiheit gesichert werden kann.

Der Begriff Freiheit lässt viel Raum für Interpretation. Nach meiner Überzeugung kann Freiheit in einer Gesellschaft immer nur in Abhängigkeit von Anderen existieren.

Freiheit ist somit ein relationaler Begriff. Das bedeutet, dass Menschen überhaupt nur frei sein können, wenn sie in Gesellschaft sind. Denn nur in Beziehung mit Anderen lässt sich der Begriff Freiheit definieren. Ein Mensch alleine kann gar nicht frei oder unfrei sein, da er immer eine Bezugsperson braucht, die ihm entweder seine Freiheit oder Unfreiheit spiegelt. Wenn ihr euch zum Beispiel entscheidet: „Ab heute möchte ich mich nur noch vegan ernähren", dann ist das im Rahmen der persönlichen Freiheit möglich und völlig problemlos umzusetzen. Wenn andere Menschen sich anders ernähren, beispielsweise Fleisch essen, entsteht durch meine Entscheidung, mich vegan zu ernähren, ein Gefühl für die persönliche Entscheidungsfreiheit. Denn persönliche Freiheit bedeutet, sich frei zu entscheiden und entwickeln zu können. Die einzige Grenze der persönlichen Freiheit liegt darin begründet, die persönliche Freiheit von anderen zu wahren. Ihr könnt euch also entscheiden, euch vegan zu ernähren. Sobald ihr aber anderen Menschen das Schnitzel vom Teller nehmt oder ihr euren Freunden sagt: „Ich verbiete euch, Fleisch zu essen!" werden die Reaktionen anders ausfallen. Hier läge dann nämlich ein Eingriff in die persönliche Freiheit anderer Menschen vor und diese würden ihre Freiheit natürlich verteidigen. Um das Ganze noch einmal zusammenzufassen, kann man sagen, dass wir also nur in Freiheit leben können, wenn wir in Gesellschaft mit anderen Menschen sind. Und hier wird sie dann so definiert, dass sie immer soweit gehen darf, bis sie einen anderem schadet.

So wie die persönliche Freiheit geschützt werden muss, muss natürlich auch die gesellschaftliche Freiheit gegen Angriffe von innen und außen geschützt werden.

So hat Thomas De Maizière beim Verbot der Terrororganisation Islamischer Staat klar gemacht: „Diese Organisation richtet sich gegen unsere verfassungsgemäße Ordnung und den Gedanken der Völkerverständigung." Somit wird Freiheit also auch als etwas begriffen, das aktiv geschützt werden muss.

Wenn ihr nun also der Überzeugung seid: „Nur vegan essen ist ethisch vertretbar!" kann man das zwar abstreiten oder für falsch halten. Im Sinne der Freiheit muss jemand, der so etwas äußert, aber auch geschützt werden. Gleiches gilt für alle politischen Parteien und Organisationen. Sobald allerdings die Freiheit und damit, wie im Falle des NSU und natürlich auch der NPD, Menschenleben auf dem Spiel stehen oder unsere demokratische Grundordnung angegriffen wird, sind Strafen und Verbote nicht nur legitim, sondern erforderlich.

Natürlich muss Freiheit in diesem Zusammenhang in einer Wertehierarchie gesehen werden. Die Freiheit –zum Beispiel der Meinungsäußerung – steht nicht über allen anderen Werten. Genauso kann die persönliche Freiheit des Einzelnen beschränkt werden, zum Beispiel, wenn sich jemand strafbar macht oder wenn Personen in Gefahr sind. Freiheit ist also nicht das höchste Gut, das wir in unserer Gesellschaft haben. Das höchste Gut einer freien demokratischen Gesellschaft ist das Allgemeinwohl. Wenn die Freiheit des Staates und seine freiheitliche Grundordnung bewusst verspottet und abgelehnt wird, indem gesagt wird: „Hitler ist uns auch heute noch ein Vorbild. Wir stehen ein für einen nationalsozialistischen Staat!", dann ist es legitim, eine Partei oder Gruppierung zu verbieten.

Zirkelschluss

Eine bewusst getroffene Entscheidung für ein punktuelles Verbot von radikalen Gruppierungen und Parteien – unter dem Aspekt des Allgemeinwohls – sichert dauerhaft die Freiheit eines jeden Menschen in unserem Staat, egal welcher Herkunft er ist und welcher Religion er angehört.

9 Feedback

"Die Augen täuschen uns und die unsteten Sinne trügen, wenn der Verstand befangen ist." *(Petron)*

Zur rhetorischen Ausbildung gehört wesentlich die Vermittlung der Kompetenz, adäquate Rückmeldungen über die Wirkung einer gehaltenen Rede geben zu können. Aus diesem Grund wird nach jedem Übungsteil die Rückmeldung mit den Teilnehmern eingeübt. Je häufiger sich die Teilnehmer mit den Aspekten des Feedbacks auseinandersetzen, umso präziser werden sie die Fähigkeit gewinnen, mit Hilfe der Kriterien der rhetorischen Oberflächen- und Tiefenstruktur eine wertschätzende und konstruktive Rückmeldung zu formulieren.

Wertung vs. Wirkung

Häufig wird Feedback mit Kritik gleichgesetzt, wobei im Wort Kritik immer eine negative Dimension mitschwingt. So begegnen einem in unterschiedlichen Kontexten Begriffe wie ‚positives Feedback' und ‚negatives Feedback' (Kritik), wobei oft darauf hingewiesen wird, man solle mit dem ‚Positiven' beginnen. Eine derartige Form, Rückmeldungen zu formulieren, erscheint deshalb problematisch, weil sie zum einen in die Werthaftigkeit der Person eindringt, zum anderen den Feedbackgeber zur dominierenden Autorität erhebt.

Folgende Rückmeldungen sind innerhalb von Rhetorikseminaren keine Seltenheit (vgl. auch Slembek 1998, 58):

(1) Der Vortrag hat mir gut gefallen. (‚positives' Feedback)

(2) Du warst total souverän. (‚positives' Feedback)

(3) Da hatte ich den Eindruck, dass du etwas unsicher warst. (‚negatives' Feedback)

(4) Das Ganze war schon recht überheblich. (‚negatives' Feedback)

Die Rückmeldung (1) drückt eine Wertung aus, die gleichzeitig als Benotung („gut") zu verstehen ist. Die Frage, die hier an den Feedbackgeber zu stellen wäre könnte lauten: Wer bist du, dass du hier Noten verteilst? Die Beurteilung, die ‚gut' gemeint war, und oft auch ‚gut' ankommt, ist dennoch Ausdruck der persönlichen Wertesicht. Der Empfänger wird in die Rolle eines unmündigen Schülers gedrängt. Eine auf Augenhöhe und aus einer kooperativen Haltung heraus formulierte Rückmeldung wird jedoch auf bewusst eingesetzte oder unbewusst vollzogene Machtstrukturen verzichten.

Die Rückmeldung (2) spiegelt eine Interpretation wieder, die die Wesenhaftigkeit bzw. den Charakter der Person betrifft: Sie ‚ist' souverän. Diese Rückmeldung verhält sich analog zu (4). Hier ist die Aussage: Du ‚bist' überheblich. Bei der ‚negativen' Form wird eher deutlich, aus welchem Geist dieses Urteil gesprochen wird, bei der ‚positiven' Variante fällt es in der Regel nicht sofort auf. Eine Rückmeldung hat jedoch nicht die Aufgabe, den Charakter oder das Wesen eines Menschen zu interpretieren. Häufig werden durch derartige Rückmeldungen Verletzungen ausgelöst, die nur schwer wieder aufzufangen sind. Innerhalb einer Seminarsituation können sie sogar die gesamte Atmosphäre wesentlich beeinträchtigen.

Die Rückmeldung (3) wiederum ist eine klassische ‚Vermutung', verbunden mit einer Interpretation. Auch sie sagt mehr über den Feedbackgeber und seine Idealvorstellungen aus, als dass sie der Person hilft, der dies gesagt wird.

Zusammenfassend gilt zunächst:

Rückmeldungen im Rahmen der Rederhetorik sind keine Orte, an denen

- Wertungen und damit verbundene Benotungen ausgesprochen werden,
- Interpretationen über das ‚angebliche' Wesen oder den Charakter eines Menschen zum Ausdruck gebracht werden und
- Vermutungen geäußert werden.

Aspekte des Feedbacks

Das klassische Feedback, das innerhalb rhetorischer Seminareinheiten vermittelt wird, orientiert sich vielmehr an der Wirkung, die beim Hörer ausgelöst wurde. Drei Aspekte gehören zu einem vollständigen Feedback:

1. Beschreibung des Sachverhalts
2. Die Wirkung auf mich
3. Wunsch an dich/Vorschlag

1. Beschreibung des Sachverhalts

Um einen Sachverhalt beschreiben zu können, bedarf es zunächst bestimmter Kriterien, die den Blick für die Rede schärfen können. Für den Seminarkontext sind die bereits vorgestellten Kriterien der Oberflächen- und Tiefenstruktur ein möglicher Vorschlag. Mit Hilfe der Kriterien kann der Teilnehmer auf einzelne Aspekte achten und versuchen, sie zu beschreiben. Für die rhetorische Oberflächenstruktur unter dem Aspekt „Optik" könnte eine solche Beschreibung wie folgt klingen:

> Du hast mich zu Beginn deiner Rede angeschaut und hast während der Rede immer wieder den Kontakt mit mir aufgenommen, besonders fiel mir das an der Stelle auf, als du gesagt hast, dass wir hier alle bis zum Anschlag arbeiten.

Die Beschreibung des Sachverhalts hat den Anspruch, so präzise wie möglich das Erlebte auch wiedergeben zu können. Rückmeldungen wie „du hast da mal den Arm gehoben" oder „du warst manchmal etwas schnell" gehen auf den damit verbundenen Inhalt der Rede nicht ein und erschweren den Nachvollzug bei demjenigen, der diese Rückmeldung empfängt.

2. Die Wirkung auf mich

In diesem zweiten Schritt geht es darum, sich seiner eigenen Gefühlswelt bewusst zu werden. Die Leitfrage lautet demnach: Was hat das eben Beschriebene bei mir ausgelöst? Die Aussage: „Du warst total souverän." ist keine Wirkung, denn der Hörer wurde ja nicht beim Zuhören souverän oder fühlte sich plötzlich souverän. ‚Souveränität' könnte beispielsweise Vertrauen oder Glaubhaftigkeit ausgelöst haben. Verknüpft mit dem ersten Schritt könnte eine Rückmeldung dementsprechend lauten:

> Du hast mich zu Beginn deiner Rede angeschaut und hast während der Rede immer wieder den Kontakt mit mir aufgenommen. Besonders fiel mir das an der Stelle auf, als du gesagt hast, dass wir hier alle bis zum Anschlag arbeiten. *(Beschreibung des Sachverhalts)*
>
> Da habe ich mich sehr angesprochen und von dir verstanden gefühlt. *(Wirkung auf mich)*

Diese Wirkung spiegelt demnach das persönliche Empfinden des Feedbackgebers wieder. Der Redner kann nachvollziehen, wie es zu der Wirkung beim Hörer kam. Gleichzeitig hat er die Möglichkeit zu prüfen, ob das, was er erreichen wollte, auch wirklich realisiert wurde.

Um sich als Redner seiner Wirkung bewusster zu werden, ist die Rückmeldung durch mehrere Teilnehmer wichtig. Denn die Wirkungen, die bei den Hörern ausgelöst werden, können sehr unterschiedlich sein. Ein und dieselbe Beschreibung eines Sachverhalts kann völlig verschiedene Wirkungen hervorrufen. Die Wirkung könnte am dargelegten Beispiel auch folgendermaßen lauten:

> Du hast mich zu Beginn deiner Rede angeschaut und hast während der Rede immer wieder den Kontakt mit mir aufgenommen, besonders fiel mir das an der Stelle auf, als du gesagt hast, dass wir hier alle bis zum Anschlag arbeiten. *(Beschreibung des Sachverhalts)*
>
> Das war mir sehr unangenehm, weil ich dir das damals im Vertrauen gesagt hatte. *(Wirkung auf mich)*

Je mehr Rückmeldungen der Redner erhält, umso deutlicher wird erkennbar, ob die intendierte Wirkung erzielt werden konnte oder nicht. Er muss zwischen seiner Intention und der Wirkung seitens der Hörer unterscheiden und sich dann entscheiden, in welche Richtung er sich weiter entwickeln möchte oder nicht. Der entscheidende Punkt in dieser Form von Rückmeldung liegt darin, dass der Redner zu einer persönlichen Entscheidung kommen kann, ob er so wirken wollte oder nicht. Auf jeden Fall wird er nicht in die Rechtfertigung getrieben, die zumeist durch Wertungen, Vermutungen und Interpretationen herausgefordert wird.

In diesem Sinne handelt es sich hier um Kritik im eigentlichen Sinn. Denn das griechische Wort ‚kritein' bedeutet ‚unterscheiden' und hat in diesem Verständnis keinen ‚negativen' Beigeschmack. Ziel der Kritik ist es, durch Unterscheidung zur Entscheidung zu gelangen und damit den Weg für eine Weiterentwicklung zu eröffnen.

3. Wunsch an dich/Vorschlag

Mit diesem dritten Schritt endet jede Rückmeldung. Dabei wird in Richtung Zukunft geschaut und Schritte und Möglichkeiten dargelegt, wie eine Wirkung auf gleiche Art und Weise wieder erzeugt werden kann bzw. worauf zu achten ist, dass beim nächsten Mal eine andere Wirkung erzeugt werden kann. Ein Wunsch/Vorschlag könnte folgendermaßen lauten:

> Ich würde mir wünschen, dass du auch künftig zu Beginn einer Rede gleich mit mir und den anderen in Kontakt trittst und unsere Inhalte so klar in den Vordergrund stellst. *(Wunsch an dich/Vorschlag)*

Das Feedback kann in einem Seminar folgendermaßen eingebettet werden:

Nachdem der Redner seine Rede gehalten hat, geben die Teilnehmer eine Rückmeldung. Eine dieser Rückmeldungen könnte beispielsweise wie folgt lauten: „Das wirkte auf mich völlig demagogisch. So kann man doch nicht zu uns sprechen."

Hier fehlt die Beschreibung eines Sachverhalts, die Person des Redners wird von seinem Wesen her interpretiert und beurteilt und der Wunsch wird mit Hilfe einer negativen Aussage zum Ausdruck gebracht.

Eine erste Frage an den Feedbackgeber wird daher lauten:

„Was hat der Redner getan? An welchen Kriterien machen Sie Ihre Interpretation fest?"

Im Blick auf die Wirkung lautet die Frage:

„Was hat das, was Sie eben beschrieben haben, bei Ihnen persönlich ausgelöst? Wie haben Sie sich dabei gefühlt?"

In Richtung Wunsch könnte eine mögliche Frage lauten:

„Wenn Sie sich nicht nur wünschen dürften, was nicht mehr geschehen soll, sondern wie der Redner aus Ihrer Sicht eine andere Wirkung erreichen könnte, was würden Sie ihm dann sagen wollen?"

Mit Hilfe dieser Fragestellungen hat der Teilnehmer die Möglichkeit, seine Rückmeldung präziser zu formulieren, stärker bei sich zu bleiben und Veränderungsmöglichkeiten zu entwickeln. Eine Rückmeldung würde sich dann wie folgt unterscheiden:

Zuerst:

> Das wirkte auf mich völlig demagogisch. So kann man doch nicht zu uns sprechen.

Dann:

Beschreiben eines Sachverhalts

> Du hast während der ganzen Rede in jedem Satz mehrere Lautstärkeakzente gesetzt und nur selten den Blickkontakt zu uns gesucht.

Wirkung auf mich

> Ich konnte durch diese vielen Lautstärkeakzente zu Beginn der Rede dem Inhalt nur schwer folgen, weil bei mir keine Bilder oder Erlebnisse entstanden sind. Je länger diese Lautstärkeakzente andauerten, umso mehr hat mich das körperlich angestrengt und ich bin dann irgendwann ausgestiegen. Ich hatte einfach keine Lust mehr zuzuhören.

Wunsch an dich/Vorschlag

> Ich würde mir wünschen, dass du beim nächsten Mal mit einem Stichwortzettel arbeitest. Dann kannst du freier sprechen und das würde es mir erleichtern, dir zu folgen. Auch der Blickkontakt und die Sprechmelodie dürften dann eine andere Intensität bekommen.

Wunsch vs. Handlungsalternativen

Statt eines Wunsches kann der Lehrende auch Handlungsalternativen vorschlagen oder Angebote für mögliche Fortentwicklungen geben. Wichtig dabei ist, dass die Freiheit für den Teilnehmer erhalten bleibt. Appelle des Lehrenden: „Machen Sie das jetzt mal so!" skizzieren ein Machtverhalten, das von Teilnehmern nicht unbedingt geschätzt wird.

Mit Hilfe eines differenzierten Feedbacks bleibt es dem Redner überlassen, sich auf diesen Wunsch bzw. den Vorschlag einzulassen, oder nicht. Für den Lehrenden bedeutet das, jedem Teilnehmer ein Feedback zu geben, das es ihm ermöglicht, sich rhetorisch weiterentwickeln zu können.

Für das Trainerfeedback ist auch zu beachten: Nicht alles, was der Lehrende sieht, muss dem Teilnehmer gesagt werden. Vielmehr hängt es von der pädagogischen Fähigkeit des Lehrenden ab, wie viel er dem Teilnehmer mit auf den Weg geben will. In der Regel ist es sinnvoll, ihm nur Rückmeldungen in dem Umfang zu geben, dass er sie auch in der darauffolgenden Übung umsetzen kann. Insoweit ist das Trainerfeedback stets verbunden mit der Vereinbarung individueller Lernziele.

Wenn der Lehrende beispielsweise drei Aspekte der Oberflächen- und drei der Tiefenstruktur im Feedback anspricht, kann der Teilnehmer sich eines aus jedem Bereich auswählen und versuchen, diese Aspekte für seine rhetorische Weiterentwicklung umzusetzen. Auf diese Weise kann der Lehrende jedem hinsichtlich seiner Fähigkeiten und Fertigkeiten gerecht werden und die Teilnehmer können am Ende eines Seminars für sich selbst differenziert bestimmen, was sie gelernt und wo sie sich verändert, bzw. weiterentwickelt haben.

Videofeedback

Videofeedback kann eine sinnvolle Ergänzung bei der Besprechung von Redebeiträgen sein. Es dient in der Regel jedoch mehr dem Bedürfnis der Teilnehmer, sich einmal selbst gesehen und gehört zu haben. Gerade in Grundlagenkursen hat das Videofeedback eine zentrale Bedeutung, da durch die Aufnahme das Selbstbild stärker mit dem

Fremdbild in Einklang gebracht werden kann. Auf der einen Seite vermuten viele Teilnehmer, sie würden unsicher auf andere wirken und stellen fest, dass dies beim Betrachten der Aufnahme nicht der Fall ist. Insoweit kann das Videofeedback die Selbstsicherheit stärken und das Lampenfieber reduzieren. Auf der anderen Seite können manche sehr selbstbewusste Teilnehmer mit Hilfe einer Aufnahme realisieren, dass auch sie noch Chancen zur Weiterentwicklung besitzen. Für fortgeschrittene Teilnehmer ist das Videofeedback in der Regel nicht mehr von zentraler Bedeutung. Aus diesem Grund kann dem Teilnehmer nach einem mündlich gegebenen Feedback die Aufzeichnung mit nach Hause gegeben werden. Bei Bedarf kann er dann den Lehrenden später zu bestimmten Themen, die ihn persönlich betreffen, ansprechen. Insgesamt ist das Videofeedback aufgrund seiner Zeitintensität nur in reduzierter Form hilfreich, da es zum einen ermüdend auf den Gruppenprozess wirken kann, zum anderen die Zeit zum weiteren Üben einengt.

Bewertung rhetorischer Leistungen

Da Rederhetorik nicht nur in Seminaren, sondern auch im Rahmen von verschiedenen Studiengängen oder im schulischen Kontext vermittelt wird, sei hier noch kurz auf den Zusammenhang von Feedback und Bewertung eingegangen (vgl. Sprague 1998, 77ff.)

Bei der Ausbildung und beim Studium der Sprechwissenschaft und Sprecherziehung, aber auch in anderen Kontexten, in denen rederhetorische Leistungen beurteilt werden müssen, wird es neben dem klassischen Feedback, wie es hier vorgestellt wurde, auch die Form der Bewertung von Seiten des Lehrenden geben. Entscheidend für die Bewertung rederhetorischer Leistungen ist die Transparenz der Bewertungskriterien. Sie legen zum einen offen, auf welche Aspekte der Lehrende wert legt, und welche Kenntnisse, Fähigkeiten und Fertigkeiten er von den Studierenden/Schülern erwartet. Zum anderen schaffen die Bewertungskriterien eine gewisse Sicherheit, indem sie den Lernenden verdeutlichen, welche Kompetenzen von ihnen verlangt werden. Im Feedback erfährt der Lernende, wie er auf andere wirkt, was er bei anderen durch seine Rede ausgelöst hat und auf welche

Weise er sich gegebenenfalls verändern kann, um eine andere Wirkung zu erzielen; die Bewertung (Note) gibt allein Auskunft über den Leistungsstand und ist von daher ein Signal, inwieweit er den curricularen Leistungsansprüchen entspricht. Insofern werden auch hier vom Lehrenden individuelle Lernziele mit dem Studierenden vereinbart mit dem Ziel, ein adäquates Leistungsniveau erreichen zu können.

10 Arbeiten mit der DVD

Die beiliegende DVD ermöglicht es dem Lehrenden, die Teilnehmer für verschiedene Wirkweisen des Sprechens im Blick auf die rhetorische Oberflächen- und Tiefenstruktur hin zu sensibilisieren. Alle Redebeiträge dieser DVD sind mit ‚Auffälligkeiten' aus der Oberflächen- und/oder Tiefenstruktur versehen. Die Arbeit mit der DVD kann den Teilnehmern helfen, die Wirkung unterschiedlicher Äußerungen bewusster wahrzunehmen und ein präzises Feedback zu geben.

Die DVD ist in vier Teile gegliedert:

- Aspekte der rhetorischen Oberflächenstruktur
- Aspekte der rhetorischen Tiefenstruktur
- Reden im Vergleich auf ihre Wirkung
- Komplette Redefassungen

Rhetorische Oberflächenstruktur

Insgesamt werden hier 11 verschiedene sprecherische Varianten vorgestellt, deren Länge jeweils ca. eine Minute beträgt. Der Lehrende kann mit Hilfe der Aufnahmen die verschiedenen Aspekte der rhetorischen Oberflächenstruktur erarbeiten. Bei sprecherischen Auffälligkeiten eines Teilnehmers, die ihm selbst nicht bewusst sind, kann der Lehrende diese Auffälligkeit mit Hilfe der DVD veranschaulichen.

Folgende Ausschnitte aus verschiedenen Reden werden für die Oberflächenstruktur angeboten (Hinweise hinter den Namen dienen allein dem Lehrenden zur Orientierung):

1. Nele	gelangweilt
2. Nele	schnell, Hochschlüsse
3. Regina	Überartikulation
4. Valerie	Dialektal
5. Valerie	Dialektal/Hochdeutsch
6. Lena	nervös

7. Juliane	distanziert, kühl
8. Delia	Schnalzen, Luft einziehen
9. Valerie	Hin- und Herlaufen
10. Melanie	‚permanentes sich Rückversichern'
11. Melanie	Tiefschlüsse

Sensibilisierung für die rhetorische Oberflächenstruktur

1. Schritt: Von der Interpretation zur Wirkung

Die Teilnehmer sehen sich ein Redebeispiel an (beispielsweise Nr. 1: Nele, gelangweilt) und geben zunächst eine spontane Rückmeldung über das Gehörte an den Lehrenden, der die Rolle von ‚Nele' übernimmt. Die Teilnehmer werden erfahrungsgemäß vorrangig mit einer Interpretation beginnen (z.B.: „Ich hatte den Eindruck, dass du nicht hinter dem Gesagten stehst." „Ich fand das nicht sehr überzeugend." etc.)

Der Lehrende sammelt die Äußerungen der Teilnehmer unkommentiert an einem Flipchart. Anschließend erklärt er anhand der Äußerungen den Unterschied zwischen Wertung, Interpretation und Wirkung (vgl. Feedback).

Danach versuchen die Teilnehmer herauszuarbeiten, welche Gefühle bzw. Wirkungen bei ihnen durch die Rede ausgelöst wurden.

2. Schritt: Von der Wirkung zur Beschreibung

Um zu erarbeiten, wie die Wirkungen zu Stande gekommen sind, erhalten die Teilnehmer das Arbeitsblatt „Oberflächen- und Tiefenstruktur im Überblick" (Arbeitsblatt 1). Der Lehrende erarbeitet nun mit den Teilnehmern anhand des Arbeitsblattes, welche Aspekte der rhetorischen Oberflächenstruktur zu der bereits angesprochenen Wirkung geführt haben.

Auf diese Weise werden die Teilnehmer mit den Feedbackkriterien der rhetorischen Oberflächenstruktur vertraut und dadurch auch für das eigene Redeverhalten sensibilisiert.

Sensibilisierung für die rhetorische Tiefenstruktur

Die folgenden acht Redebeiträge nehmen schwerpunktmäßig einen Aspekt der rhetorischen Tiefenstruktur in den Blick (Inhaltliche Stringenz, Hörerorientierung, Einwirkung auf den Hörer). Sie dienen der Sensibilisierung für die inhaltliche Dimension einer Rede. Die Aufnahmelänge beträgt wiederum jeweils ca. eine Minute. Folgende Redeausschnitte werden für die Tiefenstruktur angeboten (Hinweise hinter den Namen dienen allein dem Lehrenden zur Orientierung):

Einzelaspekte der rhetorischen Tiefenstruktur

1. Regina	Vorwurf
2. Lena F.	Überempathisch
3. Delia	Ich-zentriert
4. Lena	Ich-Perspektive
5. Benedikt	Schriftsprache
6. Christoph	Fachsprache
7. Thiemo	unstrukturiert
8. Roya	versteckte Appelle

Übung: Wirkungen unter dem Aspekt der rhetorischen Tiefenstruktur

Die Teilnehmer arbeiten mit dem Arbeitsblatt „Oberflächen- und Tiefenstruktur im Überblick" und erhalten zusätzlich einen Fragenkatalog zur rhetorischen Tiefenstruktur (Arbeitsblatt 7). Auch hier gilt es, zunächst die Wirkung einer jeden Redeleistung zu ermitteln um in einem zweiten Schritt zu untersuchen, welche inhaltlichen Aspekte zu der jeweiligen Wirkung geführt haben.

Vergleich von Redevarianten

Zu jeweils einem Thema werden zwei Redevarianten vorgestellt, die mit unterschiedlichen rhetorischen Akzenten versehen sind. Der Vergleich der Varianten macht die unterschiedlichen Wirkungsweisen auf der rhetorischen Oberflächen- und Tiefenstruktur sichtbar. Diese Vergleiche ermöglichen es dem Teilnehmer, bewusster zu entscheiden, wie er die eigene Rede konzipieren und worauf er insbesondere achten möchte.

Folgende Reden werden in jeweils zwei Varianten angeboten (Hinweise hinter den Namen dienen allein dem Lehrenden zur Orientierung):

1a und 1b Nele	Veggi-Day
2a und 2b Christoph	Bodenuntersuchung
3a und 3b Benedikt	Verabschiedung
4a und 4b Lena	Jubiläum
5a und 5b Roya	Gesundheitsmanagement
6a und 6b Benedikt	Migrationshintergrund
7a und 7b (Valerie/Juliane)	Heimatmuseum

Übung: Welche Rede ist kooperativer?

Die Teilnehmer sehen sich beide Varianten hintereinander an und versuchen die Unterschiede im Blick auf die rhetorische Oberflächen- und Tiefenstruktur zu erheben. Dabei lassen sie sich wiederum von der erzeugten Wirkung leiten und halten die Stärken und Schwächen beider Reden fest, indem sie bewusst auf den Aspekt der Kooperation seitens des Redners achten

Redegattungen

Die verschiedenen Redegattungen werden hier in vollständiger Länge vorgestellt. Auch bei diesen Reden wird bewusst auf eine ‚Idealform' verzichtet. Zum einen geht es darum, die Komplexität der Rede in Bezug auf Oberflächen- und Tiefenstruktur zu durchdringen. Zum anderen geht es darum, die erkannten Stärken und Schwächen der Rede für die eigene Rede produktiv zu nutzen. Folgende Reden werden in voller Länge angeboten (Hinweise hinter den Namen dienen allein dem Lehrenden zur Orientierung):

Gesellschaftsreden

1. Thiemo	Jubiläum
2. Lena	Jubiläum
3. Benedikt	Verabschiedung

Informationsreden

4. Regina	Kopierer
5. Thiemo	Schulfest
6. Nele	Veggi-Day

Überzeugungsreden

7. Melanie	E-Mail
8. Christoph	Zusammenlegung
9. Lena F.	Bundesfreiwilligendienst (Zielgruppe Pflegekräfte)
10. Juliane	Bundesfreiwilligendienst (Zielgruppe Pflegekräfte)
11. Valerie	Bundesfreiwilligendienst (Zielgruppe Abiturienten)

11 Arbeitsblätter

Arbeitsblatt 1

Oberflächen- und Tiefenstruktur im Überblick

Betrachtungsweise: Rede als kommunizierte Zeichen **Rhetorische Oberflächenstruktur**	Betrachtungsweise: Rede als kommunizierter Text **Rhetorische Tiefenstruktur**
Optik • Körperhaltung • Atmung und Intention • Blickkontakt und Hörerbezug • Mimik, Gestik • Umgang mit Medien (z.B. Karteikarten, Flipchart, Laptop, Beamer) **Akustik** • Sprechfluss/Tempo/Artikulation • Lautstärke/Dynamik • Melodieführung **Sprache** • Zielgruppenspezifisches Sprachniveau (Syntax, Wortwahl) • Prägnanz • Struktur • Anschaulichkeit	**Inhaltliche Durchdringung** **(Logos)** • Themenbezug/Inhaltliche Erfassung • Zielklärung und Zielformulierung • Problemdimensionierung • Zielgruppenorientierte Materialsammlung **Hörerorientierung** **(Pathos)** • Perspektivenübernahme • Signale für Partnerbezug **Glaubwürdigkeit** **(Ethos)** • Einwirkung auf den Hörer • Authentizität

Arbeitsblatt 2

Fragen zur Sprechsituationsanalyse

Wer:
- In welcher Rolle spreche ich als Redner?
- Wie stehe ich zum Thema/zum Publikum? Welche Haltung habe ich?
- Welche fachlichen Voraussetzungen bringe ich mit?

Zu wem: (Zielgruppenanalyse)
- Zu wem spreche ich? Wer ist meine Zielgruppe?
- Welche kognitiven Voraussetzungen, welches Vorwissen bringen meine Zuhörer mit?
- Wie sind sie mir und dem Thema gegenüber emotional eingestellt?
- Welche Erwartungen, Vorbehalte, Befürchtungen, Einwände bringen die Zuhörer mit?
- Was interessiert die Zuhörer am Thema?
- Welche Fragen haben Zuhörer zum Thema?
- Wie ist der Betroffenheitsgrad der Zielgruppe? (z.B. finanzielle, personelle, materielle Auswirkungen der Informationen auf die Zielgruppe)

Wer zu Wem:
- In welcher Beziehung stehe ich zum Publikum? (z.B. symmetrisch/komplementär; vertraut/fremd; angespannt/entspannt)

Worüber:
- Was sind die Inhalte meines Vortrags?
- Hat der Inhalt eine besondere Brisanz/Relevanz/Aktualität?

Warum:
- Was ist der Anlass für meinen Vortrag?
- Welche Motivation habe ich?
- Warum ist das Thema für meine Zuhörer relevant?

Wozu:
- Was ist mein Redeziel, mein handlungsleitendes Interesse? Was will ich mit meinem Vortrag bewirken bzw. auslösen?
- Will ich überzeugen, informieren, meine Meinung kundtun, unterhalten oder eine bestimmte Stimmung erzeugen?

Was:
- Welche Auswahl muss ich bezüglich des Redematerials treffen? Was genau sage ich zum Thema, auf was kann/sollte ich verzichten?

Wie:
- Welche sprachliche Ebene wird erwartet? (z.B. fachsprachlich/alltagssprachlich)
- Welche sprecherischen Aspekte sind angemessen? (z.B. Lautstärke, Sprechtempo, Sprechmelodie)

Wo:
- Welche räumlichen Bedingungen bestimmen die Sprechsituation? (z.B. Raumgröße, mediale Ausstattung, Lichtverhältnisse...)

Wann:
- Welche zeitlichen Bedingungen bestimmen die Sprechsituation? (z.B. Uhrzeit, Länge/Zeitlimit des Vortrags, Besonderheiten des Tages, Uhrzeit, Jahres)

Arbeitsblatt 3a

5-Satz-Modelle

Aufsatzmodell

1. Unsere Mutter hat sich den Fuß verstaucht.
2. Lange Strecken zum Supermarkt fallen ihr schwer.
3. Die Wäsche bleibt liegen.
4. Die Wohnung ist im Moment schwer sauber zu halten.
5. Deshalb schlage ich vor, alle zwei Tage abwechselnd bei Mutter vorbeizuschauen und ihr zu helfen.

Vom Allgemeinen zum Besonderen

1. Zurzeit sind alle möglichen Freunde mit der Frage beschäftigt, wie sie ihren Eltern im Alter gerecht werden können.
2. Für uns konkret steht jedoch die Frage an, wie wir unserer Mutter nach dem Schlaganfall helfen können.
3. Hans, du sagst: „Lasst uns Mama in eine Pflegeeinrichtung bringen."
4. Petra, du sagst: „Wir bezahlen Mama eine Pflegekraft für daheim."
5. Ich schlage vor, einen mobilen Pflegedienst anzufragen. So bleibt unsere Mutter zu Hause und wir sind finanziell nicht so stark belastet.

Arbeitsblatt 3b

Das Ausklammerungsschema

1. Nach ihrem Schlaganfall braucht unsere Mutter dringend Unterstützung
2. Wir hatten schon überlegt, ob sie nicht bei einem von uns einziehen kann.
3. Aber lasst uns heute besser darüber sprechen, wie wir unsere Mutter bestmöglichst zu Hause versorgen können.
4. Hans, du hast gesagt: „Zu bedenken ist dabei, dass eine Regelmäßigkeit in der Pflege gewährleistet wird."
5. Deshalb schlage ich vor, einen mobilen Pflegedienst anzufragen. So bleibt unsere Mutter zu Hause und

   wir sind zeitlich und finanziell nicht so stark belastet.

Die Kette

1. Unsere Mutter braucht Unterstützung im Alltag.
2. Seit ihrem Sturz vor zwei Jahren kann sie nicht mehr so lange Strecken laufen.
3. Vor einem Monat, als ich sie besucht habe, hatte sie kaum noch etwas im Kühlschrank.
4. Letzte Woche hat die Nachbarin angerufen, weil sie unsere Mutter immer mit dem gleichen Kleid angezogen sieht.
5. Deshalb schlage ich vor, alle zwei Tage bei ihr vorbeizuschauen, um ihr bei der täglichen Arbeit zu helfen.

Arbeitsblatt 3c

Interessengeleitetes Modell

1. Unsere Mutter benötigt dringend Hilfe.
2. Hans, du sagst: „Lasst uns Mama in eine Pflegeeinrichtung bringen."
3. Petra, du sagst: „Wir bezahlen Mama eine Pflegekraft für daheim."
4. Das gemeinsame Interesse von euch beiden liegt doch darin, dass Mutter wieder ihren Alltag gut bewerkstelligen kann.
5. Deshalb schlage ich vor, einen mobilen Pflegedienst zu beauftragen.

Kompromiss-Modell

1. Hans, du sagst: „Lasst uns für Mama einen Platz im Altenheim finden."
2. Petra, du schlägst vor, dass wir eine Pflegekraft engagieren.
3. Hans, dein Interesse liegt vorrangig darin, dass unsere Mutter wieder regelmäßig isst.
4. Petra, dein Interesse besteht darin, dass unsere Mutter zu Hause wohnen bleiben kann.
5. Deshalb schlage ich vor, einen mobilen Pflegedienst anzufragen. So bleibt unsere Mutter zu Hause, bekommt regelmäßig ihre Mahlzeiten und wir sind finanziell nicht so stark belastet.

Arbeitsblatt 4a

Fragenkatalog: Visualisierungspotenziale erkennen

Gegenständlich-sinnliche Bildwelt	
Welche Begriffe im Text/im Redeinhalt enthalten wortimmanente Bilder?	z.B. ‚Einfluss' (fließen, Fluss), Belastung (Lasten, Last, schwer), Arbeitsstau (stauen, pressen, zusammen drücken, Verkettung unglücklicher Umstände).
Durch welche Bilder kann die Aussage repräsentiert werden? (pars pro toto)	z.B. Fernglas/Lupe stellvertretend für eine Sichtweise; Arbeitsschuhe/Hausschlappen stellvertretend für Work-Life-Balance
Welche erfahrungsbezogenen Assoziationen stellen sich zum Text bzw. zu einzelnen Begriffen oder Aussagen ein?	z.B. Herausforderung: eigene Erfolge als Sportler; erfolgreicher Studienabschluss; Hausbau
Welche Vergleiche/Bilder/Metaphern/Symbole lassen sich zum Text bzw. zu einzelnen Begriffen oder Aussagen finden?	z.B.: Diese Aufgabe ist …wie einen Berg zu erklimmen, …wie eine schwere Krankheit zu ertragen und zu bekämpfen, wie … ein schweres Gewicht zu heben; Dieser uns bevorstehende Veränderungsprozess ist wie eine Hürdenstrecke…. Modulstudienordnung: Komponenten; Bausteine, Puzzle
Gibt es zum darzustellenden Inhalt ein Gegenteil oder eine Übertreibung?	z.B. Übertreibung für Belastung: Sechs Köpfe für den viel beschäftigten Manager; Übertreibung für Schulverweigerer: SEK holt Schüler zum Unterricht ab; Gefährdungspotenzial im Sozialamt: Schutzanzug für Mitarbeiter des Sozialamtes; Gegenteil zu Rente: Arbeit; Gegenteil zu Arbeit: In der Sonne liegen Gegenteil zu Integration: Ausgrenzung
Zu welchen anderen Lebensbereichen (die der Zielgruppe vertraut sind) lassen sich ggf. Vergleiche ziehen?	Sie kenne das Phänomen: Ein Unternehmen zu managen, das hat viel Ähnlichkeit mit dem Management einer Familie….
Mit welchen Personen/Ereignissen aus Kultur/Literatur/Politik/Film oder Geschichte/Zitate/allgemeines Kulturgut könnte man den Inhalt vergleichen oder erklären?	z.B.: Napoleon, Robin Hood, Einstein, Sisyphos, Columbus Berliner Mauer: Trennung

Arbeitsblatt 4b

Abstrakt-analytische Bildwelt	
Bildrichtungen	z.B. • **Entwicklung:** von oben nach unten; von unten nach oben • **Prozess:** von links nach rechts; von rechts nach links, diagonal von links unten nach rechts oben • **Druck erzeugen:** von außen zur Mitte • **Einbrechende Steuereinnahmen:** von außen zur Mitte nach unten
Gegenüberstellung/Vergleich/Gegensätze/Gemeinsamkeiten/ Unterschiede	• (ist größer als; kann man vergleichen mit; im Unterschied zu)
Prozess, Ablauf, Kreisläufe	• Nachdem... folgt... anschließend... zum Schluss • daraufhin • zeigt folgende Phasen • läuft wie folgt ab
Teile vom Ganzen; Zusammensetzung, Bestandteile	• besteht aus, ist Teil von, setzt sich zusammen aus; enthält;
Hierarchie/Lage im System/Aufbau	• ist folgendermaßen organisiert • ist aufgebaut nach dem Prinzip • ist eingebunden in
kausale/zeitliche Folgen oder Auswirkungen	• das führt zu; hat zur Konsequenz • daraus ergibt sich • weil • hat folgende Gründe • ruft hervor • setzt in Gang
Bedingungen	• wenn ...dann; • hat zur Voraussetzung, dass • bedingt
Mittel/Zweck	• indem, mittels • damit, um... zu
Eigenschaft/Definition	• ist gekennzeichnet/charakterisiert durch • lässt sich beschreiben als • darunter versteht man, dass
Beispiel	• zum Beispiel • wie am Beispiel erkennbar
Verbindungen/Abhängigkeiten/Vernetzungen	• ist abhängig von • steht in Verbindung zu • lässt folgenden Zusammenhang erkennen

Arbeitsblatt 5

Beispieltexte: Visualisierungspotenzial erkennen

Text 1:

Die Schulen stehen in den nächsten Jahren unter einem enormen Konkurrenzdruck, da die Schülerzahlen einerseits sinken, andererseits die Eltern zunehmend Wert auf zusätzliche Schulangebote neben der eigentlichen Wissensvermittlung in der Schule legen.

Text 2:

Eine Möglichkeit, den Übergang in die Altersrente fließend zu gestalten und teilweise auch Arbeitsplätze für jüngere Arbeitnehmer freizumachen, ist die Vereinbarung von Altersteilzeit (Altersteilzeitgesetz). Dabei reduziert ein Arbeitnehmer seine Arbeitszeit und damit auch seine Vergütung. Im (meist praktizierten) Blockmodell arbeitet der Arbeitnehmer aber zunächst in ähnlichem Umfang wie zuvor weiter. Die vorgearbeitete Zeit steht für die spätere Reduzierung der Arbeitszeit auf Null zur Verfügung; auf eine Phase der Arbeit folgt also eine Phase der Nichtarbeit bis zum Renteneintritt. Notwendigerweise ist mit beiden Modellen allerdings eine Reduzierung der Vergütung verbunden. Diese hat der Gesetzgeber zum Teil aber durch Subventionen ausgeglichen, um so arbeitsmarktpolitische Ziele zu erreichen; hinzu kommt eine zusätzliche Zahlung des Arbeitgebers an die gesetzliche Rentenversicherung. Ein weiteres Problem der Altersteilzeit im Blockmodell ist, dass der Arbeitnehmer gegenüber dem Arbeitgeber in Vorleistung geht und hierfür einer Sicherheit bedarf. (Kortstock 2012, 18)

Text 3: „Was ist ein System?"

„Ein System ist ganz allgemein ein Ganzes, das aus miteinander in wechselseitigen Beziehungen stehenden Elementen zusammengesetzt ist. Die jeweils besondere Beschaffenheit seiner Elemente, ihr Anordnungsmuster und die Beziehungen zwischen ihnen bedingen die konkrete Eigenart eines Systems. Innerhalb eines Systems wirkt die Veränderung eines Elementes auf die anderen Elemente fort. Ein System besitzt ein gewisses Maß von Integration und Geschlossenheit. Es hat eine Grenze, die es von seiner Umwelt trennt, steht jedoch mit dieser Umwelt in wechselseitigen Beziehungen. Darüberhinaus ist vielen Systemen eine Tendenz zur Selbsterhaltung bzw. zum Gleichgewicht und eine Tendenz zum Erreichen oder Bewahren bestimmter Merkmale, eine Ausrichtung der Systemprozesse auf bestimmte Ziele eigen. Ist diese letztgenannte Tendenz vorhanden, dann spricht man von zielgerichteten Systemen." (Mayntz 1963, 40f.)

Arbeitsblatt 6

Innere Strukturen erkennen und graphische Bilder finden

1) „Im Unterschied zum Gleichstrom funktioniert das Prinzip des Wechselstroms..."

2) „Nachdem der Patient das Aufnahmeformular ausgefüllt hat, wird er in die Station begleitet. Dort wird dann eine umfangreiche OP-Vorbereitung vorgenommen. Anschließend bezieht er sein Zimmer..."

3) „Das Lehrbuch umfasst zwei große Teile, die wiederum in verschiedene Module unterteilt sind."

4) „Bitte bringen Sie für die Beantragung eines neuen Personalausweises ihren alten Pass mit, außerdem ein biometrietaugliches Photo und..."

5) „Zur Zeit ist die Abteilung so organisiert, dass an der Spitze der Abteilungsleiter steht. Ihm sind 4 Fachbereichsleiter untergeordnet. Diese 4 Fachbereichsleiter verantworten jeweils ein Team mit 6 Mitarbeitern, von denen jeweils 1 Mitarbeiter für Sonderaufgaben in der Abteilung freigestellt ist."

6) „Die Einsparung von Personal führt dazu, dass wir die Öffnungszeiten an den Werktagen um jeweils 1 Stunde kürzen müssen."

7) „Unsere Schülerzahlen sind im Zeitraum von 10 Jahren um 25% gestiegen."

8) „Jugendliche sind im Laufe der Pubertät unterschiedlich stark wirkenden Einflüssen wie z.B. Elternhaus, Peergroup, Schule, Lehrer ausgesetzt."

9) „Häufig sind die Eltern verantwortlich dafür, dass ihre Kinder morgens nicht zur Schule kommen."

Arbeitsblatt 7

Rhetorische Tiefenstruktur im Überblick

Inhaltliche Durchdringung (Logos)

- Wurde die Redegattung deutlich?
- Welches Ziel bzw. welche Ziele verfolgte der Redner?
- Wurde das Ziel in Beziehung zum Hörer gesetzt?
- Standen die Fragen des Hörers im Zentrum der Rede?
- Wie wurden die Inhalte für den Hörer dargelegt?
- Wurden die Inhalte so bearbeitet, dass sie leicht nachvollziehbar waren?
- War die Rede logisch stringent gegliedert?
- War die Durchdringung des Inhalts bzw. der Überzeugung schlüssig und folgerichtig?
- Bestand die Möglichkeit, den Überblick über den gesamten Inhalt zu behalten?
- Bestand die Möglichkeit, Detailinformationen problemlos zu erfassen?

Hörerorientierung (Pathos)

- Kam die Zielgruppe mit ihren Sichtweisen vor?
- Hat sich die Zielgruppe durch den Redner gut repräsentiert gefühlt?
- Wurde die inhaltliche Relevanz für den Hörer deutlich?
- Wurden die Interessen und Bedürfnisse des Hörers berücksichtigt?

Glaubwürdigkeit (Ethos)

- Wird der Redner als glaubwürdig empfunden?
- Wie hat sich der Redner selbst präsentiert? (auf Augenhöhe, überheblich, devot)
- Wie hat der Redner argumentiert? War die Argumentation des Redners glaubwürdig?
- Welche Aspekte haben die Glaubwürdigkeit unterstützt bzw. be-/verhindert?

Arbeitsblatt 8

Strukturmodell: Personenbezogene Gesellschaftsrede

Anlass in der Gegenwart	Warum/Was/Wen feiern wir heute? (Anlass)
Details des Anlasses	Wer ist heute anwesend? (besondere Gäste)
	Wo findet dieses Ereignis statt? (Besonderheiten des Ortes; Historischer Ort; Hat der Ort für die Person/das Ereignis einen symbolischen Charakter oder einen besonderen Erinnerungswert?)
	Wann? (Ist heute ein besonderes Datum?)
	Wie feiern wir heute? (Besonderheiten des Anlasses)
Rückblick	Wie kam es zu diesem Ereignis?
	Rückblick in die Vergangenheit der Person bzw. des Ereignisses
	(Chronologie/Historie der Ereignisse, ausgewählte, herausragende Stationen, ausgewählte biographische Fakten, Erlebnisse, Geschichten)
Ausblick/Zukunft/Wünsche	Wie sieht die nähere Zukunft aus? (Was erwartet uns heute? Ablauf/Programm)
	Wie sieht die weitere Zukunft aus?
	Welche Veränderungen sind in Sicht?
	Welche Auswirkungen hat dieses (persönliche) Ereignis?
	Wie geht es weiter? (persönliche Planungen, Weiterentwicklungen)
	Hiermit eröffne ich...
	Ich wünsche Ihnen...
	Auf Ihr Wohl...

Arbeitsblatt 9

Strukturmodell: Sachbezogene Gesellschaftsrede

Anlass in der Gegenwart	Warum/Was feiern wir heute? (Anlass)
Details des Anlasses	Wer ist heute anwesend? (besondere Gäste)
	Wo findet dieses Ereignis statt? (Besonderheiten des Ortes; Historischer Ort; Hat der Ort für das Ereignis einen symbolischen Charakter oder einen besonderen Erinnerungswert?)
	Wann? (Ist heute ein besonderes Datum?)
	Wie feiern wir heute? (Besonderheiten des Anlasses)
Rückblick	Wie kam es zu diesem Ereignis?
	Rückblick in die Vergangenheit des Ereignisses
	(Chronologie/Historie der Ereignisse, ausgewählte, herausragende Stationen, ausgewählte biographische Fakten, Erlebnisse, Geschichten)
Relevanz des Ereignisses	Welche Bedeutung, Wichtigkeit, Relevanz, Geltung, Besonderheit, Originalität hat das Ereignis bzw. die Person für die Institution, das Unternehmen, die Gesellschaft, die Stadt, das Land, die Gemeinschaft o.ä.?
	Was ist an diesem Ereignis/(dieser Person) bemerkenswert, besonders, ungewöhnlich, erstaunlich, außergewöhnlich usw.?
Ausblick/Zukunft/Wünsche	Wie sieht die nähere Zukunft aus? (Was erwartet uns heute? Ablauf/Programm)
	Wie sieht die weitere Zukunft aus?
	Welche Veränderungen sind in Sicht?
	Welche Auswirkungen hat dieses Ereignis?
	Wie geht es weiter? (persönliche Planungen, Weiterentwicklungen)
	Hiermit eröffne ich...
	Ich wünsche der Einrichtung...

Arbeitsblatt 10a

Topoi aus der Person

Äußeres Erscheinungsbild (besondere Merkmale und Erkennungszeichen)

Eigenschaften/Neigungen (besondere Eigenschaften, z.b. Sammelleidenschaft, besondere Vorlieben z.b. für Musik, Hobbys) die charakteristisch für die Person sind)

Geographische oder nationale Herkunft (z.b. die Feierfreudigkeit der Rheinländer; Sparsamkeit der Schwaben; der trockene Humor der Engländer)

Ideologische oder religiöse Einstellung (z.b. tolerante Einstellung, Weltoffenheit, kulturelle Aufgeschlossenheit, Engagement im kirchlichen oder sozialen Kontext)

Herkunft/Vorleben/Lebensschicksal (sog. ‚einfache' Verhältnisse, Familie mit vielen Kindern)

Erziehung/Ausbildung/Beruf/besonderes Erfahrungswissen (besonderer Bildungsweg, Auslandsstudium/-aufenthalt, Quereinsteiger)

Alter/Geschlecht

Arbeitsblatt 10b

Topoi aus der Sache

Ursachen und Gründe   (Wie und warum ist es zu diesem Ereignis gekommen?)
Ort   (Welche Rolle spielt der Ort des Geschehens/Ereignisses?)
Zeit   (Welche Rolle spielt die Zeit/Dauer des Geschehens/Ereignisses?)
Modus   (Was kann zur Art und Weise eines Ereignisses/Geschehens gesagt werden?)
Ähnlichkeit/Vergleichbarkeit   (Womit lässt sich das Ereignis/Geschehen vergleichen?); Aufzeigen großer Ähnlichkeit oder großer Verschiedenheit
Umstände   (Welche Rolle spielen weitere Umstände, z.B. private, berufliche, politische, religiöse, gesellschaftliche auf das Ereignis?)
Definition   (Wie lässt sich das Ereignis beschreiben bzw. definieren, vielleicht auch in Abgrenzung zu anderen Ereignissen?)
Möglichkeit/Fiktive Annahme   (Welche Alternativen hätte es zu diesem Ereignis/Geschehen gegeben? Wie wahrscheinlich ist ein Erfolg/Misserfolg?)   Was wäre gewesen wenn...?

Arbeitsblatt 11

Strukturmodell: Berichtend-darstellende Informationsrede (Sachstandsbericht)

Bausteine	Erläuterungen
Begrüßung, ggf. eigene Vorstellung	Die eigene Vorstellung kann dann nötig sein, wenn der Redner der Zielgruppe unbekannt ist und der Redner durch die eigene Vorstellung nochmals deutlich macht, warum er für das Thema ‚geeignet' ist.
Anlass und Thema	Worum geht es heute? Warum spreche ich zu Ihnen?
Relevanz des Themas für die Zielgruppe	Hier können z.B. Sorgen/Einwände/Beschwerden/Befürchtungen aus der Zielgruppenanalyse thematisiert werden.
Aktueller Stand/wesentliche Informationen zum Thema	Hier kann man sich am Frageprinzip orientieren: Wer, Was, Wo, Wann, Wie, Wie lange? Womit? Wozu? Warum?
Evtl. Hintergrundinformationen	z.B. Begründung für die Notwendigkeit einer Maßnahme, Chronologie
Ausblick/weitere Planungen/Maßnahmen	Hier können weitere Planungen bzw. Maßnahmen, Konsequenzen etc. angesprochen werden.

Arbeitsblatt 12

Strukturmodell: Vermittelnd-instruktive Informationsrede

Redebausteine	Erläuterungen
1. Begrüßung, ggf. eigene Vorstellung	Je nach Redesituation stellt sich der Redner in seiner Funktion/beruflichen Rolle etc. vor.
2. Gegenstandssicht/ mögliche Problemsicht des Hörers	Hier nimmt der Redner die Perspektive seiner Zielgruppe ein, nimmt mögliche Fragen, Befürchtungen, Sichtweisen zum Thema (z.B. szenisch in wörtlicher Rede) auf und leitet daraus das Thema der Rede ab.
3. Thema	Der Redner formuliert das Thema bzw. die Problem-/Fragestellung seines Vortrags.
4. Relevanz und Hintergrund/Zusammenhang mit anderen Fragen/ Themen	Neben dem Aufzeigen der Relevanz des Themas für die Zielgruppe kann hier zusätzlich ein sog. ‚advance organizer' (vgl. Grell/Grell 1983, 219ff.) zum Verständnis des Inhalts hilfreich sein. Er ist als Organisationshilfe zu verstehen, mit dem die Zuhörer in die Lage versetzt werden, die neuen Informationen in ihre bestehenden Wissensnetze und -strukturen einzuordnen. (z.B. „Diese Frage knüpft an...“; „Dieses Thema steht im Zusammenhang mit...“)
5. Menü/Aufbau des Vortrags:	Hat für die Zuhörer eine Orientierungsfunktion; Die Übersicht kann visualisiert werden und während des Vortrags kann der Redner immer wieder darauf hinweisen, an welcher Stelle seines Vortrags er sich gerade befindet.
6. Themarelevante Informationsblöcke	In vermittelnd-instruktiven Informationsreden besteht der eigentliche Informationsteil der Rede aus in sich abgeschlossenen, sich aneinanderreihenden oder sich aufeinander beziehenden Informationsblöcken. Umfang und Komplexität sind wesentlich vom Thema abhängig und müssen entsprechend zielgruppenorientiert verständlich aufbereitet und ggf. begleitend visualisiert werden.
7. Folgen/Fazit/ Ausblick/Auswirkungen/Zusammenfassung	Der Redner resümiert die Ergebnisse, zeigt mögliche Konsequenzen auf oder verweist auf mögliche Auswirkungen.

Arbeitsblatt 13

Logische Beziehungen

Arbeitsblatt 13 Logische Beziehung	Sprachliche Indikatoren (z.B. Verben und/oder Konjunktionen. (Konnektoren).
Gegenüberstellung/Vergleich/Gegensätze/Gemeinsamkeiten/Unterschiede	• (ist größer als; kann man vergleichen mit; im Unterschied zu)
Prozess, Ablauf, Kreisläufe	• Nachdem.... folgt... anschließend... zum Schluss • daraufhin • zeigt folgende Phasen • läuft wie folgt ab
Teile vom Ganzen; Zusammensetzung, Bestandteile	• besteht aus, ist Teil von, setzt sich zusammen aus; enthält;
Hierarchie/Lage im System/Aufbau	• ist folgendermaßen organisiert • ist aufgebaut nach dem Prinzip • ist eingebunden in
kausale/zeitliche Folgen oder Auswirkungen; Ursache-Wirkung	• das führt zu • daraus ergibt sich • das hat zur Konsequenz • weil • hat folgende Gründe • ruft hervor • setzt in Gang
Bedingungen	• wenn ...dann; • hat zur Voraussetzung, dass • bedingt
Mittel/Zweck	• indem, mittels • damit • um... zu
Eigenschaft/Definition	• ist gekennzeichnet durch, • lässt sich beschreiben als • darunter versteht man, dass • ist charakterisiert durch
Beispiel	• zum Beispiel • wie am Beispiel erkennbar
Verbindungen/Abhängigkeiten/Vernetzungen	• ist abhängig von • steht in Verbindung zu • lässt folgenden Zusammenhang erkennen

Arbeitsblatt 14

Strukturmodell: Überzeugungsrede (rednerzentriert-handlungsorientiert)

Redebausteine	Erläuterungen
1. Gegenwärtiges Problem aus Rednersicht	Hier erfasst der Redner zunächst das Problem aus seiner Perspektive.
2. Negative Konsequenzen	Der Redner zeigt negative Auswirkungen und mögliche Konsequenzen auf, die sich ergeben, wenn nicht oder nur unzureichend gehandelt wird.
3. Problemlösung (Überzeugung des Redners)	Der Redner stellt seine Problemlösung vor und begründet sie.
4. Positive Konsequenzen	Der Redner zeigt auf, welche positiven Auswirkungen sich aus seiner vorgeschlagenen Lösung ergeben.
5. Schritte in Richtung Umsetzung	Der Redner macht Vorschläge, durch welche konkreten Maßnahmen oder Schritte die Problemlösung umgesetzt werden kann.

Überzeugungsrede (rednerzentriert-handlungsorientiert mit kooperativem Ansatz)

Rednersicht	Fragen aus Hörersicht/Relevanz für den Hörer
1. Gegenwärtiges Problem aus Rednersicht	„Was hat deine Problemsicht mit mir zu tun?"
2. Negative Konsequenzen	„Inwieweit betreffen mich die negativen Konsequenzen, die du aufzeigst?"
3. Problemlösung (Überzeugung des Redners)	„Inwieweit hilft mir deine Lösung?"
4. Positive Konsequenzen	„Inwieweit betreffen mich die positiven Konsequenzen, die du aufzeigst?"
5. Schritte in Richtung Umsetzung	„Warum sollte ich die Schritte zur Umsetzung mitgehen?"

Arbeitsblatt 15

Strukturmodell: Überzeugungsrede (hörerzentriert-handlungsorientiert)

Redebausteine	Erläuterung	Perspektive
1. Motivation der Hörer	Anlass-Situation (defizitäre Erfahrungen)	Hörersicht
2. Problemfrage der Hörer	Die aus der Anlass-Situation erwachsene Fragestellung	Hörersicht
3. Lösungsversuche der Hörer/anderer Personen/Gruppen	Antworten der Zielgruppe im Blick auf die Fragestellung	Hörersicht
4. Überzeugung des Redners	Antwort des Redners auf die Fragestellung unter Einbindung der Zielgruppe	Hörer- und Rednersicht
5. Zirkelschluss	Darstellung einer qualitativen Veränderung für die Zielgruppe im Blick auf die Anlass-Situation	Hörer- und Rednersicht

Arbeitsblatt 16

Material: Handlungsorientierte Überzeugungsrede

Situation des Chorleiters

Ausgangssituation (Herr Maier)

Herr Maier ist 43 Jahre alt und ist seit zwei Jahren Chorleiter des Chores „Cäcilia Köln" mit einer 50-Prozent-Stelle. Die anderen 50 Prozent nutzt er für freiberufliche Tätigkeiten. Herr Maier wurde damals angestellt, weil ihm ein guter Ruf vorausging und er schon andere Chöre zu beachtlichen Erfolgen geführt hatte.

Der Chor „Cäcilia Köln" ist eine Institution in der Stadt. Der Chor lebt von seinem Image der vergangenen Jahrzehnte, in denen viele Konzerte im In- und Ausland gegeben wurden. Seit einiger Zeit wird der Chor aber nur noch selten angefragt. Dies liegt wesentlich daran, dass bei einigen Sängerinnen und Sängern die Stimme etwas brüchig klingt und die höheren Töne nicht mehr von allen sicher getroffen werden. Dies mag auch der Grund dafür sein, dass die in Eigenregie durchgeführten Konzerte nicht mehr einen so großen Anklang bei der Bevölkerung finden, wie noch vor gut fünf Jahren. Zudem sind die Chormitglieder über die Jahre hinweg gemeinsam älter geworden. Jüngere Interessenten erschienen zwar immer wieder mal zu Proben, blieben dann aber weg.

Herr Maier sieht den Bestand des Chores auf Dauer dann gefährdet, wenn nicht neue Mitglieder hinzukommen. Gleichzeitig leidet auch sein guter Ruf als Dirigent und Chorleiter, da die zusehends schwachen Leistungen auch ihm von der Öffentlichkeit zugeschrieben werden. Dies hätte auch Konsequenzen für seine weitere Karriere.

basic: Aus diesem Grund beschließt Herr Maier, dem Vorstand des Chores seine Sichtweise darzulegen, wie er sich die Lösung des Problems vorstellt.

advanced: Aus diesem Grund beschließt Herr Maier, den Vorstand des Chores und die Chormitglieder zu überzeugen, sich seiner Problemlösung anzuschließen.

Arbeitsblatt 17

Material: Handlungsorientierte Überzeugungsrede

Perspektivenwechsel in Richtung Vorstand

Der Vorstand beklagt seit einigen Jahren, dass die Mitgliederbeiträge kontinuierlich sinken. Dies liegt zum einen am hohen Altersdurchschnitt und den damit verbundenen Sterbefällen, zum anderen an Wegzügen von Mitgliedern in andere Stadtbezirke. Neue Mitglieder sind häufig nur für eine kurze Zeit dabei geblieben. Auch hier konnten keine dauerhaften Einnahmen gesichert werden. Zusätzliche Einnahmen sind seit einiger Zeit auch nicht mehr zu verbuchen. Die Konzerte, die gegeben wurden, waren zumeist ein Verlustgeschäft, und auch die letzte CD-Produktion hat mehr Kosten als Einnahmen erbracht. Gelder zum Erwerb für neue Noten sind kaum noch vorhanden und Chorreisen sind nur noch möglich, wenn alle den vollen Betrag bezahlen. Soziale Unterstützungen sieht das Budget nicht mehr vor. Insoweit sieht sich der Vorstand fast nur noch als Mangelverwalter. Die Freude am Planen und Entwickeln wird zusehends durch eine resignative Stimmung verdrängt. Versuche von zwei Mitgliedern des Vorstands, Sponsoren zu akquirieren sind zwar noch nicht gescheitert, doch zieht sich das Ganze schleppend hin. Auch mit Hilfe eines Basars die kommende Chorfreizeit zu finanzieren, führte nicht zum erwünschten Erfolg: Einnahmen und Ausgaben hielten sich die Waage.

Perspektivenwechsel in Richtung Chormitglieder

Ein großer Teil der Chormitglieder kennt sich bereits seit über zwanzig Jahren. Zwar sind immer wieder einige neue Chormitglieder hinzugekommen, doch sie blieben nur für eine überschaubare Zeit. So versteht sich der Chor wie eine große Familie und lebt insbesondere aus den Erlebnissen der vergangenen Jahre. Die großen Konzerte haben sie zusammengeschweißt und eine Feierkultur etabliert, die bis heute nach den Chorproben ihresgleichen sucht. Enttäuscht sind viele Mitglieder, dass sie nicht mehr so zahlreich zu Konzerten eingeladen werden und die Konkurrenz immer größer wird. Auch die eigenständig organisierten Konzerte und ihr jährliches Weihnachtskonzert mit anschließendem Basar wurden nur noch von wenigen besucht. Eigentlich kamen zumeist Angehörige von Chormitgliedern zu den immer spärlicher werdenden Chorveranstaltungen. Deshalb wurde ein Öffentlichkeitsausschuss ins Leben gerufen, der eine eigene Homepage für den Chor gestalten soll. Diese Arbeit ist seit zwei Monaten abgeschlossen, hat aber noch nicht zu dem gewünschten Erfolg geführt. Außerdem kommen neue Kosten auf den Chor zu, da niemand fähig ist, die Homepage zu aktualisieren.

Als im letzten Jahr der Vorstand über die finanzielle Situation berichtete, waren alle sehr betroffen, so dass man von verschiedener Seite hören konnte: „Der Letzte macht das Licht aus. So haben wir ja keine Zukunft."

Arbeitsblatt 18

Vertiefungsübung zu den Arbeitsschritten:

„Motivation des Hörers" und „Lösungsversuche des Hörers"

1. Motivation der Hörer	Anlass-Situation (defizitäre Erfahrungen)	Hörersicht
2. Problemfrage der Hörer	Die aus der Anlass-Situation erwachsene Fragestellung	Hörersicht
3. Lösungsversuche der Hörer	Antworten der Zielgruppe im Blick auf die Fragestellung	Hörersicht

Beispiel 1:
Problemfrage: „Was können wir tun, um im Alter finanziell besser dazustehen?"
Zielgruppe: Junge Familien
Redner: Direktor eines Bankhauses

Beispiel 2:
Problemfrage: „Was können wir tun, um wieder selbständiger handeln zu können?"
Zielgruppe: Patienten in einer Rehabilitationseinrichtung
Redner: Ärztlicher Direktor einer Rehabilitationseinrichtung

Beispiel 3:
Problemfrage: „Was können wir tun, um effektiver Konferenzen zu führen?"
Zielgruppe: Lehrer
Redner: Schulleiter

Arbeitsblatt 19a

Vorbereitungsschritte zur Überzeugungsrede

Thema:

Zielgruppe:

1. Arbeitsschritt: Von der Anlass-Situation zum Zielsatz des Redners

Beispiel:

Ich möchte den Vorstand (bzw. die Chormitglieder) motivieren, sich für eine Gesangsprüfung ab dem 65. Lebensjahr einzusetzen.

Ich möchte meine Zuhörer motivieren

_____

_____.

2. Arbeitsschritt: Vom Zielsatz zur hörerorientierten Begründung

Beispiel:

Ich (Herr Maier) möchte den Vorstand motivieren, sich für eine Gesangsprüfung ab dem 65. Lebensjahr einzusetzen, *weil sie sich dadurch wieder finanziell* <u>*besser aufstellen*</u> *(Komparativ) können.*

Ich möchte meine Zuhörer motivieren

_____

_____,

weil sie (die Zielgruppe) dadurch _____

(Komparativ) _____.

Arbeitsblatt 19b

3. Arbeitsschritt: Von der hörerorientierten Begründung zur Problemfrage des Hörers

Beispiel

„Was können wir tun, um uns finanziell wieder besser aufstellen zu können?"

Was kann ich (können wir) tun, um

_____

_____?

4. Arbeitsschritt: Von der Problemfrage zum Überzeugungssatz

Beispiel:

Ich bin überzeugt, dass Sie sich finanziell wieder besser aufstellen können, (hörerorientierte Begründung), wenn Sie sich für eine Gesangsprüfung ab dem 65. Lebensjahr einsetzen. (Zielsatz des Redners)

Ich bin überzeugt, dass

_____

_____ (hörerorientierte Begründung), wenn

_____

_____ (Zielsatz des Redners).

Arbeitsblatt 20a

Erarbeitung der Bausteine der Überzeugungsrede

1. **Motivation der Hörer** (*Arbeitsschritt II*)
   (ergibt sich aus der Problemfrage des Hörers, die folgendermaßen lautet:
   Was kann ich/können wir tun, um

   _____

   _____?)

Anlass-Situation des Hörers:

_____

_____

_____.

Situatives Umfeld:

_____

_____.

Die mit der Anlass-Situation verbundenen Gefühle:

_____

_____

_____.

Die rationale Bestätigung der Angemessenheit der Gefühle unter dem Werte-Aspekt der „Verantwortung"

_____

_____.

Arbeitsblatt 20b

2. Problemfrage des Hörers *(Arbeitsschritt I)*

Was kann ich/können wir tun, um_____

_____?

3. Lösungsversuche der Hörer *(Arbeitsschritt III)*

Lösungsversuch des Hörers 1:

_____

Die ausführliche, positive Argumentation aus Hörersicht:

+ _____

+ _____

+ _____

Die nicht vollständige Zufriedenheit aus Hörersicht:

− _____

Lösungsversuch des Hörers 2:

_____

Die ausführliche, positive Argumentation aus Hörersicht:

+ _____

+ _____

+ _____

Die nicht vollständige Zufriedenheit aus Hörersicht:

− _____

Arbeitsblatt 20c

4. Überzeugung des Redners

Ich bin überzeugt, dass _____

_____,

wenn _____.

Positive Umwandlung der „Unzufriedenheiten":

_____,

_____,

Beantwortung der W-Fragen:

(W_____?)

_____,

(W_____?)

_____,

(W_____?)

_____,

(W_____?)

_____,

(W_____?)

_____,

5. Zirkelschluss

Wenn Sie

_____

_____,

_____

Arbeitsblatt 20d

Hörerzentriert-handlungsorientierte Überzeugungsrede (Stichwortzettel)

1. Motivation der Hörer Anlass-Situation Situatives Umfeld Gefühle Verantwortung		Hörersicht
2. Problemfrage der Hörer		Hörersicht
3. Lösungsversuche der Hörer 1. +++ - 2. +++ - 3. +++ -		Hörersicht
4. Überzeugung des Redners Positive Umwandlung der Unzufriedenheiten Beantwortung der W-Fragen		Hörer- und Rednersicht
5. Zirkelschluss		Hörer- und Rednersicht

12 Seminarkonzepte

Seminar: „Einführung in das freie Sprechen vor Gruppen"
Zielgruppe: Studierende, die sich auf das Lehramt vorbereiten
Gruppengröße: 8-10 Personen
Zeitvorgabe: 2 Tage zu je acht Stunden

1. Tag

Inhalt	Kapitel	Dauer ca.
Vorstellungsrunde/Formalia		30 Minuten
Faktoren der Sprechsituation	3	90 Minuten
Ausgewählte Übungen zur Optik	4.1	45 Minuten
Inhaltliche Hinführung zur Akustik (DVD)	4.2	30 Minuten
Übungen zu Sprechfluss, Tempo	4.2.1	
Übung 5 (vorgegebene Inhalte frei…)	4.2.1	60 Minuten
Übung 6 (Selbstportrait)	4.2.1	90 Minuten
Übungen zu Lautstärke/Dynamik/Melodie	4.2.2	
Übung 1 (Dialoge gestalten)	4.2.2	45 Minuten
Übung 4 (3-Karten-Erzählung)	4.2.2	45 Minuten
Übung 5 (Personen-Karten)	4.2.2	45 Minuten

2. Tag

Sprache /Struktur Einführung	4.3.3	15 Minuten
Übungen 1-3	4.3.3	90 Minuten
Rhetorische Tiefenstruktur (DVD) Hinführung	5/5.1	45 Minuten
Gesellschaftsrede Grundlagen	6	15 Minuten
Basic: personenbezogene Gesellschaftsrede	6.1	
Übungsteil		120 Minuten
Einführung in das Feedback (DVD)	9/10	60 Minuten
Informationsrede Grundlagen	7	15 Minuten
Basic: berichtend-darstellende Inforede	7.1	
Übungsteil		120 Minuten

Seminar:	„Problemlösungen überzeugend präsentieren"
Zielgruppe:	Unternehmensberater, die ihre Ergebnisse zielgruppenspezifisch präsentieren müssen
Gruppengröße:	4 Personen
Zeitvorgabe:	2 Tage zu je acht Stunden

1. Tag

Inhalt	*Kapitel*	*Dauer ca.*
Vorstellungsrunde/Formalia		15 Minuten
Faktoren der Sprechsituation	3	45 Minuten
Einführung: Rhetorische Tiefenstruktur	5	30 Minuten
Erarbeitung einer Überzeugungsrede (hörerzentriert-handlungsorientiert)	8.2	
Übungsteil 1: Vorbereitung	8.2	60 Minuten
Übungsteil 2: Erarbeitung einer Ü-Rede	8.2	120 Minuten
Vertiefungsübungen	8.2.	120 Minuten
Zwischendurch:		
Einige Übungen aus der rhet. Oberfläche	4.1/4.2	90 Minuten

2. Tag

Einübung in das Feedback (DVD)	9/10	60 Minuten
Erarbeitung einer Überzeugungsrede (ca. 10 Minuten Länge)		120 Minuten
Vortrag und Besprechung incl. Feedback		120 Minuten
Überarbeitung der Reden anhand von „Baustein-Varianten und Erweiterungen"	8.2	120 Minuten
Vortrag der Varianten und Kurzreflexion		60 Minuten

Seminar: „Verständlich informieren und erklären"
Zielgruppe: Mitarbeiter, die in Ausschüssen Sachverhalte darstellen
Gruppengröße: 10-12 Personen
Zeitvorgabe: 4 Tage zu je vier Stunden

1. Tag

Inhalt	Kapitel	Dauer ca.
Vorstellungsrunde/Formalia		15 Minuten
Faktoren der Sprechsituation	3	45 Minuten
Ausgewählte Übungen (Optik)	4.1	60 Minuten
Ausgewählte Übungen (Akustik)	4.2	60 Minuten
Zielgruppenspezifisches Sprachniveau	4.3.1	
Übung „Komplexe Satzstrukturen auflösen"	4.3.1	60 Minuten

2. Tag

Übungen zur Prägnanz und Struktur	4.3.2/4.3.3	120 Minuten
Übungen zur Anschaulichkeit	4.3.4	120 Minuten

3. Tag

Inhaltliche Hinführung zur Inforede	7	30 Minuten
Erarbeitung einer berichtend-darstellenden Informationsrede	7.1	
Übungsteil 1: Vorbereitung	7.1	45 Minuten
Übungsteil 2: Erarbeitung eines Sachstandsberichts	7.1	45 Minuten
Grundlagen des Feedback (DVD)	9/10	30 Minuten
Vortrag der Reden und Feedback		90 Minuten

4. Tag

Erarbeitung eines Sachstandsberichts		45 Minuten
Erarbeitung einer adäquaten Visualisierung	4.3.4	30 Minuten
Vortrag und Feedback		150 Minuten
Schlussreflexion		15 Minuten

13 Literaturverzeichnis

ARISTOTELES, Rhetorik, übers. v. Sieveke, F.G., München 1989

BALLSTAEDT, S.P., Visualisieren, Konstanz/München 2012

BARTSCH, E., Grundlinien einer „kooperativen Rhetorik, in: Geißner, H. (Hrsg.), Ermunterung zur Freiheit. Rhetorik und Erwachsenenbildung (Festschrift für Ilse Schweinsberg), Frankfurt a.M. 1990, 37-49

BARTSCH, E., Wie kann der Ingenieur seine Aufgaben der Mitwelt verständlich machen, in: ders., Sprechkommunikation lehren, hrsg. v. Pabst-Weinschenk, M., Alpen 2009, 26-40

BARTSCH, E., Rhetorik der Rede, in: Hernsteiner 4. Jg., Nr. 3, 1991, 19-23 (auch in: Bartsch, E. Sprechkommunikation lehren, Bd. 2, Alpen 2009, 154-163

BARTSCH, E., Rhetorische Kommunikation „Gesprächsmethoden", in: Köhler, K./Skorupinski, C. (Hrsg.), Wissenschaft macht Schule (Sprechen und Verstehen Bd. 21), St. Ingbert 2004, 17-66

BARTSCH, E., „Die „Harte Nachricht" als inventio- und dispositio-Hilfe für Gesellschaftsreden, in: Kühlwein, W. (Hrsg.), Perspektiven der Angewandten Linguistik. Forschungsfelder, Tübingen 1987, 161-163

BRECHT, B., Die Gedichte, 5. Auflage, Frankfurt a. M. 1988

BRÜNING, L./SAUM, T., Erfolgreich durch Visualisieren. Grafisches Strukturieren mit Strategien des Kooperativen Lernens, 2. Auflage, Essen 2009

BÜHLER, K., Sprachtheorie. Die Darstellungsfunktion der Sprache, Jena 1982 (ungekürzter Neudruck der Auflage von 1934)

BUSCH, A./STENSCHKE, O., Germanistische Linguistik, 2. Auflage, Tübingen 2008

BUZAN, T./BUZAN, B., Das MindMap-Buch, 3. Auflage, München 2001

COBLENZER, H./MUHAR, F., Atem und Stimme. Anleitung zum guten Sprechen, Wien 1976

CONRADY, K.O. (Hrsg.), Der große Conrady. Das Buch deutscher Gedichte, Düsseldorf 2008

DALL, M., Sicher präsentieren. Wirksamer vortragen, München 2009

Dransch, D., Computer-Animation in der Kartographie, Heidelberg 1997

DUVE, C./EIDENMÜLLER, D./HACKE, A., Mediation in der Wirtschaft. Wege zum professionellen Konfliktmanagement, 2. Auflage, Köln 2012

EGGS, E, Res-verba-Problem, in: Historisches Wörterbuch der Rhetorik Bd. 7, Tübingen 2005, 1200-1310

FAHRENBACH, H. (Hrsg.), Wirklichkeit und Erfahrung, Stuttgart 1973

FRANCK, N./STARY, J., Gekonnt visualisieren. Medien wirksam einsetzen, Paderborn 2006

GEIßNER, H., „Fünfsatz", in: Historisches Wörterbuch der Rhetorik Bd. 3, Tübingen, 1996, 484-487

GEIßNER, H. (Hrsg.), Ermunterung zur Freiheit. Rhetorik und Erwachsenenbildung. Festschrift für Ilse Schweinsberg, Frankfurt a.M. 1990

GEIßNER, H., Sprechwissenschaft. Theorie der mündlichen Kommunikation, Frankfurt a.M. 1988

GEIßNER, H., Sprecherziehung. Didaktik und Methodik der mündlichen Kommunikation, Königstein 1982

GEIßNER, H., Rhetorische Kommunikation, in: Praxis Deutsch 33/1979, 10-21

GEIßNER, H., Rede in der Öffentlichkeit. Eine Einführung in die Rhetorik, Stuttgart 1969

GEIßNER, H., Der Fünfsatz. Ein Kapitel Redetheorie und Redepädagogik, in: Wirkendes Wort 18, 1968, 258-278

GIL, A., Wie man wirklich überzeugt. Einführung in eine werteorientierte Rhetorik, St. Ingbert 2013

GRELL, J./GRELL, M., Unterrichtsrezepte, Weinheim u.a. 1999

HABERMAS, J., Wahrheitstheorien, in: Fahrenbach, H. (Hrsg.), Wirklichkeit und Erfahrung, Stuttgart 1973, 211-265

HEILMANN, C., Körpersprache richtig verstehen und einsetzen, München/Basel 2009

HEILMANN, C. (Hrsg.), Kommunikationskulturen – intra – und interkulturell (Festschrift für Edith Slembek), St. Ingbert 2005

HIERHOLD, E., Sicher präsentieren, wirksamer vortragen, Heidelberg 2006

HISTORISCHES WÖRTERBUCH DER RHETORIK, Bd. 1-10, hrsg. v. Ueding, G., Tübingen 1992ff.

KIENPOINTNER, M., Argument, in: Historisches Wörterbuch der Rhetorik Bd. 1, Tübingen 1992, 889-904

KÖHLER, K./SKORUPINSKI, C. (Hrsg.), Wissenschaft macht Schule (Sprechen und Verstehen Bd. 21), St. Ingbert 2004

KÜHLWEIN, W. (Hrsg.), Perspektiven der Angewandten Linguistik. Forschungsfelder, Tübingen 1987

LANGER, I./SCHULZ VON THUN, F./TAUSCH, R., Sich verständlich ausdrücken, 9. Auflage, München 2011

LEPSCHY, A., Das Bewerbungsgespräch, St. Ingbert 1995

LEPSCHY, A., Grußworte und Ansprachen schreiben. Antike Rhetorik im Einsatz für eine zeitgenössische Kommunikationskultur, in: Heilmann, Christa (Hrsg.), Kommunikationskulturen – intra – und interkulturell (Festschrift für Edith Slembek), St. Ingbert 2005, 111-117

LEPSCHY, A./LEPSCHY, W., Exploration, Analyse und Didaktik/Methodik als Bausteine einer sprechwissenschaftlichen Gesprächsrhetorik, in: Pabst-Weinschenk, M. (Hrsg.), Anwendungsfelder kooperativer Rhetorik, Alpen 2011, 7-20

LINKE, A./NUSSBAUMER, M./PORTMANN, P.R., Studienbuch Linguistik, 5. Auflage, Tübingen 2004

MAYNTZ, R., Soziologie der Organisation, Reinbek b. Hamburg 1963

MEYER, H., Rhetorische Kompetenz, Paderborn 2007

MIDDENDORF, I., Der erfahrbare Atem, 9. Auflage, Paderborn 2007

MÖLLER, J., Rhetorik, Paderborn 2011

PABST-WEINSCHENK, M., Hörverstehen und Sprechdenken, in: dies. (Hrsg.), Grundlagen der Sprechwissenschaft und Sprecherziehung, München 2004, 59-82

PABST-WEINSCHENK, M., Argumentationen und Redeformen, in: dies. (Hrsg.), Grundlagen der Sprechwissenschaft und Sprecherziehung, München/Basel 2004, 113-121

PABST-WEINSCHENK, M. (Hrsg.), Grundlagen der Sprechwissenschaft und Sprecherziehung, München 2004

PABST-WEINSCHENK, M. (Hrsg.), Anwendungsfelder kooperativer Rhetorik. Beiträge der Sprechkontakte in memoriam Elmar Bartsch, Alpen 2011

PABST-WEINSCHENK, M. (Hrsg.), Sprechkommunikation lehren, Alpen 2009

PIEPER, J., Schriften zur Philosophischen Anthropologie und Ethik: Das Menschenbild der Tugendlehre, 2. Auflage, Hamburg 2006, 1-197 (Das Viergespann der Tugend)

QUINTILIANUS, Ausbildung des Redners, hrsg. u. übers.v. Rahn, H., 2 Bde., Darmstadt 1995

RÖSENER, R., „Ach! Der Menge gefällt, was auf den Marktplatz taugt." oder die Kunst, Verse zu sprechen, in: von Fragstein, T./Ritter, H. M. (Hrsg.), Sprechen als Kunst. Positionen und Prozesse ästhetischer Kommunikation (Sprache und Sprechen Bd. 22), Frankfurt a. M. 1990, 61-68

SAATWEBER, M., Einführung in die Arbeitsweise Schlaffhorst-Andersen. Atmung, Stimme, Sprache, Haltung und Bewegung in ihren Wechselwirkungen, 3. Auflage, Idstein 1997

SANDKÜHLER, H. J., Überzeugung, in: Enzyklopädie Philosophie Bd. 3, hrsg. v. Sandkühler, H. J., Hamburg 2010, 2805-2820

SCHWITALLA, J., Gesprochenes Deutsch. Eine Einführung, Berlin 2003

SLEMBEK, E., Feedback als hermeneutischer Prozess, in: Slembek, E./Geißner, H. (Hrsg.), Feedback. Das Selbstbild im Spiegel der Fremdbilder, St. Ingbert 1998, 55-72

SLEMBEK, E./GEIßNER, H. (Hrsg.), Feedback. Das Selbstbild im Spiegel der Fremdbilder, St. Ingbert 1998

SPRAGUE, J., Pädagogisches Feedback in Redeseminaren, in: Slembek, E./Geißner, H. (Hrsg.), Feedback. Das Selbstbild im Spiegel der Fremdbilder, St. Ingbert 1998, 73-85

TEIGELER, P., Verständlichkeit und Wirksamkeit von Sprache und Text, Stuttgart 1968

TUCHOLSKY, K., Zwischen Gestern und Morgen. Eine Auswahl aus seinen Schriften und Gedichten hrsg. v. Gerold-Tucholsky, M., Reinbek bei Hamburg 1991

TUCHOLSKY, K., Gesammelte Werke Bd. 5, hrsg. v. M. Gerold-Tucholsky u. F. J. Raddatz, Reinbek b. Hamburg 1993

UEDING, G./STEINBRINK, B., Grundriss der Rhetorik, 4. Auflage, Stuttgart 2005

URY, W./FISHER/PATTON, B. R., Das Harvard-Konzept, 22. Auflage, Frankfurt/New York 2004

KORTSTOCK, U., Lexikon Arbeitsrecht, München 2012

WATZLAWICK, P., Wie wirklich ist die Wirklichkeit, 10. Auflage, München 1995

WIEMER, R.O. (Hrsg.), Liebes altes Lesebuch, 15. Auflage, Landshut 2004

Internetnachweise

www.muenster.de/stadt/strassennamen/umbenennung, zuletzt geprüft am 28.03.2015

www.nlga.niedersachsen.de (Niedersächsisches Landesgesundheitsamt) zuletzt geprüft am 28.03.2015

www.moodle.zhaw, (Lernplattform der Züricher Hochschule für Angewandte Wissenschaften), zuletzt geprüft am 28.03.2015

www.wegweiser-demenz.de (Bundesministerium für Familie, Senioren, Frauen und Jugend), zuletzt geprüft am 28.03.2015

Weiterführende und vertiefende Literatur zur Oberflächenstruktur

Optik und Akustik:

ADERHOLD, E./WOLF, E., Sprecherzieherisches Übungsbuch, 13. Auflage, Berlin 2002

BRÜGGE, W./MOHS, K., Therapie funktioneller Stimmstörungen. Übungssammlung zu Körper, Atem, Stimme, München/Basel 2014

EBERHART, S./HINDERER, M., Stimm- und Sprechtraining für den Unterricht. Ein Übungsbuch, Paderborn 2014

ECKERT, H./LAVER, J., Menschen und ihre Stimmen, 1994

JASKOLSKI, E./PABST-WEINSCHENK, M., Körpersprache, in: Pabst-Weinschenk, M. (Hrsg.), Grundlagen der Sprechwissenschaft und Sprecherziehung, München 2004, 48-57

KALVERKÄMPER, H., Körpersprache, in: Historisches Wörterbuch der Rhetorik Bd. 4, hrsg. v. Ueding, G. 1998, 1339-1371

KALVERKÄMPER, H., Nonverbale Kommunikation, in: Historisches Wörterbuch der Rhetorik Bd. 6, hrsg. v. Ueding, G., 2003, 307-337

LEMKE, S. (Hrsg.), Sprechwissenschaft/Sprecherziehung. Ein Lehr- und Übungsbuch, Frankfurt a.M. u.a. 2006

PANKNIN, H./SCHÜRMANN, U., Voice Coaching für Stimme und Ausdruck, München/Basel 2008

PUFFER, H., ABC des Sprechens. Grundlagen, Methoden, Übungen, Leipzig 2010

SCHÜRMANN, U., Mit Sprechen bewegen, 2. Auflage, München/Basel 2010

Sprache/Visualisierung:

BIKABLO 2.0, Visuelles Wörterbuch, 4. A. 2011 (www.neuland.com)

BIKABLO, Trainerwörterbuch der Bildsprache (www.neuland.com)

BIKABLO EMOTIONS (www.neuland.com)

BÜHS, R., Zeichnen, Visualisieren, Strukturieren. Grafischer Werkzeugkasten für Pinnwand, Flipchart & Co., Weinheim/Basel 2013

CIVASCHI, M./MILESI, G., Das Leben in 5 Sekunden. 200 Biographien von Gott bis Pippi Langstrumpf, Frankfurt a. M. 2013

DUDEN. Das Bildwörterbuch, Bd. 3, Mannheim 2005

DUDEN. Die Grammatik, Bd. 4, Mannheim 2009

HAUSSMANN, M., UZMO. Denken mit dem Stift. Visuell präsentieren, dokumentieren und erkunden, 2. Auflage, München 2014

RACHOW, A., Sichtbar. Die besten Visualisierungs-Tipps für Präsentation und Training, 4. Auflage, Bonn 2011

SCHNEIDER, W., Deutsch für Profis, 18. Auflage, München 2001

SEIBOLD, B., Visualisieren leicht gemacht, Offenbach 2012

SEIFERT, J. W., Visualisieren, Präsentieren, Moderieren, 21. Auflage, Offenbach, 2004

TSCHUDIN, A., Strichmännchen zeichnen. Vorlagen und Anleitungen, 2. Auflage, Igling 2011

ULRICH, S., Menschen grafisch visualisieren, Paderborn 2010

UMOTO, S., Illustrieren, witzig und fantasievoll für groß und klein. Lustige Leute von heute, Igling 2011

WORTMANN, M., Visual Tools. Visualisieren leicht gemacht, Berlin o.J.

WILLIAMS, R., Das kleine, feine Präsentationsbuch, München 2010

Weiterführende und vertiefende Literatur zur Tiefenstruktur und Redegattungen

ARISTOTELES, Topik, neu übersetzt v. Tim Wagner, Stuttgart 2004

BLOD, G., Präsentationskompetenzen. Überzeugend präsentieren in Studium und Beruf, Stuttgart 2007

GÖTTERT, K. H. , Einführung in die Rhetorik: Grundbegriffe – Geschichte – Rezeption. 2. verbesserte Auflage, München 1994

HERBIG, A., Vortrags- und Präsentationstechnik. Erfolgreich und professionell vortragen und präsentieren, Norderstedt 2004

HERRMANN, M./HOPPMANN, M./STÖLZGEN, K./TARAMAN, J., Schlüsselkompetenz Argumentation, Paderborn 2011

HISTORISCHES WÖRTERBUCH DER RHETORIK, Bd. 1-10, hrsg. v. Ueding, G., Tübingen 1992ff.

KIENPOINTNER, M., Inventio, in: Historisches Wörterbuch der Rhetorik Bd. 4. Tübingen 1998, 561-587

KIENPOINTER, M., Vernünftig argumentieren. Regeln und Techniken der Diskussion, Reinbek b. Hamburg 1996

KIRCKHOFF, M., Mind Mapping. Die Synthese von sprachlichem und bildhaftem Denken, Berlin 1988

KOLMER, L./ROB-SANTER, C., Studienbuch Rhetorik, Paderborn 2002

MESCH, W., Überredung, Überzeugung, in: Historisches Wörterbuch der Rhetorik Bd. 9, Tübingen 2009, 858-870

PAWLOWSKI, K., Sie haben gut reden, München (erscheint 2015)

PFISTER, J., Werkzeuge des Philosophierens, Stuttgart 2013

Sprechen und Verstehen

Schriften zur Kommunikationstheorie und Kommunikationspädagogik

Herausgegeben von Hellmut K. Geißner

Zuletzt erschienen:

BAND 25

Gabriel Ptok

Ästhetische und therapeutische Kommunikation mit Lautgedichten.
Konzepte des Schreibens, Sprechens und Hörens parasemantischer Texte

295 Seiten, Broschur
ISBN 978-3-86110-407-0   28,00 EUR

BAND 26

Edith Slembek (Hrsg.)

Transzensionen: angeregt – weiterdenken
Ehrencolloquium zum 80. Geburtstag von Hellmut K. Geißner

181 Seiten, Broschur (mit Audio-CD)
ISBN 978-3-86110-427-8   24,00 EUR

BAND 27

Elizabeth C. Fine / Bernd Schwandt (Eds.)

Applied Communication in Organizational and International Contexts

182 Seiten, Broschur
ISBN 978-3-86110-431-5   24,00 EUR

BAND 28

Thomas Kopfermann

„Lies, damit ich ihn selbst höre."
Schriften zur Kommunikationspädagogik

215 Seiten, Broschur, 1 Abb.
ISBN 978-3-86110-441-4   28,00 EUR

BAND 29

Eberhard Wolf-Lincke

Fernseh-Moderationen
Bedingungen und Möglichkeiten pädagogischer Interventionen in audiovisuell technisch vermittelten Kommunikationen

390 Seiten, Broschur, zahlreiche Abb.
ISBN 978-3-86110-493-3   38,00 EUR

BAND 30

Thomas Grießbach / Annette Lepschy

Rhetorik der Rede
Ein Lehr- und Arbeitsbuch

Broschur, 300 Seiten, zahlreiche Abbildungen, mit beigelegter DVD
ISBN 978-3-86110-573-2   26,80 EUR

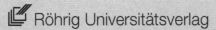

Röhrig Universitätsverlag

Postfach 1806 · D-66368 St. Ingbert · www.roehrig-verlag.de

Alberto Gil

Wie man wirklich überzeugt

Einführung in eine werteorienierte Rhetorik

Röhrig Kommunikation, Band 1

Hardcover, 181 Seiten

ISBN 978-3-86110-522-0   19,80 EUR (D)

Auch als E-Book erhältlich.

Erfolgreich zu kommunizieren zielt darauf ab, einen Anschluss bei den anderen zu finden. Ausschließlich die Technik der Redeführung zu beherrschen, kann sich sogar gegen den Redner wenden. Jemand, der nur technisch glänzt, wirkt mitunter suspekt. Vor ihm nimmt man sich unbewusst in Acht, weil man fürchtet manipuliert zu werden. Um wirklich überzeugen zu können, ist eine innere Einstellung des Sprechers, die auf Wahrhaftigkeit und tragfähigen Werten aufgebaut ist, maßgebend. Beide Aspekte werden wortlos kommuniziert, aber von den anderen unmissverständlich wahrgenommen. Sie bilden das Prinzip jeder erfolgreichen Kommunikation: das Vertrauen.

Im vorliegenden Buch werden die klassischen Überzeugungsmittel der Rede erläutert und modernisiert sowie ihre Verbindung zur überzeugenden Persönlichkeit des Redners hergestellt. Dadurch lassen sich tiefere Dimensionen der rhetorischen Wirksamkeit erkennen, die eine Ökologie des rhetorischen Handelns begründen.

Der Autor: Prof. Dr. Alberto Gil, Lehrstuhlinhaber für Romanische Übersetzungswissenschaft an der Universität des Saarlandes, ist auch Professor für Rhetorik derselben Hochschule. Er ist Leiter der Forschungsstelle Rhetorik und Ethos (www.rhethos.de). Zahlreiche Rhetorikkurse und -seminare für Studierende, Doktoranden, Rechtsreferendare und Manager.

Röhrig Universitätsverlag

Postfach 1806 · D-66368 St. Ingbert · www.roehrig-verlag.de